김건휘의 실전 점성학

5,000년 만에 탄생한 고전점성술 활용 교과서

활용편

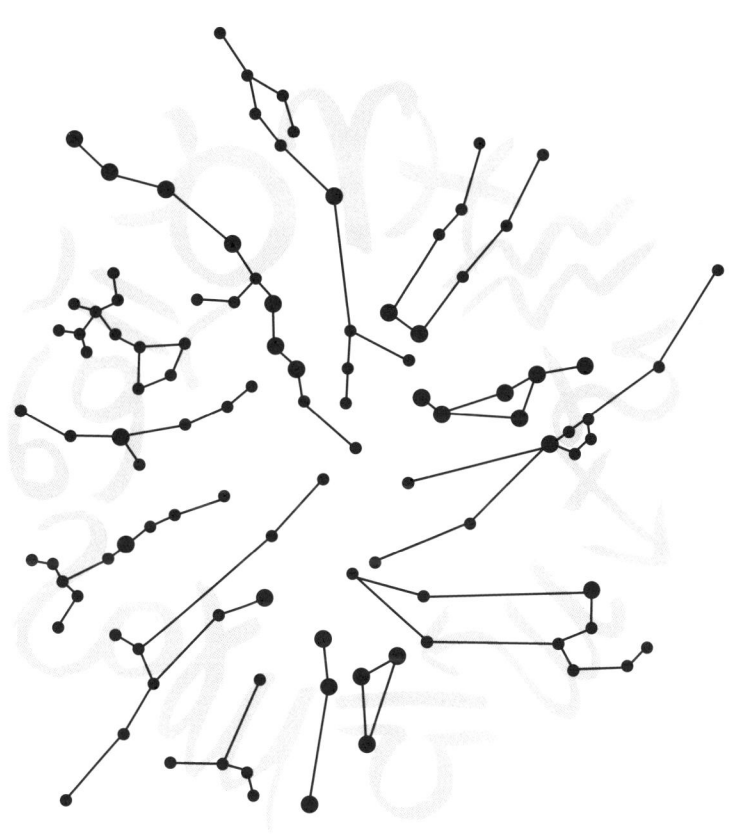

동학사

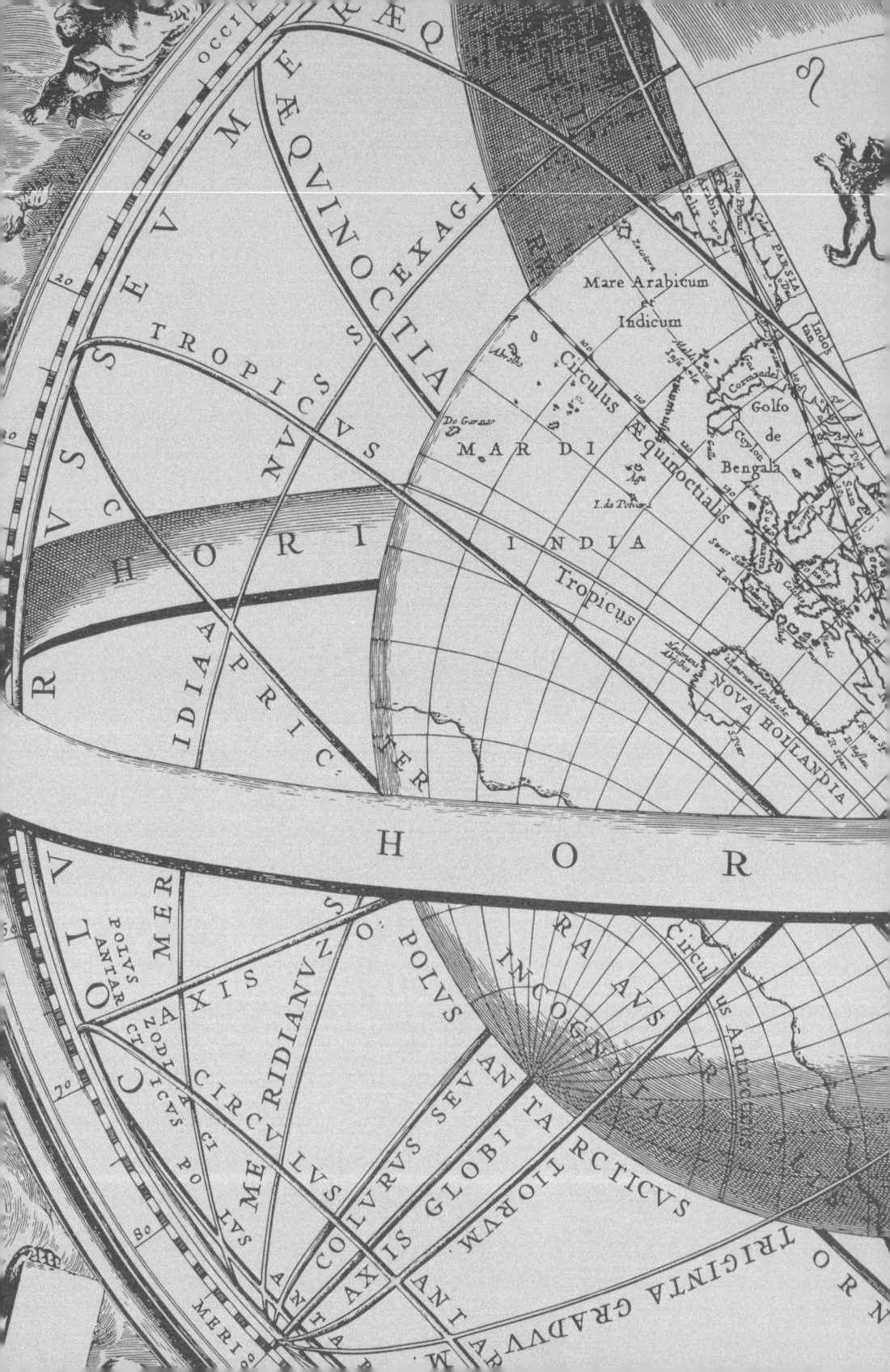

나아가기 전에

　점성술은 운명학의 시초다. 인간은 원시시대부터 하늘에 떠 있는 루미너리와 별을 바라보며 살았다. 그리고 그것을 삶과 연결지으며 존재의 근원에 대한 의문을 품었다.

　그 궁금증을 통계학적으로 접근한 점성술은 하나의 과학 이전에 우리의 삶이다.
　내가 사랑한 사람의 성향에는 별자리와 행성 이야기가 숨어있으며, 나의 선택은 하우스와 행성이 보내는 명령이었다. 삶의 총체성을 우주의 배치가 이미 예고한 셈이다.

　이렇게 우리의 삶과 밀접한 관련이 있음에도 점성술은 항상 낯선 학문으로 여겨져 왔다. 그래서 누구나 어렵지 않게 이해할 수 있는 활용편을 완성했다.

　이 책을 통해 자기 인생의 다양한 면을 집중 탐구하며, 천상(天象)과 삶의 인과관계를 깨달았으면 좋겠다.
　나와 독자 여러분을 맺어준 별자리가 오래 빛나기를.

<차례>

나아가기 전에 ·· 3

1 성향론

1. 고전점성술을 통한 성향 연구 ···················· 10
2. 별자리 ·· 13
3. 행성 ·· 21
4. 하우스 ·· 30
5. 성향 분석의 예 ··· 39

2 사랑론

1. 인생의 꽃, 사랑 ·· 44
2. 사랑에 관한 일상 이야기 ·························· 45
3. 결혼의 길흉 ·· 67
4. 실전임상 ··· 80

1. 사회적 성공과 풍요에 대한 갈망 ················· 92
2. 성공과 풍요를 판단하기 위한 세 가지 기준점 ········· 93
3. 상승점 기준으로 판단하는 법 ··················· 96
4. 포르투나와 스피릿 기준으로 판단하는 법 ············ 110
5. 성공, 풍요론을 마치며 ······················· 130

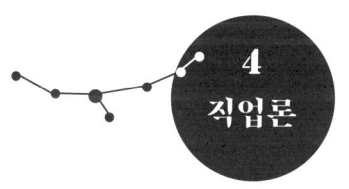

1. 중요한 인생의 갈림길 ······················· 134
2. 열두 별자리의 직업군 ······················· 135
3. 일곱 행성의 직업군 ························· 161
4. 열두 하우스의 직업군 ······················· 174
5. 별자리, 행성, 하우스의 직업 키워드 모음 ············ 184
6. 직업성의 선택과 직업 판단 ···················· 189
7. 직업론을 마치며 ··························· 214

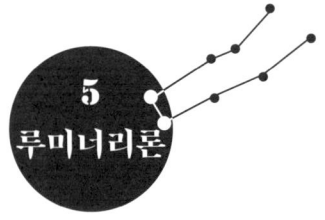

1. 인생의 뿌리, 루미너리 ·· 216
2. 부모, 가정, 양육 그 이상의 이야기 ································ 219
3. 건강에 대한 이야기 ··· 227

1. 수명론의 진실 ·· 232
2. 힐렉의 선정 ··· 233
3. 천수(天數)의 계산 ·· 238
4. 아나레타의 영향 ··· 242

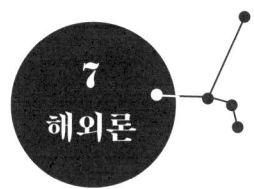

7 해외론

1. 시대변화에 따른 해외의 인식 ················· 246
2. 이민, 해외 장기거주운 ··························· 248
3. 내가 가게 될 나라 ································ 254

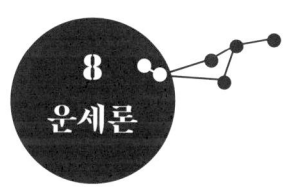

8 운세론

1. 실전상담에서 빛을 발하는 최고의 기술 ················· 258
2. 운세를 보는 여러 가지 기법 ····························· 259
3. 세컨더리 디렉션(Secondary Direction) ················· 264
4. 피르다리아(Firdaria) ······································· 277
5. 솔라리턴(Solar Return) ···································· 289

활용편을 마치며 ·· 331
고전점성술 핵심용어 ··· 332
색인 ··· 335

일러두기

　점성술의 올바른 이론을 습득한 후에는, 우리 인생의 갖가지 분야를 유기적으로 읽어내야 한다. 하지만 이론과 실전은 항상 다르듯, 처음에는 주제에 맞게 세분화하여 읽어내기가 쉽지 않을 것이다. 그래서 처음 각론을 공부하는 초보자들과, 이론 활용에 어려움을 겪는 중급자들에게 유익한 실전이론을 전부 소개했다.

　1부는 인간의 내면과 숨겨진 본성을 파헤치는 성향론이다. 필자의 치밀한 연구로 완성된 성향론을 통해 출생차트를 보는 새로운 시각을 갖기 원한다.

　2부는 인생사의 꽃, 사랑론이다. 연애와 결혼 이야기는 언제나 우리를 설레게 만드는 관심사다. 나아가 배우자의 특성과 궁합, 동성애도 함께 알아보자.

　3부는 성공과 풍요론을 담았다. 자신의 그릇과 재물 이야기, 개인마다 다른 풍요의 창출 방향, 포르투나와 스피릿의 모든 이야기를 소개했다.

　4부는 재능과 사회적 방향을 알아보는 직업론이다. 난도가 높은 만큼 행성과 별자리, 하우스의 모든 이론을 적었으며, 다면적인 시각에서 직업을 찾는 이론을 자세하게 배워볼 것이다.

　5부는 루미너리에 대한 여러 가지 이야기다. 부모로부터 받은 교육, 그로 인해 자녀와 배우자에게 미치는 영향, 건강에 대한 모든 이론을 담았다.

　6부는 수명론이다. 힐렉(Hyleg)으로부터 시작되어 개개인에게 주어진 천수(天壽)와, 아나레타(Anareta)로 인해 천수를 다하지 못하는 이야기가 함께 한다.

　7부는 이웃나라로 떠나는 삶과 정착, 이민과 해외거주의 가능성을 보고, 내가 가게 될 나라까지 찾아보는 흥미로운 시간이다.

　8부는 실전상담의 왕이라 할 수 있는 운세론이다. 세컨더리 디렉션, 피르다리아, 솔라리턴 등 실전에서 활용 가치가 높은 기법을 다루었다. 또한 운세를 이용하는 법, 대체법과 함께 더 나은 인생을 모색하기 위한 과정이다.

　이 책은 출생점성술에 예고된 갖가지 분야를 보는 각론이다.

1
성향론

1. 고전점성술을 통한 성향 연구

점성술 모임 활동을 통해 많은 학생들과 소통을 해보니, 점성술로 보는 분야는 세속적인 길흉에만 초점이 맞춰 있었다. '출세하는 차트인지, 배우자는 부자인지, 연애는 언제 하는지, 취업은 되는지, 부동산을 구매해도 되는지' 등이 그들의 궁금증이었다. 반면, 삶의 지향점이나 성향 분석은 모두 외면하고 있었다.

점성가들은 어떤가? 내면 연구는 고대부터 현재까지 관심없다는 듯 연구를 게을리하며, 쉽게 습득하는 운세기법을 통해 이사 시기나 승진운을 맞췄다고 자아도취에 빠져 있다. 심지어 중병을 미리 예언하여 적중했다고 뿌듯해 하는 모습을 보면, 주어진 명과 몫을 연구하는 학자로서 회의감이 든다.

이제는 점성술의 품격이 달라져야 한다. 별들이 우리에게 주는 말씀은 그런 세속적인 것만 전부가 아니다. 우리는 운명학을 통해 사람의 내면을 깊이 연구해야 한다. 그래서 돈벌이 수단으로서의 점성술이 아닌, 출생차트에 감춰진 진정한 모습을 분석해 성숙한 길로 걸어갔으면 한다.

◆ 성향은 변하는가? - 성향과 출생차트의 상관관계

이 질문에 일반인들과 운명학자들은 하나같이 긍정적인 답을 한다. 심지어 자신은 40세부터 혹은 결혼 후 성향이 변했다고 구체적으로 말하며, 성향은 충분히 변할 수 있다고 주장한다.

필자의 의견은 다르다. **성향은 결정되어 있다.** 모든 인간은 변할 수 없는 성향을 타고난다. 이것은 유전학이나 에니어그램으로도 설명할 수 있으며, 출생차트를 분석할수록 확신하게 된다.

'사람은 고쳐쓰는 것이 아니다.'라는 말을 점성술의 출생차트가 고스란히 보여준다.

어떤 이는 말한다. "나는 극내향적이었으며 어딜가나 나서지 못하는 성격이었는데, 회사생활을 하다보니 회식자리에서 테이블에 올라가 템버린을 흔들고 노래를 한다. 그래서 사회생활을 통해 외적인 성향으로 바뀌었다." 그것은 착각이다. 당신은 성향이 변한 것이 아니라 사회성이 올라갔으며, 처자식을 위해 윗사람에 잠시 굴복했을 뿐이다. 부장님께 잘보이기 위해 술김에 광대가 되었을 뿐, 속으로는 당장 뛰쳐나가 홀로 맥주나 마시고 싶었을 것이다.

출생차트는 인생의 그래프이기 전에 성향이다. 출생차트에서 결정된 성향으로 인해 당신이 지금의 직업과 배우자를 선택했으며, 현재의 인간관계와 건강 상태, 통장 잔고를 유지하고 있는 것이다. 즉 성향은 사랑, 건강, 관계, 직업, 풍요 등 모든 장르의 근본이며 사건발생의 이유다.

결코 변하지 않는 성향으로 인해 선택한 모든 일들이 출생차트와 운세차트에서 일어나고 있다. 하지만 대다수는 그것이 성향에서 비롯되었다는 생각을 하지 못하고, 환경 탓으로 돌린다.

우리는 출생점성술에서 성향연구에 힘써야 한다. 인간의 깊은 내면을 탐구하고 이해했을 때 비로소 결혼, 직업, 풍요 등 다양한 분야를 올바르고 깊이 있게 판단할 수 있기 때문이다.

◆ **성향을 나타내는 지표**

고전점성가들의 공통된 의견이 있다. "점성술은 행성에서 시작하여 행성으로 끝난다." "별자리는 옷과 집일 뿐이며 그 본질은 행성이다." 이는 점성술에서 행성을 상당히 높이 취급하고 있다는 의미다.

왜냐하면 인생의 외부적인 길흉만 초점을 잡은 문화가 기원전부터 지금까지 계속 되었기 때문이다. 출생차트나 운세차트에서 당신이 사고를 당하는 것은 화성 때문이지, 화성의 도머사일인 양자리나 전갈자리 때문이 아니기에 그런 말들을 하는 것이다.

그러나 인생 전체를 보면 행성은 조금 과대포장되어 있다. 별자리와 하우스도 행성만큼 지분을 갖고 많은 기능을 담당하기 때문에, 필자는 소위 행성 찬양에 대해 다른 입장이다. 특히 성향론에서는 별자리, 행성, 하우스를 균등하게 계산하여 종합적으로 판단해야 한다.

출생차트에서 성향을 판단할 때는
① 사용하는 별자리의 특성을 이해하고, 서로 상충되는 별자리를 비교하며,
② 일곱 행성의 입지와 서로 간의 애스펙트로 인한 발현도를 정밀하게 분석하고,
③ 행성의 이센셜 디그니티(별자리 품위)를 판단하며,
④ 발달 하우스의 내용을 섞어, 퍼즐조각을 맞춰 거대한 그림을 완성하듯 폭넓은 시야와 해석이 필요하다.
자, 그럼 성향이라는 거대한 그림의 작은 조각들을 하나하나 배워보도록 하자.

2. 별자리

별자리는 다른 각론보다 성향론에서 상당히 중요하다. '천상의 집'이라고 표현하는 열두 별자리는, 하늘이 인간에게 수여한 변치 않는 성품이기 때문이다.

게다가 점성술의 주인공이라 할 수 있는 일곱 행성보다 성향의 작용에 있어 좀 더 우위에 있다. 같은 행성을 사용하더라도 어느 별자리를 사용하는지에 따라 성향이 극과 극으로 갈리기 때문이다.

예를 들어, 쌍둥이자리와 처녀자리의 주인행성은 모두 수성이지만, 이 두 사인은 삶의 방식이나 성향, 내면을 표출하는 모양새가 전부 다르다.

그래서 별자리, 행성, 하우스 중 행성을 먼저 소개한 1권과 달리, 성향론으로 시작하는 2권에서는 별자리를 우선으로 소개하겠다.

별자리의 성향이나 특성은 「실전 점성학」이론편 - 2부(별자리)에 자세히 적혀 있다. 그래서 이 책에서는 각각의 특성 외에 '자신의 출생차트에서 성향으로 발산하는 별자리가 무엇인지 한눈에 파악하는 관법'을 알리고자 한다.

◆ **출생차트에서 성향으로 발현하는 별자리**

> 1. 상승궁
> 2. 상승로드가 위치한 별자리
> 3. 달이 위치한 별자리
> 4. 태양이 위치한 별자리
> 5. 달이 가장 먼저 접근하는 행성이 위치한 별자리
> 6. 그 밖에 행성 의미에 따라 때때로 발현하는 별자리

① **상승궁 — 중요도 (★★★★☆)**

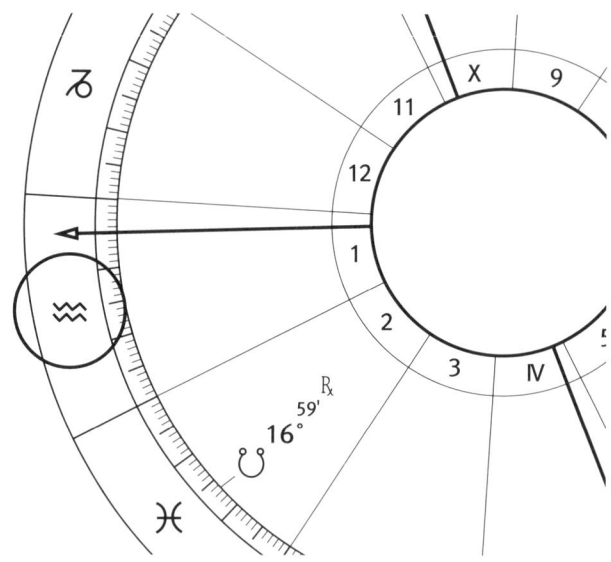

 동쪽지평선으로 태양이 빼꼼이 나오면서 온 세상은 빛으로 물든다. 상승점이라 불리는 동쪽지평선에는, 깜깜한 자궁에 있던 인간이 빛을 향해 나오는 '탄생의 모습'이 담겨있다. 상승점이 위치하여 탄생의 별자리가 된 **상승궁은 세상과 처음 마주한 개개인의 얼굴**이다.
 고전점성술에서 자신을 의미하는 별자리이지만, 성향론에서는 페르조나(persona)에 가깝다. **사회생활을 할 때 보여주는 모습**이며, 나의 진짜 모습은 숨긴 채 표출하는 사인이기 때문에 성향을 볼 때는 진정한 내가 아니다. 그러나 나와 친밀하지 않은 대다수는 상승궁만 나의 성향으로 받아들인다.

 상승궁은 자신보다 **타인들이 강하게 인식하는 사인**이다. 그래서 필자는 이것을 **객관적인 별자리**로 취급한다. 출생차트의 상승궁이 표출되는 모습은 주인공 스스로 모르는 경우가 있다. 실제로 젊은이들은 출생차트를 통한 성향 분석에서 상승궁에 대한 설명에 의아해 한다. 인간은 자신을 타인의 입장에서 냉철하게 바라보기 어렵기 때문에, 객관적인 입장이 필요한 상승궁을 받아들이는데 한계를 드러낸다.

초년기에 상승궁의 특성을 나의 성향으로 온전히 받아들이는 것은 쉽지 않다. 즉 자신이 사용하는 상승궁이라는 가면을 객관적인 입장에서 인정하는 단계는, 상당한 성숙도가 필요한 중년부터다.

보통 인간은 서른부터 서서히 자신의 상승궁을 인정하기 시작하며, 객관화가 전혀 되지 않은 이들은 나이 오십이 넘도록 받아들이지 못한다. 간혹 상승궁을 자신의 성향으로 깊이 느끼는 십대와 이십대가 있다. 왜냐하면 어려서부터 심리학, 인문학, 종교와 철학 등에 심취하여 자아를 깊이 탐구하며 살아왔기 때문이다.

② 상승로드가 위치한 별자리 — 중요도 (★★★★★)

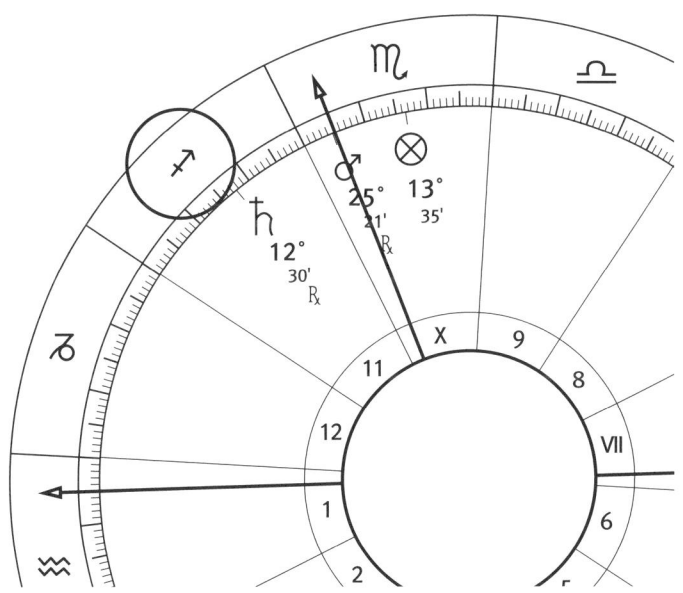

본가가 따로 있는 사람이라도 남의 집에 평생 산다면, 그 집의 규칙을 따르고 집주인의 생활습관에 물든다. 상승궁이 자신의 본가라면, 상승로드

가 위치한 별자리는 '본래 나의 집은 아니지만 평생 살아가게 될 집'이다.

바로 이것이 출생차트에서 **성향으로 가장 많이 발현되는 사인**이며, ***자신이 확실하게 인식하는 별자리***다. 그래서 필자는 이것을 **주관적인 별자리**로 취급한다. 출생차트로 성향을 분석할 때, 내담자들의 반응이 상승궁보다 좋고 잘 받아들이는 별자리다.

하지만 상승궁이 사회생활에서 보여주는 모습이며 당신의 이미지이기 때문에, 그것만 인식하는 타인들은 상승로드가 위치한 별자리 성향을 바로 알 수 없다.
즉 상승로드가 위치한 별자리는 차트주인공과 꾸준히 친밀도를 쌓아 가며 어느 정도 파악되었을 때야 비로소 알게 되는 성향이다. 그리고 상승궁의 성향을 훨씬 압도한다.

가끔 자기 객관화가 부족한 내담자들이 '상승궁이 나의 별자리 같지 않다'라고 느끼는 것은, 이 별자리를 더욱 강하게 인식하기 때문이다.
실전에서는 당신의 진짜 성향이라 봐도 좋으며, 필자가 출생차트에서 성향 분석을 할 때 가장 중요하게 보는 사인이다.
상승궁이 아무리 외향적인 별자리일지라도 상승로드가 위치한 사인이 내향적인 별자리라면, 겉으로는 활발한 모습을 보일지언정 그 사람은 본래 내향적인 사람이다.

③ 달이 위치한 별자리 — 중요도 (★★★☆☆)

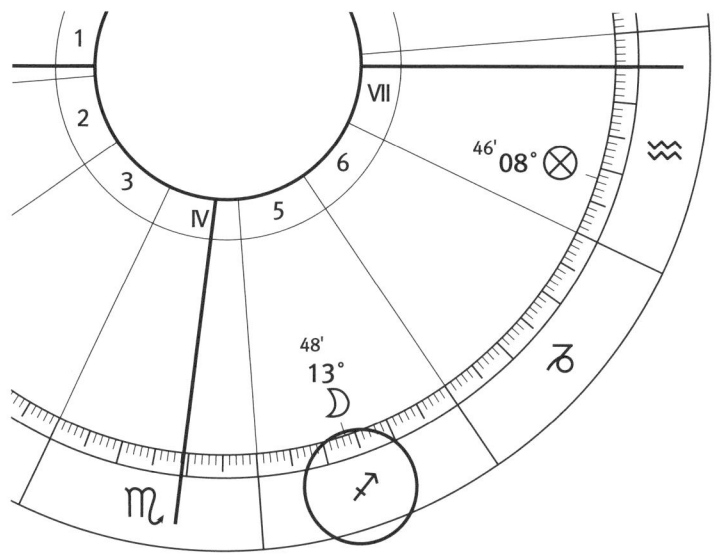

달은 인간의 육신과 감정의 지표성이기 때문에 개개인을 의미한다. 또한 빠르게 이동하는 모습에서 변화무쌍한 우리의 삶과 닮았다. 달이 위치한 별자리는 **개인이 평범한 일상을 살아갈 때 보여주는 모습**이다. 집에서 **혼자 있을 때 표출되는 성향**이며, 집이 아니더라도 **사적인 공간에서 발현하는 모습**이다.

예를 들어 애인과 함께 있는 것을 좋아하는 사람이라도, 달이 토성의 사인인 물병자리에 위치하면, 연락 없이 몇 날 며칠 집에서 홀로 잘 지낸다.

모든 사람들은 달이 위치한 별자리 성향대로 살아갈 때 마음이 가장 편하다. 친구와 술자리를 갖는다든지 편한 지인들과 카페에서 부담 없이 이야기 나눌 때 보이는 모습이다.

이 사인은 사적인 관심사가 표출되는 별자리이기 때문에, 마음을 억누른 채 활동해야 하는 사회생활 속에서는 잘 드러나지 않는다. 그래서 형식적인 관계, 업무로 맺어진 관계, 먼 지인, 정서교감이 없는 가족들은 당신의 달이 위치한 별자리 성향을 파악하지 못한다. 달이 위치한 별자리 성향을 보여준다는 것은 마음을 열 만큼 친분이 있다는 뜻이다.

④ **태양이 위치한 별자리** ― 중요도 (★★★☆☆)

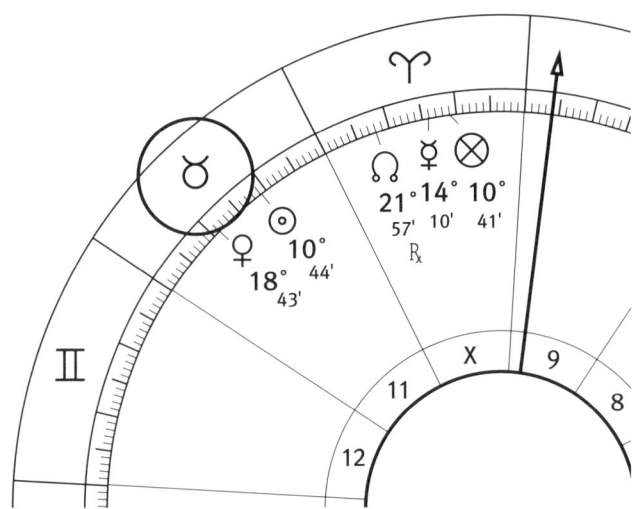

태양이 사라진다면 지구의 모든 생명체가 소멸되듯, 태양은 만물을 숨쉬게 하는 생명력이며 인간의 영(靈)을 상징한다. 태양이 위치한 별자리는 생명의 근원이 위치한 곳이며 **영혼이 위치한 별자리**다.

현실성 있게 표현하면 **뼛속 깊은 곳에 자리 잡아 절대 바뀌지 않는 본질적 성향**이다. 타인의 입장에서 이 별자리는 당신과 오랜 시간 함께 하며 밀접한 관계를 맺고, 많은 상황을 함께 했을 때 비로소 파악할 수 있다. 술에 만취했을 때 혹은 재산을 크게 날린 후, 복권에 당첨 되었을 때나 생명의 위협을 느꼈을 때와 같이 숨겨진 영혼의 색깔이 드러나는 상황 속에서 말이다.

고전점성술은 분 단위로 차트가 달라지기 때문에, 출생시간이 매우 중요한 학문이다. 그래서 대다수 점성가들은 월과 일로써 선택되는 태양이 위치한 별자리를 무시하는 경향이 있다. 하지만 이는 세속적인 길흉 맞추기에만 몰입하여, 인간 성품에 대한 깊은 연구의 부재 때문이다.

태양이 위치한 별자리는 가장 깊은 정신세계의 성품이기 때문에 사회에서 쉽게 드러나지 않는다. 그러나 영혼이 담겨있는 부위인 '눈동자'에서 이 별자리의 성품을 엿볼 수 있다.

예를 들어, 태양 전갈자리가 아무리 아름다워도 눈동자가 섬뜩하게 느껴진다든지, 웃는 얼굴을 하고 있는 태양 처녀자리의 눈동자가 메마른 느낌을 주는 것은 모두 이와 같은 이유다.

⑤ 달이 가장 먼저 접근하는 행성이 위치한 별자리 — 중요도(★★★☆☆)

이 별자리는 필자의 임상으로 밝혀진 내용이다. 고전점성술에서 나 자신을 의미하는 보편적 지표성인 달이 '어떤 별자리'에 위치한 행성에게 가장 먼저 접근하는지 파악한다.

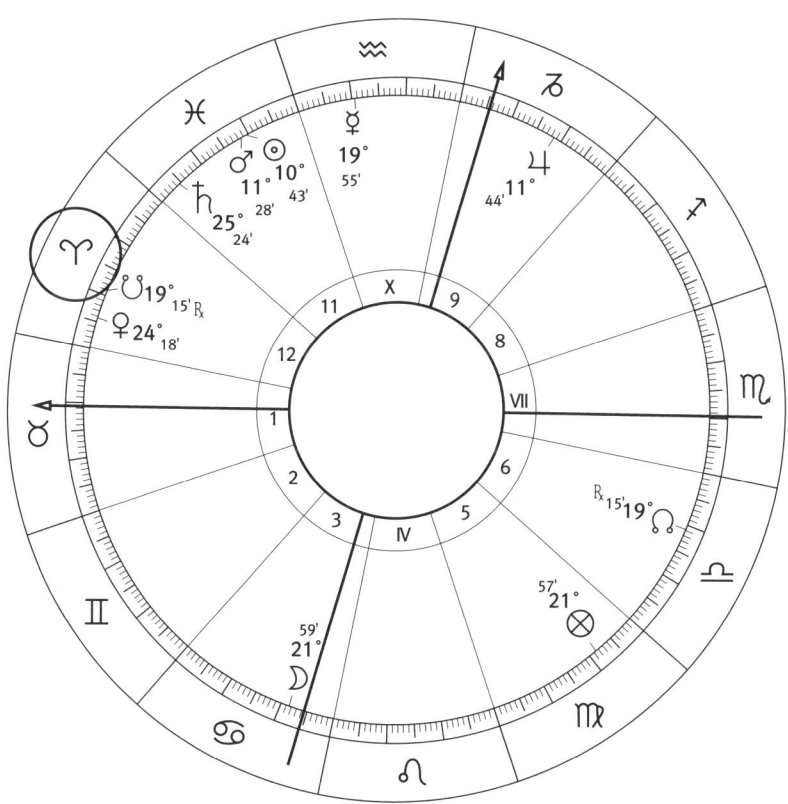

차트에서 달이 금성에게 가장 먼저 접근하고 있기 때문에, 금성이 위치한 양자리가 성향에 큰 영향을 준다. 당신이 부산에 살고 있는 아무개와 친밀하게 지내면, 부산 문화를 알게 되고 부산 말투를 배우며, 부산에 거주하는 사람처럼 행동한다. 달도 이와 같이 양자리에 살고 있는 금성과 친밀하게 지내는 격이니, 이번 생에 양자리 성향과 특성을 배운 채로 태어났다고 볼 수 있다.

⑥ **그 밖에 행성 의미에 따라 때때로 발현하는 별자리**
수성이 위치한 별자리 ─ 수성은 말과 생각의 지표성이며 표현방식을 보여준다. 수성이 위치한 별자리는 의사를 전달하는 방식, 사고의 흐름이나 언어 선택, 말투에 영향을 미친다.
금성이 위치한 별자리 ─ 금성은 사랑과 관계의 지표성이며 사랑의 방식을 보여준다. 금성이 위치한 별자리는 애정관, 애정표현 방식, 관계 맺는 스타일에 영향을 미친다.
화성이 위치한 별자리 ─ 화성은 본능과 욕구의 지표성이며 분출 관련 모든 방식을 의미한다. 화성이 위치한 별자리는 SEX스타일, 성욕, 분노표출 방식에 영향을 미친다.

⑥의 내용은 일관적이지 않다. 앞서 소개한 상승궁, 상승로드가 위치한 별자리, 두 루미너리가 위치한 별자리, 달이 가장 먼저 접근하는 행성이 위치한 별자리는 서로 엮이며 어떻게든 성향으로 발현한다. 그러나 수성, 금성, 화성이 위치한 별자리는 텀(term)이나 타 행성들의 애스펙트에 따라 달라질 수 있다.

3. 행성

　점성술에서 행성은 별자리라는 집에 거주하고 하우스라는 습관으로 살아가는 주인공과 같다. 특히 인생의 길흉화복을 작동하는 중요한 역할을 맡고 있어, 점성술을 공부하는 이들이 가장 먼저 배우는 부분이다. 그래서 행성의 특성과 성향은 많은 학생들이 일정 수준 이상으로 이해하고 있다. 하지만 출생차트에서 성향으로 발현하는 행성을 파악할 때, 어떤 구조를 우선으로 봐야 하는지 갈피를 좀처럼 잡지 못한다.

　또한 점성가들도 상승궁과 상승로드에 목을 매고 있기 때문에, 차트주인공의 성향을 온전히 파악하지 못한다. 동물 중 가장 복잡한 뇌와 유전자를 지닌 인간의 성향을 하나의 별자리와 행성으로 모두 해석하는 것은, 장님에게 코만 만지게 한 후 코끼리를 이해시키려는 꼴과 같다. 인간의 성향을 상승로드로만 규정한다는 것은 그 사람을 겉핥기로 파악하는 것이다.

　출생차트에서 성향이 되는 행성을 찾는 것은 앞서 보았던 별자리 구조와 달리 꽤 복잡하다. 크게 여섯 가지 구조로 살펴보자.

　그리고 이센셜 디그니티 중 **별자리 품위**가 상당히 중요하다.

◆ **출생차트에서 성향으로 발현하는 행성 – 모두 중요**

> 1. 상승로드(엑절테이션 로드 포함)
> 2. 상승로드의 디스포지터(엑절테이션 디스포지터 포함)
> 3. 달이 가장 먼저 접근하는 행성 & 달이 가장 최근에 분리된 행성
> 4. 앵글포인트와 연계된 행성
> 5. 상승궁에 위치한 행성
> 6. 루미너리와 상승로드에게 긴밀한 애스펙트를 보내는 행성

① 상승로드

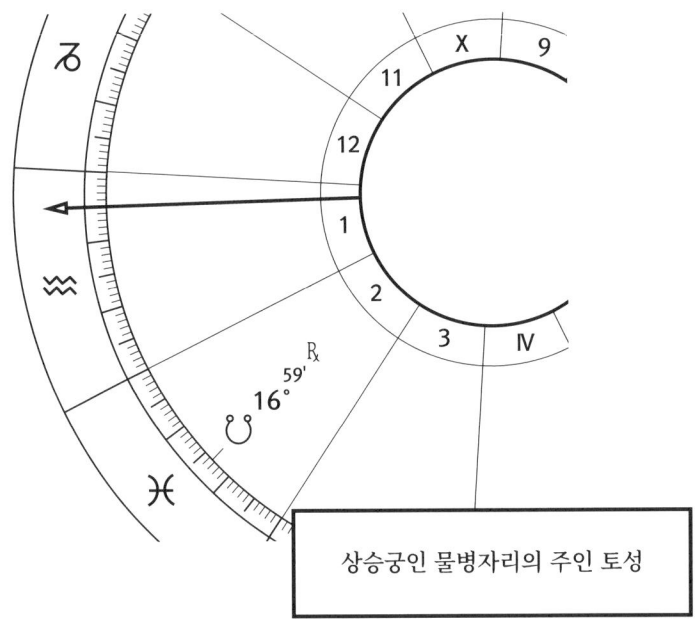

상승궁인 물병자리의 주인 토성

ASC가 위치한 탄생별자리의 주인행성은 **상승궁이라는 옷을 입은 나 자신**이다. 다만 그 행성을 있는 그대로 해석하기보다, 상승궁의 특성을 입혀서 판단해야 한다.

예를 들어, 상승궁이 염소자리 혹은 물병자리라면 주인행성은 모두 토성이다. 이때 토성의 이야기만 주구장창 나열하면 올바른 성향 분석을 할 수 없다. 염소자리와 물병자리 옷을 각각 입고 발현되는 토성은 삶의 방식과 생활태도, 성향 표출에 있어 천지차이기 때문이다. 염소자리 옷을 입은 토성은 워커홀릭의 삶과 고난을 버티는 인내심, 성실함, 물욕과 실용주의로 발현되는 반면, 물병자리 옷을 입은 토성은 평등권, 약자에 대한 관심, 독립성과 개인주의, 세상에 대한 비평과 공평하지 못한 사회에 대한 외침으로 발현된다.

또한, 같은 상승로드라도 별자리 품위(룰러쉽, 데트리먼트, 엑절테이션, 폴)

에 따라 사용되는 성품의 격이 달라진다. 룰러쉽 혹은 엑절테이션하는 상승로드는 좀 더 온화하고 긍정적인 성향이지만, 데트리먼트 혹은 폴하는 상승로드는 좀 더 격하고 부정적인 성향이다.

만약 상승궁이 엑절테이션 로드가 있는 사인이라면, 그 행성의 성향도 주기적으로 표출한다.

예를 들어 황소자리는 도머사일 로드인 금성의 성향을 매일 사용하며, 엑절테이션 로드인 달의 성향을 때때로 표출한다.

② **상승로드의 디스포지터**

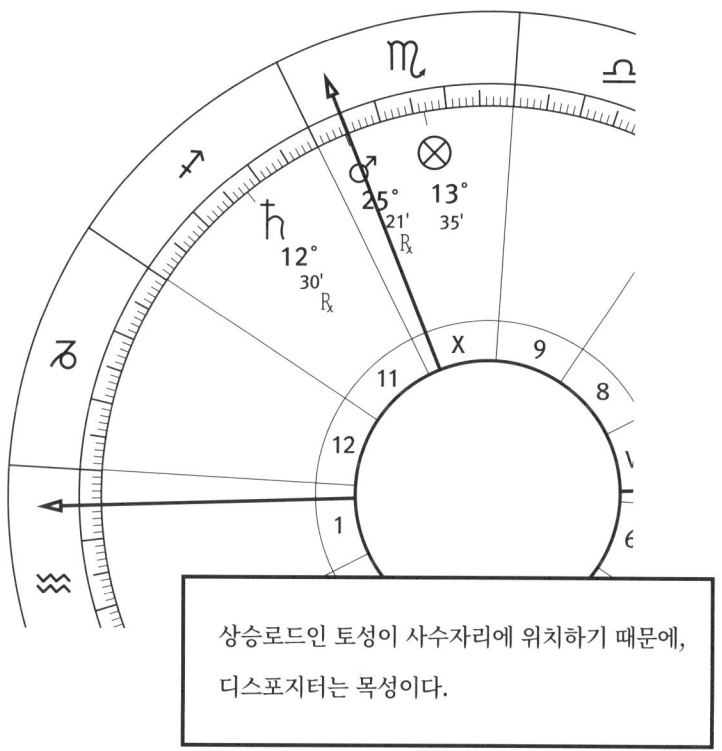

상승로드인 토성이 사수자리에 위치하기 때문에, 디스포지터는 목성이다.

상승로드의 디스포지터는 상승로드의 길흉을 좌우하는 처분권자다. 그 지위를 가진 행성은 상승로드가 살아가는 방식과 표출하는 성향에도 막대한 권한을 행사한다. **상승로드와 상승로드의 디스포지터 중, 성향에 우선**

권이 있는 행성은 상승로드의 디스포지터다.

예를 들어, 상승로드가 긍정성의 상징인 길성이라도 토성의 별자리인 물병자리에 위치하면, 그 디스포지터 토성의 강력한 권한 아래에 놓인다. 그래서 여러 방면에서 삐딱하고 부정적인 성향이 된다. 한편 상승로드가 자신을 감추는 행성인 토성이라도 표현의 상징인 양자리에 위치하면, 그 주인 화성과 태양의 강력한 영향으로 인해 자신을 드러내고 자유롭게 표현하는 성향이 된다.

성향 분석을 위해 행성을 판단할 때는 습관적으로 상승로드가 어느 별자리에 위치했는지 보고, 그 디스포지터가 무엇인지 파악하자.
개개인의 진짜 성향은 상승궁과 상승로드가 아닌, 상승로드가 위치한 사인과 그 디스포지터[1]다.

③ 달이 가장 먼저 접근하는 행성 & 달이 가장 최근에 분리된 행성

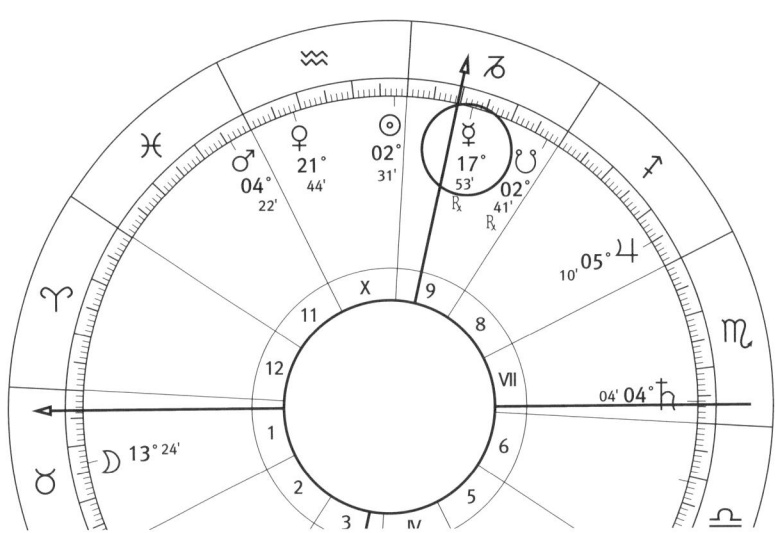

---

[1] 엑절테이션 디스포지터까지 포함한다. ex) 상승로드가 천칭자리에 있다면, 디스포지터는 금성이며, 엑절테이션 디스포지터는 토성이다.

달이 가장 먼저 접근하는 행성과 가장 최근에 분리된 행성이 출생차트에 미치는 효과는 계속 강조해왔다. 달이 가장 먼저 접근하는 행성은 대다수가 있으며, 달이 가장 최근에 분리된 행성은 없는 이들이 더 많다. 이렇게 발생한 한두 가지 행성은 재능과 직업, 사랑운, 인생의 방향과 분위기 그리고 성향에 큰 영향을 준다.

내가 태어나기 바로 전후, 흡수력이 좋은 달이 어떤 행성에 물들었는지 파악하는 중요이론이기 때문에 반드시 습득해야 한다. 그리고 성향을 분석할 때도 잊지 말고 읽어야 한다.

④ 앵글포인트와 연계된 행성

상승점(ASC), 하강점(DSC), 남중점(MC), 북중점(IC)은 영혼을 의미하는 태양이 잠시 머물며 방향을 전환하는 지점이다. 이 중요 지점과 연결된 행성은 큰 권한을 얻고, 출생차트 성향 생성에 상당히 많은 영향을 준다.

심지어 케이던트하우스에 위치한 행성이라도 앵글포인트와 애스펙트를 이루면 매우 강한 힘이 생기는 반전이 있기 때문에, 성향뿐 아니라 재능, 직업, 결혼, 인생 전체의 분위기까지 작용하는 행성이라 볼 수 있다.

앵글포인트와 연계된 행성의 구조는 총 세 가지가 있다.

Ⓐ 앵글포인트에 4°미만으로 붙어있는 행성
Ⓑ 앵글포인트에 4°미만으로 애스펙트하는 행성
Ⓒ 앵글포인트와 안티시아 혹은 컨트라안티시아하는 행성

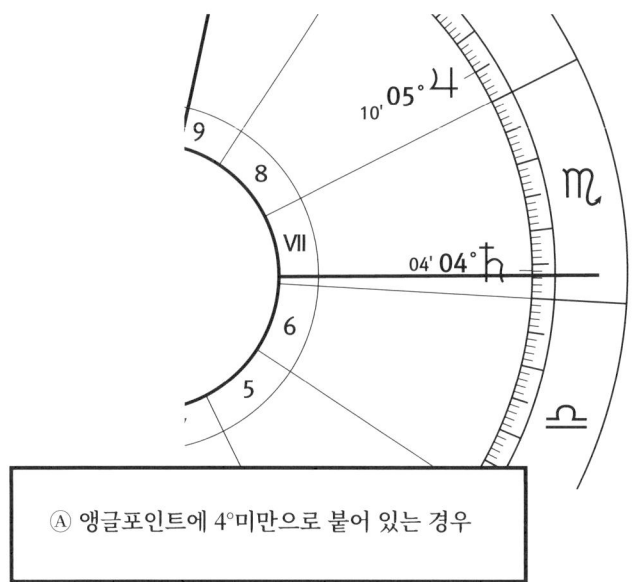

Ⓐ 앵글포인트에 4°미만으로 붙어 있는 경우

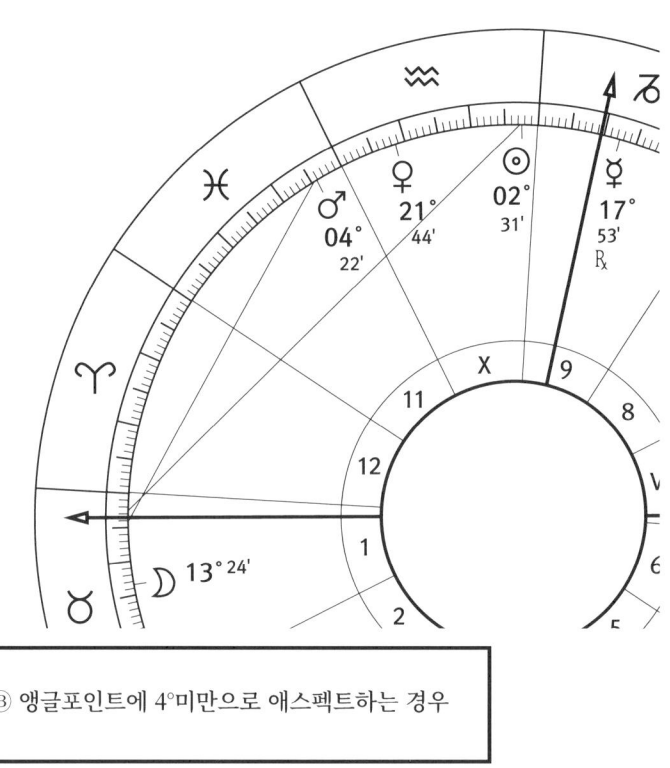

Ⓑ 앵글포인트에 4°미만으로 애스펙트하는 경우

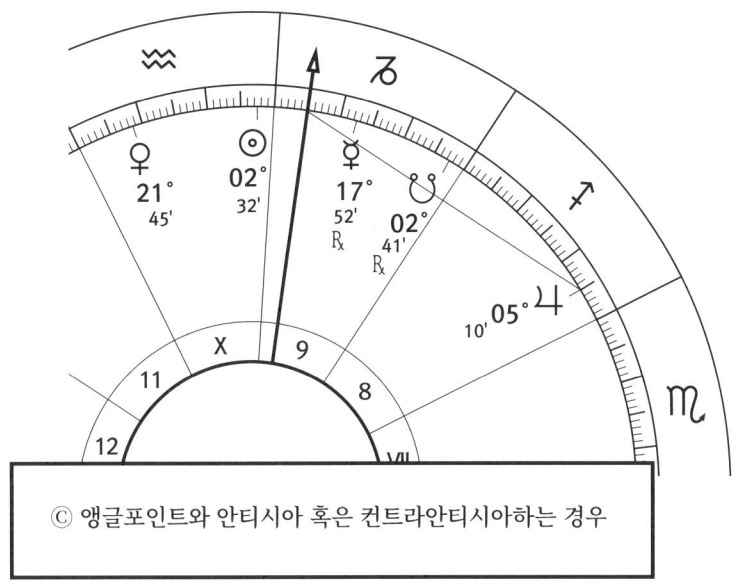

ⓒ 앵글포인트와 안티시아 혹은 컨트라안티시아하는 경우

⑤ **1하우스에 위치한 행성**

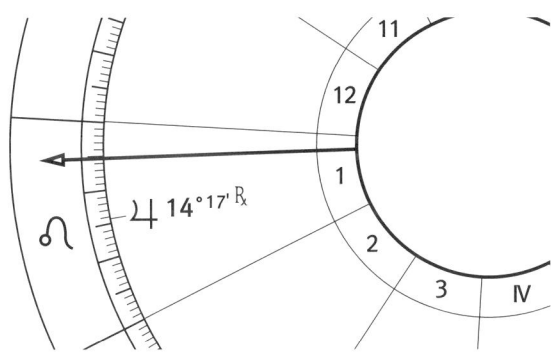

홀사인시스템으로 상승궁 전체를 차지하고 있는 1하우스는 '나의 집'이다. 이곳에 위치한 행성은 내 방에 살게 된 손님이자, 내가 끌어안고 태어난 인생의 조각이다.

1하우스에 위치한 행성이 포피리우스시스템으로 앵글에 위치하면 성향으로 매일 활용되지만, 케이던트에 위치하면 때에 따라 주기적으로 활용된다.

또한 별자리 품위를 판단해야만 한다. 나의 방에 위치한 같은 행성이라도 '룰러쉽, 엑절테이션할 때'와 '데트리먼트, 폴할 때' 성향의 품격은 상당히 달라질 것이다.

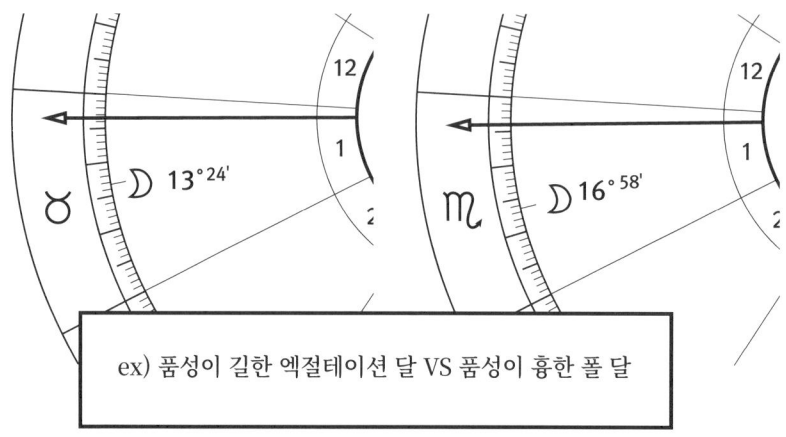

ex) 품성이 길한 엑절테이션 달 VS 품성이 흉한 폴 달

⑥ **루미너리와 상승로드에게 긴밀한 애스펙트를 주는 행성**

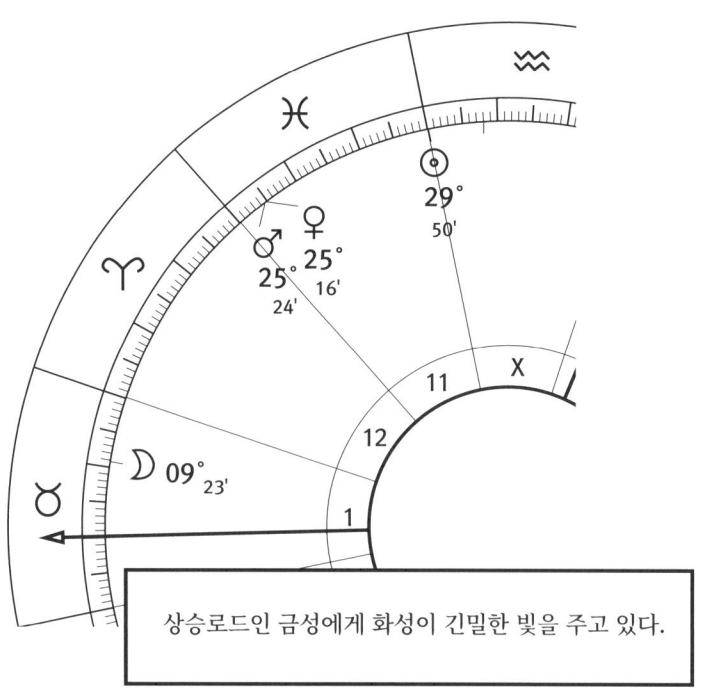

상승로드인 금성에게 화성이 긴밀한 빛을 주고 있다.

모든 인간에게 육신과 감정을 의미하는 달, 정신과 영혼을 의미하는 태양, 자신를 상징하는 상승로드는 어떤 부분으로든 나를 의미하는 중요지표성들이다.

이 세 가지 행성에 4°미만으로 긴밀한 빛을 주는 행성은 나의 성향에 강한 영향을 준다. 이것은 마치 내가 탄생한 날에 나를 의미하는 지표성들이 누구와 친밀하게 연락했는지 보는 것과 같다.

예를 들어 토성과 긴밀한 애스펙트를 맺는 상승로드라면 우울, 고독, 비판, 의심, 과묵함, 완벽 등 토성 성품의 영향을 받는다. 한편 목성과 긴밀한 애스펙트를 맺는 달이라면 자기관리, 가르침, 긍정성, 성공욕, 감정의 절제 등 목성 성품의 영향을 받고 태어난다.

4. 하우스

별자리가 천상의 집이라면 하우스는 '지상의 집'이다. 하늘과 먼 이 세속적인 영역은 성향으로 발동할 때 결코 고상하지 않다. 그래서 인간은 특정 하우스에 속한 수많은 단어들 중, 세속적이거나 이기적인 것 혹은 편리한 것만 뽑아 성향으로 사용한다.

예를 들어, 9하우스는 종교와 철학 그리고 품격있는 고차원의 지식을 의미하는 영역이다. 하지만 9하우스를 성향으로 사용하는 이는 자신이 제일 고상하며 자신의 신념이 가장 품격있다고 여기기 때문에, 타인들을 무시하고 자신의 가치관만 옳다고 주장하는 등 교만한 성품을 보여준다.

하우스는 세속적인 영역인 만큼 인생의 길흉에 관한 모든 이야기가 담겨 있다. 그래서 대다수는 현실적인 인생 이야기만 적용시키려 할 뿐, 하우스가 성향론에 활용되는지 전혀 모르고 있다. 별자리와 행성만으로도 많은 성향을 논할 수 있지만, 하우스를 고려하지 않는 것은 마치 계약서에 마지막 싸인을 하지 않은 격이다. 왜냐하면 특정 별자리와 하우스의 성향적 충돌이 있을 경우, 하우스로 인한 성향 발현이 우세하기 때문이다.

◆ 출생차트에서 성향으로 발현하는 하우스

1. 상승로드가 위치한 하우스
2. 달이 위치한 하우스
3. 달이 가장 먼저 접근하는 행성이 위치한 하우스

① 상승로드가 위치한 하우스 — 중요도 (★★★★★)

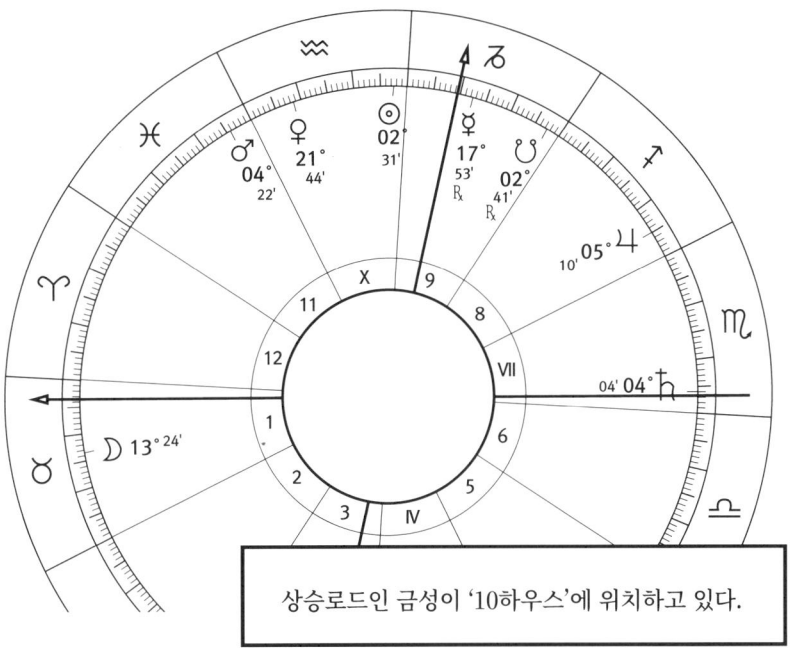

상승로드인 금성이 '10하우스'에 위치하고 있다.

나를 의미하는 상승로드가 위치한 하우스는 이번 생에 내가 속한 영역이며 직접 관여하는 하우스다. 그래서 이곳은 **나의 성향이 가장 강하게 표출되는 하우스**다. 더 나아가 그 하우스의 단어를 추구하면서 **행위로도 옮긴다**.

② 달이 위치한 하우스 — 중요도 (★★★★★)

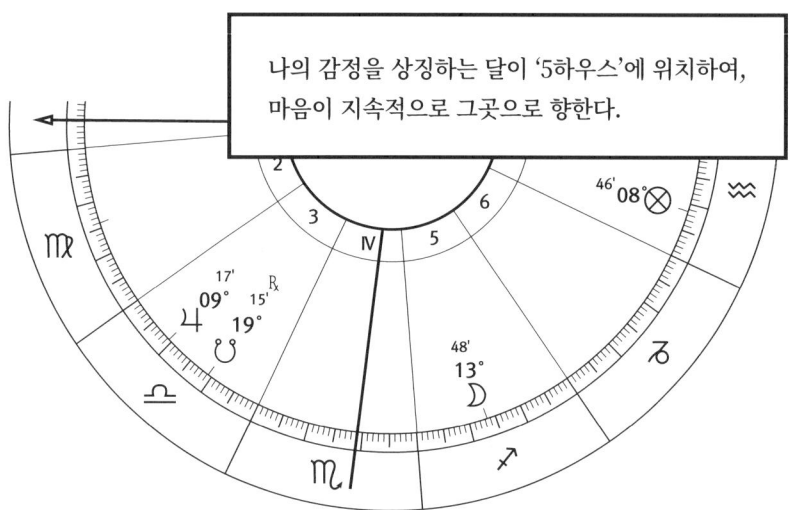

달이 위치한 하우스는 **나의 감정이 향한 하우스**이며, 끊임없이 **원하고 갈망**한다. 그 하우스에 대한 애착이 있으니, 당연히 그곳에 속한 단어들을 마음에 담아 성향으로 표출한다.

③ 달이 가장 먼저 접근하는 행성이 위치한 하우스 — 중요도 (★★★★☆)

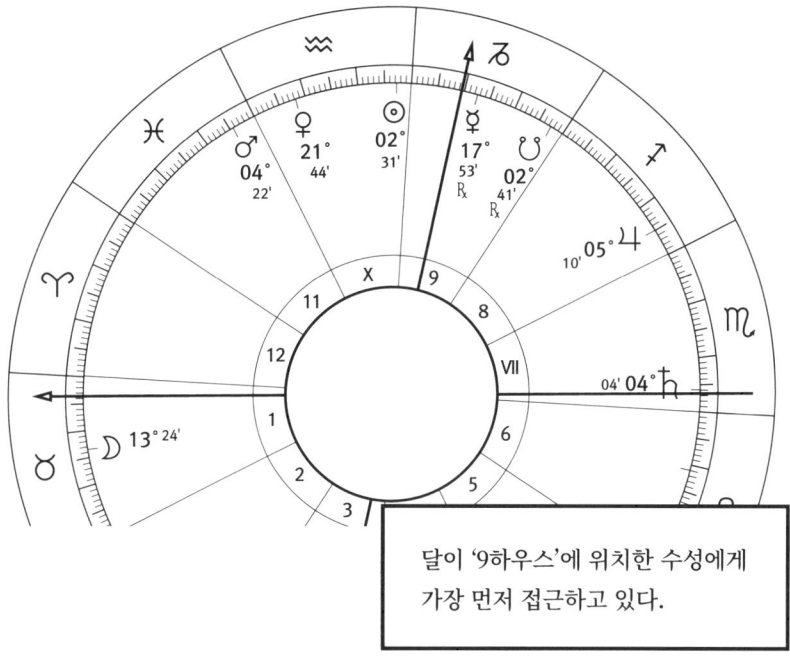

달이 '9하우스'에 위치한 수성에게 가장 먼저 접근하고 있다.

　달이 가장 먼저 접근하는 '행성, 그 행성이 위치한 별자리와 하우스'는 모두 성향 생성에 상당한 권한이 있다.

◆ 열두 하우스의 성향

위 구조로 발생한 하우스의 성향발현이론을 알아보자.

1하우스   오로지 나에게 초점이 맞춰진 인생이며 자신을 위해 살고자 한다. 누가 뭐래도 내가 하고 싶은 것을 해야 하는 성격이기 때문에 자기중심성으로 표출될 수 있다. 그러나 자신을 특별하게 생각하는 가치관으로 이해해야 한다. 자기발전을 목표로 나만을 위한 시간을 중시한다.
수성이 즐거워하는 방인 만큼 정보전달과 습득을 마다하지 않으며, 자기 표현에 망설임이 없다.
앵글하우스인 이곳은 인간관계에서든 운명과의 대결이든 주도권을 잡으려 하고, 도전을 두려워하지 않는다.
신뢰할 수 있는 자리가 마련되면 자신의 이야기를 잘 털어 놓는다.

2하우스   물질에 몰입하는 가치관이다. 경제에 관심이 많고, 언제 어디서든 수익창출을 위한 선택을 한다. 쉽게 말해 돈을 좋아한다. 만약 아니라고 한다면 자기 자신을 객관적으로 바라보지 못하거나, 여유있는 삶으로 인해 스스로 깨닫지 못한 것이다.
사치를 부리기보다는 검소하게 살아간다. 또한 상당히 현실적이고 실속을 중시하며 성실하기까지 하다.
내가 아끼는 누군가 혹은 자신이 소속된 단체를 노동과 시간으로 지원해 주고자 한다. 다만 돈으로 후원을 하는 것은 꺼린다.

3하우스   무엇이든 배우는 것을 좋아하고, 자신의 지식을 타인에게 전달하고자 한다. 분야를 불문하고 호기심이 많으며 사람들과 소통하기를 즐기지만, 말이 유난히 많다.

케이던트하우스이기 때문에 주도권 경쟁에서 무조건 우위에 있기보다 타인의 의사에 맞춰 살아간다. 나쁘게 말하면 관계에서 객(客)의 인생을 자처하는 성격이다.

달이 즐거워하는 영역인 만큼 타인에게 의존해서 살고자 한다. 또한 우유부단하고 감정 변화가 많다.

4하우스   모든 앵글하우스는 여러 방면의 주도권 싸움에서 우위에 있으려 한다. 하지만 4하우스는 나의 사람들을 보호하고 책임지는 가장의 역할을 수행하기 때문에, 낮은 자세로 봉사하고 챙겨주는 것처럼 보인다. 하지만 철저하게 위에 서서 내 사람을 다스리는 것이다.

자신은 가르침이라 하지만 가족구성원을 통제하려 한다.

열두 하우스 중에 가장 보수적인 성향이다. 그래서 남녀의 역할을 나누고, 윗사람과 아랫사람의 입장을 철저하게 구분하며, 전통과 예절을 중시한다. 그리고 모험보다 주로 안정된 삶을 추구한다.

지난 일을 잊지 않고 곱씹는다. 그래서 마음의 상처를 풀지 않는다.

5하우스   5하우스는 금성이 즐거워하는 곳이다. 개개인에 따라 즐거움을 얻는 방향이 다를 뿐이지 쾌락을 추구하는 성향이다. 운동, 음주, 연애, 쇼핑, 공부 등 쾌락을 준다면 무엇이라도 상관없다. 투기에 관심을 쏟고, 가문의 자산이나 불로소득에 마음을 둔다. 그리고 아름다운 것과 예술적인 요소를 유난히 좋아한다.

간혹 자녀에만 관심을 두는 이들이 있는데, 자녀를 위한다고 하지만 통제하는 경우가 대다수다.

타인을 지도하고 컨설팅하려는 성향이 있으며, 좋아하는 분야 만큼은 아낌없이 투자하고 사치를 부린다.

6하우스 사람들에게 많이 양보하는 성향이다. 자신이 소속된 곳에서 아래의 위치를 자처하며, 동료를 위해 봉사하고 희생할 수 있는 마음이 있다.
또한 약자와 소수자를 불쌍히 여겨 남을 위해 헌신한다. 그러나 정의감과 희생정신이 강해 손해를 보기도 한다.
누구보다 열심히 살고자 하기 때문에, 일을 중요하게 여기고 상당히 성실하다. 건강에 대한 염려증이 있는 경우가 많고, 예민하고 꼼꼼한 성향으로 인해 피로함을 자초한다.
화성이 즐거워하는 영역인 만큼, 의외로 공격적인 성향이나 도전적인 면이 갑자기 튀어나올 때가 있다.

7하우스 타인의 입장에서 생각하고 배려를 하지만, 결국엔 자신의 생각과 뜻대로 선택하며 살아간다.
7하우스 성향을 발현시키는 행성이 흉성일 경우, 원만한 관계를 이루는 성향은 아니며 구설이나 시비로 이어지는 경우가 많다. 하지만 길성이 7하우스 성향을 발현시킬 때는 타인의 기분을 맞추기 위해 상당히 노력한다. 다만 주도권을 쥐고 원하는 것을 쟁취하기 위해 맞춰줄 뿐이다.
가슴 깊이 자신의 짝을 원하며, 동성애가 아닌 이상 사랑이나 결혼에 대한 로망이 있다. 그리고 배우자에게 많이 의지하기도 한다.

8하우스 타인의 노동을 활용하여 물질을 얻고자 한다. 즉 불로소득을 원한다. 차트주인공이 의아해 한다면, 부모나 배우자가 부유하기 때문에 자신이 얼마나 타인의 돈을 바라는지 모르는 상태다.

흉하게 발현하면 실패에 대한 두려움으로 인해 자신의 능력을 수익창출에 사용하지 못한다. 또한 성공을 위한 자기개발에 나태한 편이다.

죽음이나 사후세계, 심리학, 오컬트 분야에 관심이 많다.

혹 가정환경이 좋지 않아 우울하고 힘겹게 살아갈 경우, 불법을 서슴지 않는 위험 인자가 있다.

9하우스 종교와 철학, 운명학에 관심을 쏟는다. 그렇게 배우고 깨달은 고차원적 지식을 가르치면서 행복감을 얻는다.

항상 품위를 지키려 하고, 고상하게 살아가려 노력한다. 하지만 태양이 즐거워하는 방이기 때문에, 자기분야에서 누구보다 우위에 있으려 한다. 심지어 스스로 최고라 생각하고 교만하다.

자신의 신념을 굽히지 않으며, 타협조차 하지 않는다. 하지만 인정한 사람에 대해서는 맹신하는 모순을 보인다.

음식, 학문, 문화, 역사, 인종 등 외국의 다양한 분야에 관심을 둔다.

좋아하는 것 만큼은 충동구매하는 과소비가 발동한다.

10하우스 차트에서 가장 꼭대기에 위치한 10하우스는 인생을 주도하고 어디서든 가장 우위에 있으려 한다. 자기분야에서 최고가 되기를 원하지만, 그러지 못할거라 판단되면 일찍 포기한다. 또한 자신의 뜻이 꺾일 경우 상당히 괴로워하며 분노를 표출한다.

올곧고 떳떳한 이름으로 남길 원한다. 그래서 명예 실추에 상당히 예민하고, 구설과 모함에 엄청난 두려움을 느낀다.

높은 위치에 대한 갈망이 있지만 타인에게 고개를 숙이지 못해 사업의 자질은 매우 떨어진다.

타인을 이끌면서 대접받으려 하고, 권력이나 명찰을 좋아한다. 그리고 자신이 모든 것을 통제하는데 반해, 통제당할 경우 우울감에 시달린다.

11하우스 목성이 즐거워하는 영역인 만큼 삶의 여러 방면에서 긍정적이며, 성공에 대한 욕구와 야심이 있다. 또한 사람들에게도 희망을 주면서 그들을 이끈다.

사회적 인맥들을 활용하여 자신의 목표를 이루고자 하며, 나아가 그들을 통해 사업을 번창시킨다.

주로 온화하고 부드러운 성향이며, 타인의 성장을 위해 가르치는 것을 즐긴다. 그리고 출세를 위한 자기관리에 힘쓴다.

그러나 명예보다 실속을 택하며, 자신에게 돈과 성공을 안겨줄 소수를 선별하여 함께한다.

12하우스 자기만의 세상이 있다. 그것은 종교와 철학으로 고상하게 발현되거나, 히키코모리 스타일로 표출될 수 있다. 또한 은밀하면서 위험한 성향으로 드러나기도 한다.

그러나 모든 성향을 감추려 하고, 자신의 얘기를 하지 않으며 마음도 함부로 열지 않는다.

토성이 즐거워하는 방이기 때문에, 많은 이들과 친분을 이루기보다 마음이 맞는 소수를 원한다.

깊이 있는 학문을 좋아하며, 배우고 깨닫는 것에 행복감을 느낀다. 그러나 자신감 부족으로 인해 재능낭비를 하고, 타인을 통한 풍요를 꿈꾼다.

결혼생활에 원만한 성향은 아니며, 항상 의심하고 비판적이다.

5. 성향 분석의 예

배운 내용을 바탕으로, 아래 차트의 성향을 간략히 분석해보자.

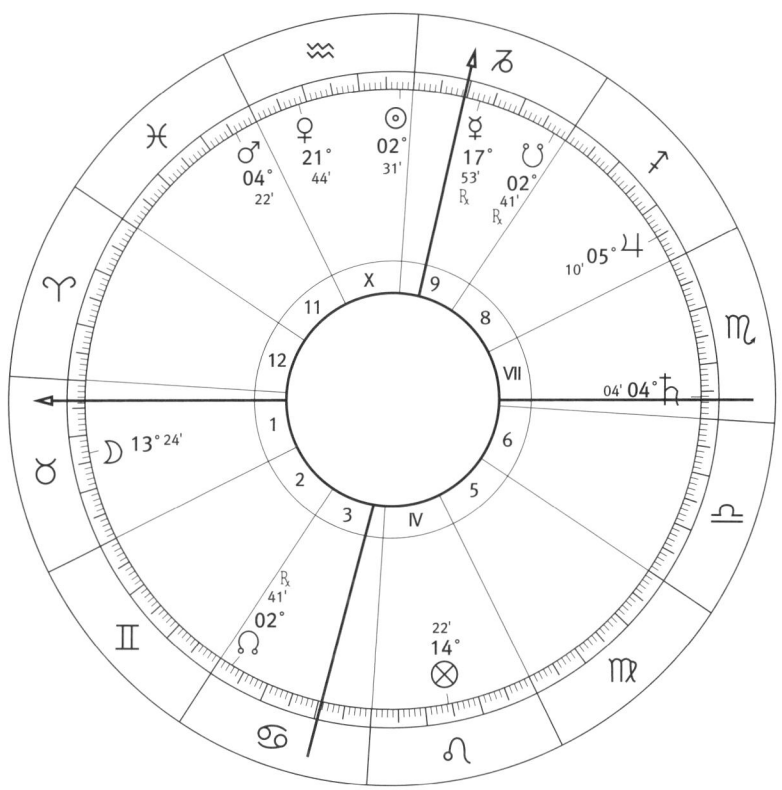

    황소자리는 인기의 행성인 금성과 달을 동시에 활용하는 사인으로, 이성의 구애와 긴밀한 인생을 살아간다. 또한 동물들이 짝짓기하는 4~5월의 별자리이기 때문에 일평생 자신의 짝을 갈구한다.
    미의 여신 아프로디테(금성)가 주인인 황소자리는 아름다운 것을 좋아하고 예술적 재능을 타고나며, 자신을 가꾸기 위해 많은 시간을 투자한다. 즉 갖가지 쾌락과 즐거움을 좇는 사인이다.

하지만 금성의 부정적인 성향이 표출되면 육체적으로 상당히 나태하며, 타인에게 기대 살고자 하는 욕망이 드러난다. 또한 문란한 삶으로 이어지기 쉬워 각종 쾌락과 중독(술, 담배, 마약, SEX, 인스턴트, 수면, 폭식 등)을 주의해야 한다. 또한 사랑하고 사랑받기 위해 태어난 황소자리는 화를 내야 할 때 왠만하면 참기 때문에, 축적된 분노가 결국 돌이킬 수 없는 상황으로 이어지기도 한다.

달과 상승점이 금성의 도머사일인 황소자리에 있으며, 금성이 홀사인과 포피리우스로 앵글하우스에 위치하기 때문에, 금성 성향이 상당히 강하다. 그래서 애정이 넘치는 성향으로 인해 연애와 인간관계, 사회에서 활발한 활동이 예상된다.

그러나 내면의 본질은 이런 호감의 이미지 혹은 사회에서 사용하는 성향과 반대되는 면이 있다. 상승로드와 태양은 토성의 도머사일인 물병자리에 위치하고, 토성이 관계의 방인 7하우스에서 앵글포인트와 긴밀하게 붙어있기 때문에 진짜 성향은 토성에 가깝다.

개인주의 성향을 넘어 홀로 있는 삶을 추구하고, 관계로부터 벗어나야 제대로 숨을 쉴 수 있다. 또한 공감능력의 단절이 감성을 메마르게 만든다. 그래서 금성의 온화함과 화합하려는 성향에 이끌려 다가가면, 차갑고 메마른 이중적인 모습을 발견할 것이다.

이기적으로 발현될 데트리먼트 태양은 상승점에 긴밀한 애스펙트를 주면서 토성 못지 않게 강하기 때문에, 타협되지 않는 자신만의 세계관이 확실한 인물이다. 그래서 타인과의 융화를 위해 상당한 노력이 필요하고 자기수양을 해야 한다.

다행인 점은 상승로드가 10하우스에 있어 사회적 명예를 추구하여, 성공을 위해 방해되는 자신의 흉한 성품을 억제하려 할 것이다. 아마도 회의적이고 어두운 자신을 감추며, 표면적으로 친근한 가면을 쓰고 살아갈 수 있다.

태양과 토성은 서로 부딛혀 모순을 보여주기도 한다. 태양은 유행을 선도하여, 세상의 중심에서 이슈가 되려 한다. 그러나 토성은 항상 구석에 위치하여 나서지 않고, 유행을 심하게 거부하며 희소성을 택하기 때문에 주인공을 혼란에 빠뜨릴 수 있다. 이를 통합하기보다는 양면성을 인정하고 살아야 내면이 건강할 것이다.

한편, 장사꾼의 행성인 수성은 돈과 출세의 사인 염소자리에 있다. 그리고 실속의 행성 토성과 함께 앵글포인트에 붙어 차트 분위기를 '흙의 원소'로 만든다. 이로 인해 물병자리답지 않은 실용성을 갖고, 득실을 계산하며 물질을 관리하는 성향이 된다. 더욱이 흙의 사인 황소자리가 상승궁이기 때문에, 안정을 추구하며 자산을 지키기 위해 노력한다.
염소자리 수성은 특별히 언변과 임기응변이 뛰어나다. 또한 멀티능력과 효율성을 활용해 어디서든 수익을 창출하고야 만다.
그럼에도 불구하고 사회적 통념을 거부하는 물병자리가 너무 발달했기 때문에, 자신만의 특별한 인생길을 살아가려 할 것이다. 그래서 평범한 조직에 속하는 직업보다, 자신만의 개성을 살릴 수 있는 프리랜서 활동을 하는 것이 유리하다.

내 안에 있는 엑절테이션 달은 자신을 만인의 보호자로 여기며, 주변사람에게 다정한 태도와 말투를 보여준다. 그러나 토성의 대립각으로 어린시절 부모와 교감문제가 있어 애정결핍으로 드러날 수 있다. 그래서 사람들에게 사랑을 주는 대가로 똑같은 사랑을 구걸하며, 얻지 못할 경우 우울감에 시달리고 괴로워 할 수 있으니 자기성찰이 필수다.
1, 9, 10하우스가 동시에 발달하면 교만함과 자기중심성이 있고, 과도한 명예욕을 채우기 위해 보여주는 모습에 상당히 치중한다. 그래서 자신도 한낱 부족한 인간에 불과하다는 것을 인정하고, 평안한 마음으로 살아갈 필요가 있다.

2
사랑론

1. 인생의 꽃, 사랑

인류가 사라지기 전까지 사랑은 인생에서 결코 빼놓을 수 없다. 유전학으로도 인간은 자신의 유전자를 보존하기 위해 사랑하고 짝짓기를 하도록 명령받고 있으며, 뇌과학으로도 사람들은 사랑 호르몬을 분출하기 위해 끊임없이 사랑의 사건을 만든다.

사랑은 출생점성술 주제별 상담에 있어 풍요, 진로와 함께 언제나 손에 꼽힌다. 아무리 비혼의 시대가 되고 있다 한들, 결혼에 대한 궁금증과 연애에 대한 갈망은 여전하다.

사랑론은 크게 두 가지로 나눠 설명할 수 있다.

첫째는 차트에서 읽을 수 있는 사랑의 스타일, 연애의 빈도, 애인이나 배우자의 성향과 직업, SEX 관련 이야기 등 길흉을 떠나 재미있게 논할 수 있는 것들이다.

둘째는 연애와 결혼의 실질적 길흉, 결혼과 배우자를 의미하는 여러 가지 지표성 상태로 판단하는 결혼의 결말이다.

각론의 여러 분야 중에 해석의 난도는 상당히 낮은 편에 속하니, 핑크빛 이론의 세계로 바로 들어가보자.

2. 사랑에 관한 일상 이야기

이혼이나 별거, 독신이나 만혼 등 사랑운의 실질적 길흉을 보기 전에, 우리 입에 많이 오르내리는 사랑의 방식, 연애 이야기, SEX, 동성애, 배우자의 성향이나 풍요 등을 알아보자.

◆ 사랑과 연애의 은밀한 사건

출생차트에서 사랑의 스타일을 판단할 때는 언제나 금성을 주체로 본다. 그리고 금성 입장에서 어떤 행성이나 별자리와 연결되는지 파악해야 한다. 아프로디테(Venus)가 사랑의 여신인 만큼, '사랑과 관련된 사건의 주인공은 금성이다'라는 규칙에 있어서는 어떤 점성가라도 수긍하고 있다.

① **금성이 수성과 컨정션인 경우**

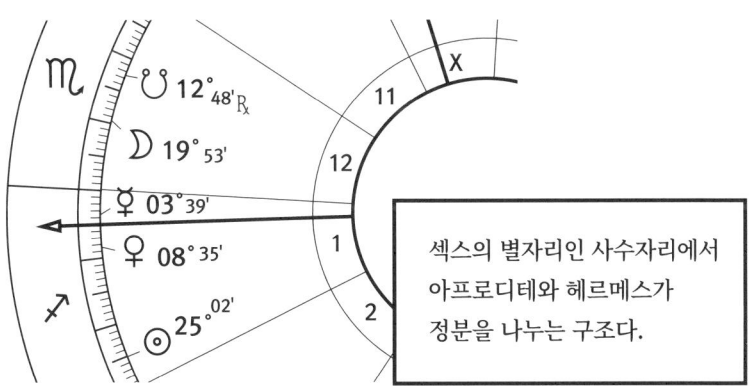

섹스의 별자리인 사수자리에서 아프로디테와 헤르메스가 정분을 나누는 구조다.

그리스신화에서 아프로디테는 남편 헤파이스토스와 한 번도 잠자리를 하지 않고, 다른 남신들이나 남자들과 정을 나눈다. 그녀는 다방면에서 능력자인 꽃미남 헤르메스(☿)와도 성적인 관계를 맺는다.

사랑에 관한 일상 이야기   45

금성과 수성이 한 사인에서 컨정션하고 있다는 의미는, 아프로디테와 헤르메스가 한 방에서 성관계를 맺는 중에 태어났다는 말이다. 그 기운이 그대로 작용해 **바람 필 가능성이 높은 성향**이 된다.

한편 수성의 입장에서 생각해보자. 말을 상징하는 수성이 사랑을 의미하는 금성에게 같은 방에서 긴밀한 영향을 받은 이들은 어떤 스타일로 말을 할까? 사랑스러운 단어를 선택하며, 설레이는 속삭임을 할 것이 분명하다. 그래서 이 구조의 사람들은 본인이 의도하지 않아도 이성을 두근거리게 하고, 외도의 기회를 자초한다.

이 구조가 사건으로 발현하려면, 둘은 **금성과 수성의 오브인 7°59'까지 붙어 있어야 한다.** 또한 금성과 수성이 위치한 장소가 중요하다. 두 행성이 섹스의 별자리[2]에 위치해야 정을 나눌 가능성이 올라간다.

② **금성이 화성과 컨정션을 하거나, 긴밀한 각을 맺는 경우**

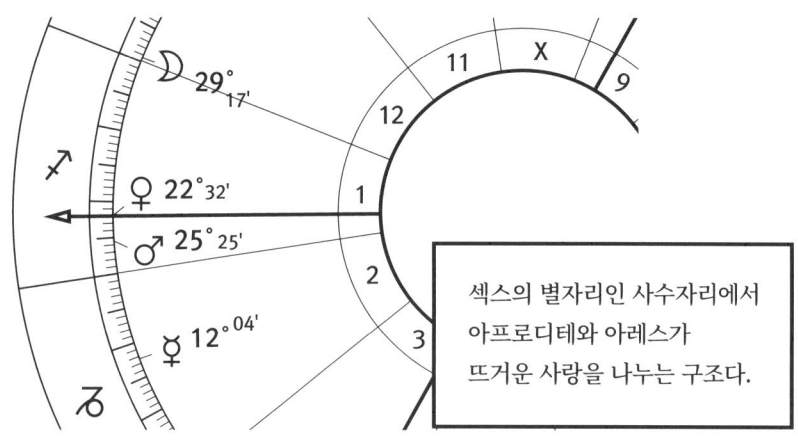

섹스의 별자리인 사수자리에서 아프로디테와 아레스가 뜨거운 사랑을 나누는 구조다.

그리스신화에서 유명한 불륜 커플이 만난 구조다. 사랑의 신 아프로디테와 전쟁의 신 아레스는 다른 신들의 비난에도 불구하고 가장 뜨거운 관계를

---

2) 양자리, 황소자리, 염소자리, 사수자리

유지하는 애인사이다.

　금성과 화성이 컨정션을 하고 있다는 의미는, 속궁합이 가장 잘 맞는 두 신들이 같은 방에서 성관계를 맺는 중에 태어났다는 말이다. 정열적인 사랑의 기운을 받았으며, 자극적이고 섹시한 외모를 지닌 채, 성적인 개방과 충동성을 품고 탄생한 것이다. 그로 인해 **외도의 가능성**이 상당히 올라가며, 누가봐도 함께 하고 싶은 사람이다.

　금성과 수성이 컨정션만 인정하는 반면, **금성과 화성은 8°미만의 컨정션뿐 아니라 애스펙트를 맺는 것까지 인정한다.** 애스펙트는 같은 방에 위치하지는 않아도 '서로 간에 눈빛을 주고 받고 있다'는 의미가 있기 때문이다. 또한 두 행성 모두 섹스의 별자리에 위치할 경우 가능성은 대폭 올라간다.
　성의 개방으로 인해 외도의 가능성이 올라가는 다른 구조도 있다. **금성이 화성 텀에 위치하면서 화성이 금성 텀에 위치하고 있을 때다.**

별자리가 집이라면, 텀은 방이다.
금성이 화성 텀에 위치한 것은
아프로디테가 아레스의 방에 있는
모습이며, 화성이 금성 텀에
위치한 것은 아레스가 아프로디테의
방에 있는 모습이다.

③ 금성이 태양에게 컴버스트되는 경우

　컴버스트는 연소시킨다는 뜻이지만, 실제 하늘에서 컴버스트된 행성이 타고 있는 것은 아니다. 컴버스트라는 말은 특정 행성이 태양의 강력한 빛에 가려졌다는 것을 과하게 표현하는 용어다.

　가려진 금성은 가려진 사랑을 의미하고, 이것은 '숨겨야만 하는 사랑'을 말한다. **불륜, 바람, 동성애, 짝사랑, 사내연애, 어떤 모임에서의 은밀한 만남** 등이 모두 이 구조의 발현이다.

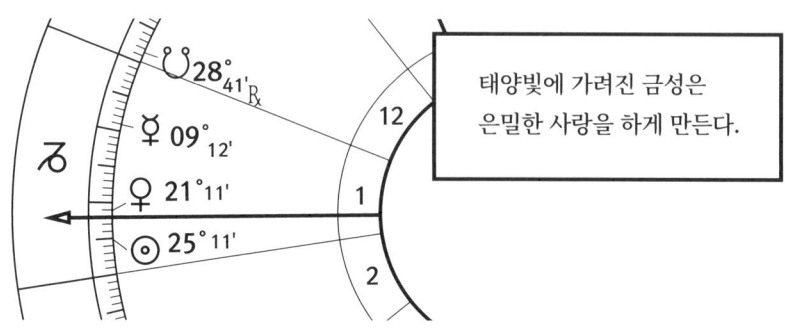

태양빛에 가려진 금성은 은밀한 사랑을 하게 만든다.

단, 금성은 태양과 최대 47°까지 벌어질 수 있기 때문에 다른 행성들보다 컴버스트가 잘 된다. 그래서 컴버스트 구조만으로 외도하는 차트라고 단식 판단할 수 없다. 컴버스트되는 금성이라도, 금성과 화성, 금성과 수성의 연계성을 꼭 봐야 하며, 섹스의 별자리 안에서 이뤄지는지 함께 봐야 한다.

④ 금성이 토성과 긴밀한 관계를 맺는 경우

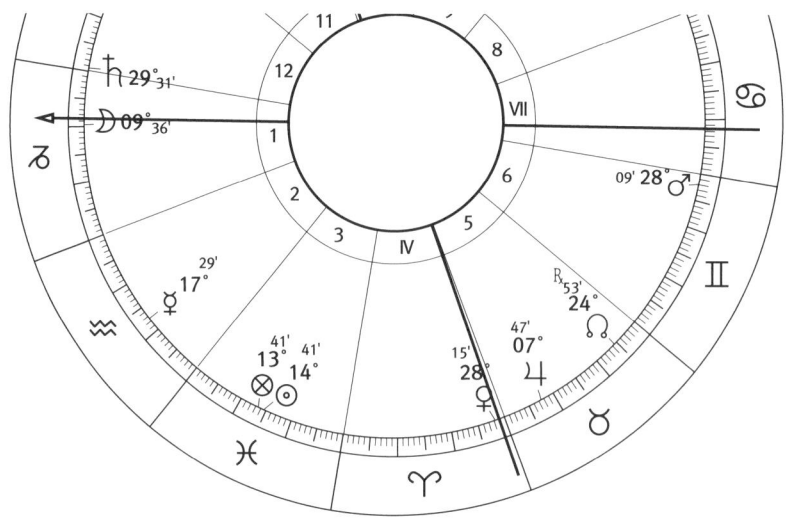

그리스신화에서 크로노스(토성)는 아버지인 우라노스(천왕성)의 성기를 잘라버리고 반역을 저질러 왕위를 찬탈한다. 점성술에서 배신의 상징이 된 토성은 사랑에서도 배신을 한다.

내가 짝이 있는 상태에서 싱글인 이성을 만나기도 하고, 내가 싱글인 상태에서 짝이 있는 이성을 만나는 모든 방향으로 **불륜**관계를 은밀히 맺는다. 토성은 일반적이지 않은 사랑을 즐긴다. 그리고 특유의 완벽주의 때문에 외도를 들키지도 않는다.

금성 외에도 7하우스 주인행성이나 결혼의 가상점(LOM)[3]에 토성이 애스펙트를 보낼 때, 마찬가지로 은밀한 사랑을 할 수 있다.

많은 이들이 토성을 독신의 행성으로 알고 있기 때문에, 토성과 금성이 연계될 경우 연애를 못한다고 해석한다. 그러나 토성은 결혼을 막을지언정 연애를 막지는 않는다.

⑤ 비윤리적인 사랑을 막는 구조

여러 가지 구조로 인한 외도를 막는 유일한 행성은 **목성**이다. 출생차트에서 목성이 앵글포인트에 4°미만으로 붙어있거나 애스펙트를 줄 때, 달이 가장 먼저 접근하는 행성이 목성일 때, 목성의 고향집인 *게자리*가 발달했을 때 외도를 막아준다.

그 밖에 열두 하우스 중, 가장 보수적인 *4하우스*가 발달했을 때, 순결한 존재를 이름으로 사용한 '*처녀'자리*가 발달했을 때, 은밀하고 자극적인 사랑 이벤트가 현저하게 감소된다.

또한 유전자와 호르몬의 이유로 인해, 여성의 경우 남성보다 외도의 가능성이 확실히 줄어든다.

---

3) 결혼운을 보는 중요한 지점이다. 후에 공식과 함께 자세히 다룬다.

◆ 연애의 빈도

아직 성인이 되지 않은 이들은 자신의 출생차트가 연애를 많이 하는 차트인지 궁금해한다. 사람에 따라서 연애의 빈도수는 차이가 있기 때문에 궁금증은 당연하다.

출생차트에서 연애 횟수를 정확히 말할 수는 없다. 하지만 금성을 중심으로 몇 가지 구조를 보고 '많다 또는 적다'로 얘기할 수 있다.

연애의 기회(이성의 제안)가 많은 구조

① 금성이 홀사인시스템과 포피리우스시스템으로 모두 앵글하우스에 위치할 때
② 금성이 앵글포인트에 4°미만으로 붙어있을 때
③ 금성이 앵글포인트에 4°미만으로 애스펙트할 때
④ 연애와 쾌락의 하우스인 5하우스에 나의 지표성[4])이 있는 동시에, 본능의 행성인 화성이 매우 강할 때
⑤ 금성과 화성이 앵글하우스에서 컨정션을 하거나 애스팩트를 맺을 때
⑥ 달이 유난히 강해, 포근함의 끌림이 있을 때
⑦ 상승궁이 번식기의 사인인 황소자리일 때

연애의 기회(이성의 제안)가 적은 구조

① 금성이 홀사인시스템과 포피리우스시스템으로 모두 케이던트하우스에 위치할 때(앵글포인트와 연계되지 않아야 함)
② 토성이 매우 강하면서, 처녀자리에 달이나 상승점, 상승로드가 위치해 기질상 유난히 연애기술이 떨어질 때
③ 보수성의 상징인 게자리와 4하우스에 나의 지표성이 있을 때
④ 상승궁이 관계맺기를 거부하는 전갈자리인 동시에, 12하우스에 나의 지표성이 있어 혼자 있으려는 기질이 많을 때
⑤ 금성과 화성이 모두 힘이 약한 동시에, 5하우스에 토성이 있어 홀로 유희를 즐기는 성향일 때
⑥ 섹스의 별자리에 아무 행성도 없으면서, 금성의 힘이 약할 때

---

4) 달 혹은 상승로드

위 내용 중 한 가지만 해당한다 해서 단식으로 인정할 수는 없다. 연애 기회가 많은 구조 중에서 여러 가지가 동시에 발생해야 확신할 수 있으며, 연애 기회가 적은 구조도 마찬가지다.

한편 연애 기회가 많은 구조가 여러 가지 해당하더라도, 이상형의 조건이 너무 까다롭거나 부모의 교육 때문에 연애 경험이 적을 수도 있다. 그렇더라도 이성의 제안이 많았다면, 연애 기회는 많았다고 해야한다.

유전자 특성상 상대적으로 여성이 남성보다 연애 기회가 많다. 남성은 능력과 돈, 힘과 키, 목소리와 유머 등 연애를 위해 갖춰야할 조건이 많지만, 여성은 얼굴 외 그런 제약이 거의 없기 때문이다.

◆ SEX의 발달

사랑, 결혼, 연애 이야기에서 결코 빠질 수 없는 것은 육체의 합을 의미하는 SEX다. 성(性)적 발달 구조를 볼 때만큼은 **화성**이 주인공이며 금성은 부수적인 역할이다.

간혹 여성은 금성을 봐야 하며, 남성은 화성을 봐야 한다는 의견이 있지만 실전에서는 그렇지 않다. 화성은 공격성 외에도 각종 분출욕과 본능을 의미하기 때문에, SEX는 금성이 아닌 화성의 영역이다.

물론 금성도 육신의 쾌락을 의미하지만 여성의 행성이라 소극적이다. 그러나 남성의 행성인 화성은 본능을 행위로 쉽게 옮기기 때문에, 성행위를 위해 갖춰야 할 필수 행성이라 하겠다.

강한 성적 능력, 그리고 개방된 성 가치관

① **화성**이 홀사인시스템과 포피리우스시스템으로 모두 앵글하우스에 위치해야 한다. 그리고 금성이 앵글하우스에서 화성과 애스펙트를 맺는다면 더욱 좋다.

② **화성**이 앵글하우스에 위치하지 않는다면, 앵글포인트와 4°미만으로 붙어 있거나 애스펙트를 맺어 힘이 강해야 한다.

③ 달, 상승로드, 상승점, 금성과 화성이 대부분 **섹스의 별자리**에 위치해야 한다. 특히 화성은 자신과 모양이 닮은 사인이자 말(馬)을 상징하는 사수자리에 위치하는 것이 가장 좋다.

④ **5하우스**에 달이나 상승로드, 두 길성 등이 위치하여 쾌락을 추구하는 성향이라면 더욱 가중된다.

⑤ 4하우스 혹은 게자리와 처녀자리에 나의 지표성이 없어야 더욱 개방적이다.

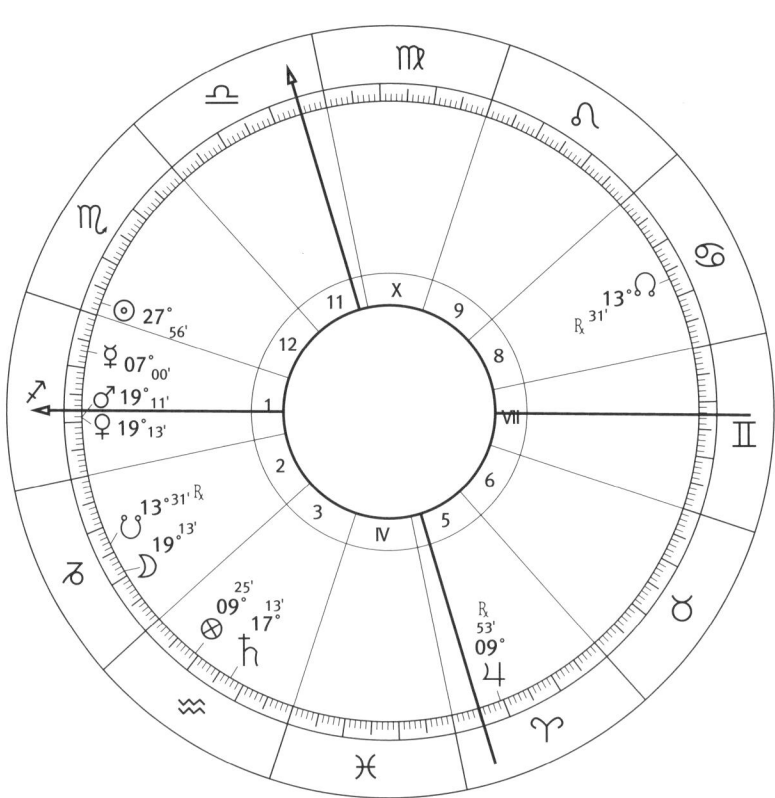

52 2 사랑론

차트주인공은 연애 기회와 성관계가 많은 여성이다.

상승궁은 섹스의 사인인 사수자리다. 사랑의 행성인 금성과 본능의 행성인 화성도 나의 방인 사수자리에 위치한다.

금성과 화성은 홀사인시스템과 포피리우스시스템으로 모두 앵글에 위치하여 힘이 상당히 강하다. 또한 파틸 합을 이루고 있어 아프로디테와 아레스가 격렬한 성관계를 하는 중에 태어난 격이다.

나를 상징하는 상승로드는 연애와 쾌락의 방인 5하우스에 있으며, 그곳은 섹스의 사인인 양자리다. 역으로 5하우스 주인 화성이 나의 방에 위치하여 쾌락을 끌어안은 구조다. 그리고 감정을 상징하는 달은 섹스의 사인인 염소자리에 위치하고 있다. 4하우스 혹은 게자리, 처녀자리와 무관한 차트이기 때문에 보수적이지도 않다.

◆ 배우자 또는 애인의 성향과 직종

출생차트에서 배우자 혹은 애인의 '성향'과 '직종'을 따로 나눠 해석할 수는 없다. 만약 배우자 관련 A구조가 있다면, 그 내용은 성향일 수도 있고 직종일 수도 있다. 심지어 그 사람의 취미나 인생의 분위기일 수도 있다.

출생차트는 나의 인생만 정밀하게 분석할 수 있으며, 가족이나 타인의 이야기는 추상적이면서 폭 넓게 적용해야 틀리지 않는다. 즉 한 사람의 인생에 대한 상세한 내용은 당사자의 차트로 봐야 옳다.

한편, 고전점성술에서 '배우자'와 '애인'은 다른 인물이 아니다. 우리나라에서 흔히 말하는 '그놈이 그놈이다'도 점성술에서 인정하고 있는 셈이다. 지금 설명할 이론은 배우자와 애인에 모두 해당한다.

① **7하우스에 위치한 행성**은 배우자나 애인의 성향, 직종, 취미, 인생에 영향을 미친다. 원래 이 행성은 결혼의 분위기와 길흉에 많은 영향을 주지만, 결혼 외에 배우자와 애인의 인생에도 관여를 한다.

② **7하우스 주인행성이 위치한 별자리와 디스포지터**는 배우자의 성향, 직종, 취미, 인생에 정말 많은 영향을 준다. 여기서 주의해야 할 점은 7하우스 별자리가 아니라 7하우스 주인행성이 위치한 별자리를 보며, 7하우스 주인행성이 아닌 주인행성의 디스포지터가 영향력이 크다는 것이다.

③ 그리고 이렇게 발현된 '별자리의 직업군[5]에 속한 키워드' 안에서, 배우자나 애인의 인생 이야기가 나오니 꼭 참고해야 한다.

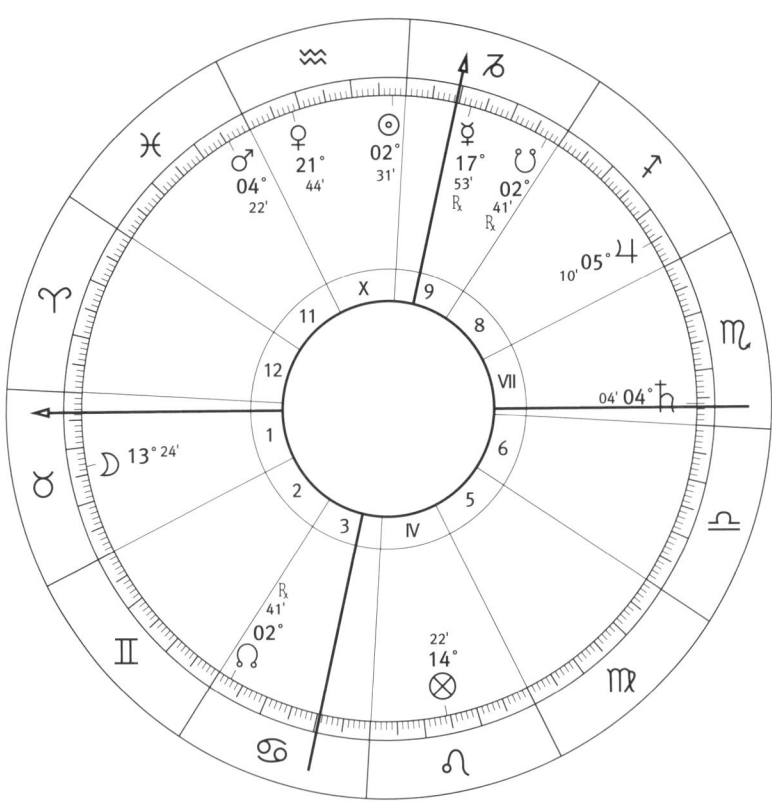

---

5) 별자리의 직업군에 대한 많은 내용은 직업론에서 배운다.

남성의 차트에 담긴 배우자의 특성을 읽어보자.

7하우스 안에 위치한 행성은 토성이다. 배우자는 연상의 여자일 가능성이 높고, 배우자의 성향이나 직종은 토성의 많은 특성 중에 있을 것이다.

한편 7하우스 주인행성은 물고기자리에 위치하며 그 디스포지터는 목성이다. 물고기자리의 성향과 목성의 성향을 상당히 많이 지닌 배우자다. 그리고 물고기자리에 속한 많은 키워드[6]가 바로 배우자의 인생 이야기다.

◆ 배우자의 능력과 그로 인한 풍요

배우자 관련 질문에서 상당히 많은 분량을 차지하는 것은 '배우자의 경제적인 능력과 그로 인해 자신이 얻을 금전적 혜택'이다. 쉽게 말해 배우자 덕을 보고 싶고, 그 사람을 통해 부자로 살고 싶다는 것이다. 자본주의 사회에서 당연한 궁금증이라 생각된다.

> **능력있는 배우자를 통해 풍요를 얻을 구조**
> ① 7하우스 주인행성이 길성인 신분으로 1, 2, 8하우스에 위치할 때
>   _ 배우자의 주인이 금성 혹은 목성이면서 나의 방, 내 돈의 방, 배우자로 인한 불로소득의 방 중 하나에 위치할 때를 말한다.
> ② 8하우스 주인행성이 길성인 신분으로 1, 2, 7하우스에 위치할 때
>   _ 배우자로 인한 불로소득 주인이 금성 혹은 목성이면서 나의 방, 내 돈의 방, 배우자의 방 중 하나에 위치할 때를 말한다.
> ③ 1하우스 혹은 2하우스 주인행성이 길성인 신분으로 8하우스에 위치할 때
>   _ 나의 주인 혹은 내 돈의 주인이 금성 혹은 목성이면서, 배우자로 인한 불로소득의 방에 위치할 때를 말한다.

---

6) 물, 어류, 해외, 여행, 자연물, 동물, 히피, 음악, 종합예술, 공감, 상담, 봉사, 희생, 영성, 치유, 명상, 종교, 철학, 발, 댄스, 운동, 생태계, 세계, 지구, 우주, 유기농, 경제, 법학, 가상세계, 코인, 도자기, 전통

④ **7하우스에 목성이 있을 때**
_ 배우자의 방에 대(大)길성인 목성이 위치할 경우다. 만약 포피리우스시스템으로도 앵글하우스라면, 풍요의 지속성까지 있다. 그리고 목성이 2하우스 주인일 경우 더욱 확실한 판단이 가능하다.

⑤ **7하우스와 8하우스 주인행성이 목성에게 큰 도움을 받을 때**
_ 배우자의 주인과 배우자로 인한 불로소득의 주인이 대(大)길성인 목성에게 9°미만으로 애스펙트 받을 때를 말한다.

⑥ **결혼의 가상점(LOM) 또는 가상점의 주인행성이 목성에게 큰 도움을 받을 때**
_ 결혼과 배우자의 또 다른 지표성인 '결혼의 가상점(LOM)[7]'과 '가상점이 위치한 별자리의 주인행성'이 대(大)길성인 목성에게 9°미만으로 애스펙트 받을 때를 말한다.

⑦ **달이 가장 먼저 접근하는 행성이 7, 8하우스에 위치한 길성일때**
_ 나를 상징하는 달이 배우자의 방, 배우자로 인한 불로소득의 방 중 하나에 위치한 길성을 만나러 갈 때를 말한다.

⑧ **결혼의 가상점(LOM)의 주인행성이 포르투나(⊗)로부터 11하우스에 위치할 때**
_ 포르투나가 있는 곳을 1하우스로 가정했을 때 11하우스로 재배치되는 곳은 어퀴지션(acquisition)[8]이라는 명칭으로 자산의 창고. 이곳에 결혼의 가상점 주인행성이 위치하면, 나의 돈창고에 결혼과 배우자가 위치한 상황이 된다.

---

[7] '결혼의 랏'이라고도 하는 이것은 결혼의 길흉에 상당히 중요한 지점이다. 곧 자세히 배운다.
[8] 어퀴지션이나 포르투나 등은 모두 직업이나 인생의 성공을 판단할 때 매우 중요한 개념이다. 후에 '성공, 풍요론'에서 자세히 다룰 예정이다.

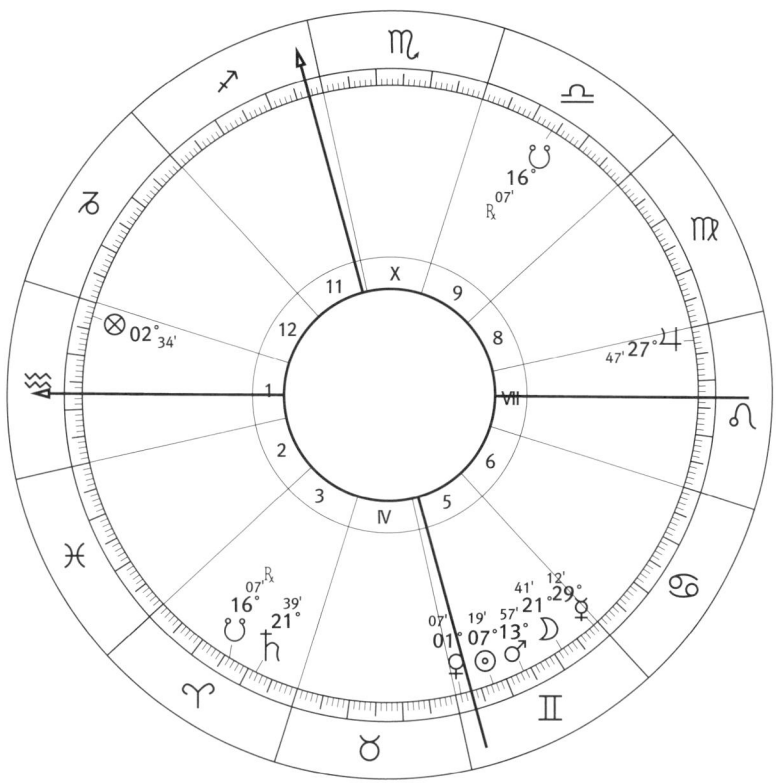

차트주인공은 배우자로 인해 넉넉한 삶을 살고 있다.

나의 자산을 의미하는 2하우스 주인이 대(大)길성인 신분으로 배우자의 방에 위치하고, 포피리우스시스템으로 앵글에 있어 풍요가 지속되는 매우 길한 구조다.

달이 7하우스에 위치한 목성에게 가장 먼저 접근하고 있다. 한편 배우자를 통한 불로소득의 방인 8하우스 주인 수성은, 길한 5하우스에서 목성에게 2°내로 긴밀한 도움을 받고 있어 좋다.

이 외에 금성이 앵글포인트(IC)에 긴밀한 합을 이뤄 힘이 강하기 때문에, 타인의 자산을 탐하는 성품을 타고난다.

◆ 동성애

동성애 관련 문헌자료는 매우 오래전부터 있었다. SEX와 쾌락, 성(性)에 대한 이야기들은 사람들에게 일상이었으며, 동성애 또한 고대부터 지금까지 끊이질 않았다. 특히 커밍아웃으로 동성애를 떳떳이 드러내는 시대가 되었으니, 우리는 그에 대한 상담을 위해 연구를 게을리할 수 없다.

십수 년간 필자에게 마음을 털어놓는 동성애 상담이 많았기 때문에, 임상 내용을 문헌과 관련 없이 실전에 맞게 전하겠다. 동성애 구조는 남녀 공통으로 적용되는 이론과, 남녀를 구분해 분석해야 하는 이론으로 나뉜다.

> ① 금성의 손상
> 남녀 구분 없이 **금성은 반드시 손상되어야** 한다. 동성애가 일반적인 사랑은 아니기 때문에, 사랑의 본질적 지표성인 금성이 온전한 상태가 아니어야만 한다. 많은 임상 결과 흉성에게 손상되었거나 흉한 하우스에 있는 금성은 동성애 구조의 첫 시작이다.
>
> ② 수성 성향
> 두 번째 공통 구조는 남녀 모두 **수성 성향이 두드러지면서**, 수성의 도머사일인 **쌍둥이자리나 처녀자리 성향도** 함께하는 경우다.
> 점성술에서 수성은 양성(兩性)의 행성으로, 성별 구분 없이 사랑할 수 있는 성향이 있다. 수성이 1하우스에 위치할 때, 앵글포인트에 4°미만으로 연계되어 있을 때, 달이 수성에게 가장 먼저 접근할 때 수성의 성향이 두드러진다.
> 그리고 쌍둥이자리나 처녀자리에 상승점 혹은 상승로드, 루미너리가 위치할 경우, 수성은 차트주인공의 기본 성향이 된다.
> 사랑의 상징인 금성에게 수성이 관여한다면 동성애는 더욱 발달한다. 태양으로부터 금성은 최대 47°, 수성은 최대 27°까지 벌어질 수 있기 때문에, 오브 내 효과있는 관계를 이루려면 두 행성은 컨정션이나 섹스타일만 가능하다.

③ 물병자리 성향

무엇보다 남녀 모두 **물병자리**가 발달해야 한다. 물병자리는 대중들의 다수설인 '사회적 통념'을 깨는 사인으로, 누구나 따르는 기준으로부터 도망쳐 소수에 마음이 향하는 독창성의 별자리다.

그 기질은 성(性)적 가치관에도 발현된다. 이성애와 달리 사회적 통념을 깨는 것은 동성애이기 때문에, 물병자리는 열두 사인들 중에 유독 동성애자들이 많다. 상승점, 상승로드, 루미너리 중 하나라도 물병자리에 위치한 경우를 말한다.

④ 성 호르몬의 비중

남녀 차트를 따로 분석해야 할 동성애 구조를 알아보자.

점성술에서 테스토스테론(남성호르몬)의 상징은 화성이며, 에스트로겐(여성호르몬)의 상징은 금성이다.

남성은 태생적으로 화성 유전자가 발달하여, 금성의 상징인 여성을 소유하고 쟁취한다. 그러나 **금성 성향이 유난히 강한 남성**은 여성성이 치솟고 남성에게 관심을 보인다.

여성도 마찬가지다. 여성들은 태생적으로 화성보다 금성 유전자가 발달했다. 그런데 다른 여성들보다 유독 화성이 강한 이들은 남성성이 치솟고, 여성에게 호감을 느낀다. **화성 성향이 유난히 강한 여성**이 일반 여성들에게 인기 있는 이유다.

출생차트에서 금성이나 화성 성향이 강하다는 것은, 금성 혹은 화성이 1하우스에 위치할 때와 앵글포인트에 4°미만으로 연계되어 있을 때다. 또한 달이 금성 혹은 화성에게 가장 먼저 접근할 때를 말한다.

그리고 **남성에게 황소자리 성향**이 있을 경우 금성 성향이 유난히 발달하고, **여성에게 양자리 성향**이 있을 경우 화성 성향이 눈에 띄게 발달한다. 그러나 금성과 화성의 도머사일이라도 천칭자리나 전갈자리는 동성애를 위해 큰 역할을 하는 별자리가 아니다.

⑤ 루미너리 손상

마지막으로 **자신의 성별과 동일한 루미너리가 손상되어야** 한다. 남성은 태양이, 여성은 달이 손상되는 구조를 말한다.

여성의 루미너리인 달은 '남자를 만나 결혼하여 자녀를 양육하려는 성향'의 근본이 되는 행성이다. 그리고 남성의 루미너리인 태양은 '여자를 만나 결혼하여 가족을 보호하고 통치하고자 하는 성향'의 근본이 되는 행성이다.

자신의 성별과 동일한 루미너리가 흉한 하우스에 있거나 흉성에게 오브 내 애스펙트를 받으면, 그 각각의 기질이 손상되었다고 볼 수 있다. 그리고 이는 동성애의 근거 중 하나가 된다.

그러나 달이 손상된 여성 혹은 태양이 손상된 남성이라고 동성애로 단정지을 수는 없다. 지금까지 내용 중 한두 가지만 발현되더라도 마찬가지다. 동성애 차트로 확신을 갖기 위해서는 지금껏 나열한 모든 구조가 적용되어야 하며, 몇 가지가 눈에 띈다 해서 성적 취향에 큰 문제가 되지는 않는다.

출생차트에서 동성애 발현 구조 정리

남성	금성이 손상될 것 수성 성향이 발달할 것 쌍둥이자리나 처녀자리 성향이 발달할 것 금성과 수성의 연계성 특히 물병자리 성향이 발달할 것 금성 성향이 발달할 것(황소자리 발달) 태양이 손상될 것
여성	금성이 손상될 것 수성 성향이 발달할 것 쌍둥이자리나 처녀자리 성향이 발달할 것 금성과 수성의 연계성 특히 물병자리 성향이 발달할 것 화성 성향이 발달할 것(양자리 발달) 달이 손상될 것

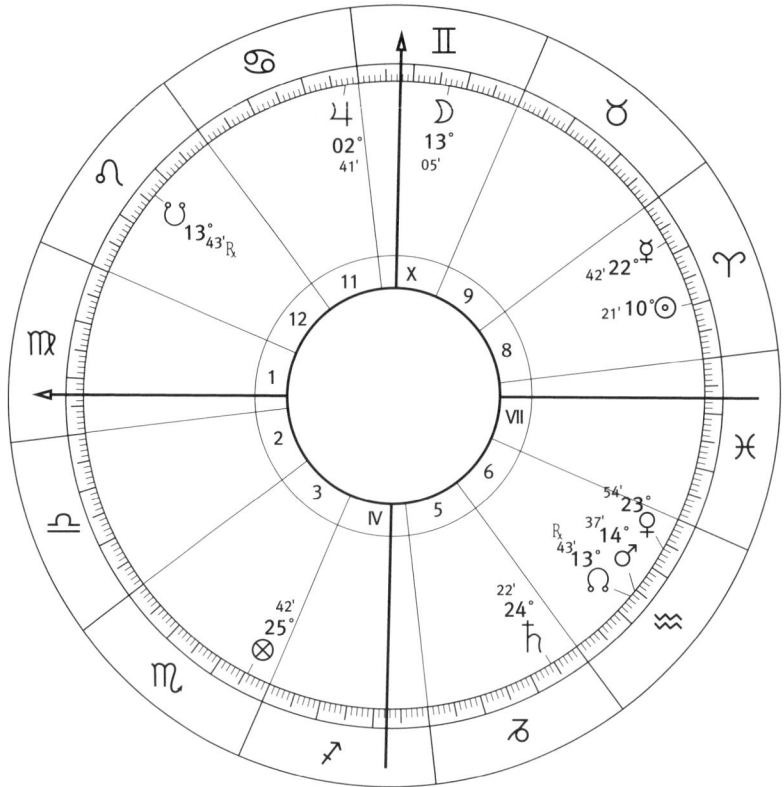

여성 동성애자의 차트다.

상승궁은 수성의 도머사일인 처녀자리이며, 상승로드인 수성과 영혼을 상징하는 태양은 화성의 도머사일인 양자리에 위치한다. 그리고 달은 수성의 도머사일인 쌍둥이자리에 있다.

수성은 남중점(MC)에 4°내로 빛을 주고 있어 힘이 매우 강하다.

금성은 흉한 6하우스에 위치하며, 사회적 통념을 깨는 물병자리에서 수성과 2°내로 긴밀한 애스펙트를 맺고 있다.

달은 화성에게 2°내로 큰 흉을 받아 손상되었으며, 물병자리에 위치한 화성에게 가장 먼저 접근하고 있다.

동성애로 향할 수 있는 모든 구조를 갖춘 여성의 차트다.

◆ 궁합에 관하여

궁합을 볼 때, 대다수 점성가들은 Synastry라는 기법을 활용해 남녀의 차트를 겹쳐 판단한다.[9]

Synastry를 통해 궁합을 보는 이론은 점성가들마다 다르지만, 간단한 애스펙트 이론이기 때문에 누구나 쉽게 배워 활용할 수 있다.

하지만 필자의 많은 임상에 의하면, Synastry는 궁합을 보는 두 남녀에게 거짓을 말하는 행위에 불과하다. 이것은 마치 사주에서 '여자에게 물이 부족하니 수(水)의 기운이 많은 남자가 무조건 좋다'라는 말로 얼버무리는 것과 다르지 않다.

궁합을 보는 방식은, 두 명의 출생차트를 동시에 띄워 놓은 채 각각의 성향 분석을 통해 음양의 합일을 찾고, 공통된 삶의 방향과 가치관을 파악하여 함께 가는 인생인지 판단해야 한다.

또한 서로가 바라는 이상형에 부합하는지 상대의 차트에서 면밀히 찾아내고, 각자의 차트에서 발생하는 길흉이 서로에게 어울리거나 상쇄되는지 자세히 분석해야만 한다. 즉, 궁합은 초보자들이 쉽고 간단하게 볼 수 있는 영역이 아니다.

실전에서 활용될 몇 가지 구조로 예를 들어보자.

- 여성의 차트에서 양자리, 사자자리, 화성이 동시에 강할 경우, 그 양(陽)의 기운을 컨트롤하고 받아줄 황소자리, 게자리, 달이 강한 남성이어야만 한다.

- 금성과 화성이 동시에 강한 여성은 성욕이 강하기 때문에, 남성의 차트

---

[9] 모리누스프로그램에서는 한 명의 차트를 띄워 놓은 채로 Horoscope버튼에 포함된 Synastry를 활용해 두 개의 겹친 차트를 볼 수 있다.

에서 성(性)과 거리가 있는 처녀자리, 물고기자리 성향만 발달하거나 화성이 유난히 약하면 안 된다.

• 한 명은 쌍둥이자리와 수성이 동시에 발달하여 이야기를 쉬지 않고 해야 하는데, 다른 한 명은 전갈자리와 물병자리, 토성 성향이 너무 강해서 방으로 숨고 귀를 닫으면 서로 힘들다.

• 사자자리와 태양이 동시에 강한 사람이, 물병자리와 토성이 동시에 강한 사람과 만나 생활방식, 가치관, 삶의 목적 모두 상반된다면 곤란하다.

• 한 명은 금성과 화성이 섹스의 별자리에서 컨정션인데, 다른 한 명은 12하우스에 숨어 있는 화성이라면 금화 컨정션 주인공이 바람이 날 수 있다.

• 둘 다 태양이 극단적으로 강해, 서로 간의 자존심만 앞세운다면 오래 가지 못한다.

• 한 명은 4하우스와 게자리가 발달해 상당히 보수적인데, 다른 한 명은 물병자리와 토성이 너무 발달해 사회적 통념을 깨려한다면 문제에 부딪힌다. 제사와 가족 간의 규율, 일가친척을 중시하는 이와 개인주의로 홀로 인생을 살아가는 이가 어찌 함께 할 수 있겠는가.

• 여성의 차트에서 7, 8하우스의 구조가 너무 길해 배우자를 통한 풍요가 보장되는데 남성의 차트가 빈천하다면, 그저 스쳐가는 관계에 불과하며 둘은 결혼할 수 없다.

• 7하우스에 금성이 있어 배우자의 미모가 뛰어나다고 판단되는데, 상대의 차트에서는 금성이 별 볼일 없어 외적인 매력이 없다면 둘의 관계가 오래간다는 보장이 없다.

- 돈과 경제관념도 중요하다. 한 명이 황소자리, 2하우스, 토성이 모두 발달하여 돈을 굴리는데 있어 소극적이며 인색한 반면에, 다른 한 명은 5, 8하우스, 양자리와 사자자리, 태양과 화성이 동시에 강해 씀씀이가 과하고 계획성이 없다면 현실적인 문제로 인해 다툼이 잦을 것이다.

- 너무 같아도 문제다. 부부 모두 8, 12하우스만 발달하여 동시에 재능낭비 속에서 가난의 길을 걷는다면 좋은 관계라 할 수 없다.

- 둘 다 1하우스 과다 스텔리움이라면, 항상 자신의 입장만 고수하고 주도권 싸움만 할 것이다.

- 둘 다 10하우스만 발달해서 서로 간에 고개를 숙이지 못한다면 좋은 궁합이라 할 수 없다.

- 둘 다 9하우스만 발달해서 신념을 양보하지 않고 서로 가르치려 한다면, 대화는 단절될 것이 뻔하다.

    궁합은 이렇게 출생차트 전체를 분석해야 한다. 음양의 기질은 적당히 공통분모가 있으면서도 서로 간에 보완해 줄 수 있는 다른 면이 함께 해야 한다. 이 방식은 부부나 연인관계뿐 아니라 부모와 자식 간의 관계에서도 마찬가지다.

- 부모는 사수자리, 목성, 토성의 기질로 인해 통제와 잔소리가 심한데, 자녀는 물병자리, 토성과 화성의 기질이 동시에 강해서 구속에 대해 민감하다면, 자녀는 정신질환이 발생하며 삐뚤어질 수 있다.

- 선을 철저하게 지키고자 하는 물병자리, 처녀자리, 토성 발달 부모와, 선을 넘도록 태어난 양자리, 사자자리, 화성 발달 자녀가 함께하는 인생은

둘 다 스트레스가 심할 것이다.

- 부모는 사수자리, 목성, 9하우스, 11하우스의 기질로 인해 학자의 길을 걷고 공부만이 인생의 정답이라 여기는데, 자식은 물고기자리, 금성, 5하우스의 기질로 인해 순수예술을 하고자 한다면, 성공의 방향과 사회적인 목표가 주는 괴리감으로 인해 어울릴 수 없는 관계가 될 것이다.

한 인간에 대한 이해는 그리 쉬운 것이 아니다. 하물며 둘의 관계성을 읽어주는 일은 얼마나 어렵겠는가?
출생차트의 길흉을 모두 분석하고 성향론을 철저하게 연습하여, 궁합에 올바른 방향으로 접근하도록 하자.

3. 결혼의 길흉

출생점성술로 사랑운을 볼 때, 가장 많은 비중을 차지하는 것은 결혼의 **길흉**이다. 지금까지 배운 연애의 기회와 외도, SEX와 동성애, 배우자의 능력과 풍요, 궁합도 관심 분야이지만, 가장 중요한 것은 '부부사이의 화목함, 결혼 가능성, 이혼이나 별거' 등의 현실적 문제다.

연애 = 결혼, 애인 = 배우자

고전점성술의 시각에서는 연애와 결혼이 다르지 않고, 애인과 배우자 역시 큰 차이가 없다.

사람은 결혼 전 애인일 때와 결혼 후 배우자가 되었을 때 표출하는 말과 행동이 다르다. 그 사람의 진짜 모습은 결혼 후 배우자가 되었을 때이며, 연애할 때는 많은 부분에서 가면을 쓴다. 그래서 나를 힘들게 하는 지금의 배우자도, 애인이었을 때는 좋은 부분만 표출되는 이상형이었던 것이다.

예를 들어, 금성애인은 사랑스럽고 애교가 있지만, 결혼을 하면 만인의 연인이 되어 바람을 핀다. 화성애인은 화끈하며 적극적으로 나를 사랑해주지만, 결혼을 하면 폭력성을 드러낸다. 수성애인은 재미있는 대화로 유쾌한 연인관계를 만들지만, 결혼을 하면 자기 이야기만 한다. 토성애인은 과묵하고 꼼꼼하며 완벽한 모습을 보여주지만, 결혼을 하면 과도한 통제를 하거나 홀로 자신의 방에 들어가 나오지 않는다.

지금 필자는 결혼에 대한 회의감이나 인간에 대한 부정적인 시각을 논하는 것이 아니다. 점성술에서는 **애인운이 곧 배우자운**이며, **연애운이 곧 결혼운**이라는 사실을 이해시키려 할 뿐이다.

흉한 결혼운의 작동버튼 = 출산

출생차트에서 흉한 구조로 인해 결혼의 흉사가 예상될 경우, 흉이 발동하는 시기는 평균적으로 '출산 후'다.

아이가 생긴 후에는 나라는 존재가 객의 위치로 전락한다. 그 후로 모든 인생의 시스템은 180° 달라져 나의 인생, 나의 선택, 나의 입장이 아닌 자녀의 인생, 자녀의 선택, 자녀의 입장에 맞춰 살아간다.

부모 입장에서는 당연하다고 볼 수 있지만, 주체성의 하락이 극심한 스트레스로 다가오고, 이어지는 욕구불만의 표출대상은 높은 확률로 배우자다.

출산 전에 아름답고 사랑스러웠던 배우자는 출산 후에 외모와 행동이 달라지며, 항상 부드러웠던 말투도 아기와 함께하면서 짜증이 섞인다. 나에게 충실했던 사랑이 자식에게 옮겨지기 때문에 서로 간에 외로움이 쌓이고, 차곡차곡 쌓인 그것은 외도 혹은 결혼의 흉사로 발현된다.

만약 결혼의 흉사가 예상되는 차트의 남녀가 결혼을 했는데 예상을 뒤엎고 알콩달콩 잘 산다면, 그것은 예외라든가 출생차트의 구조를 잘못 읽어서가 아니다. 주말부부와 같이 떨어져 지내는 경우가 아니라면, 높은 확률로 자녀가 없는 상황이다. 즉 '자녀 부재로 인한 주체성 지키기'의 효과는 차트에서 예고된 결혼의 흉사를 막아준다.

그럼 지금부터 결혼의 길흉에 영향을 미치는 여러 가지 구조와 실전이론을 알아보자.

◆ 결혼의 지표성

결혼운을 담당하는 지표행성은 본질적 지표성(내츄럴 지표성)과 비본질적 지표성(하우스 지표성)이 있다. 또한 결혼이나 배우자를 의미하는 몇 가지 지점이나 행성들도 지표성 역할을 한다.

> **결혼의 여러 가지 지표성**
>
> 1. 금성(결혼의 본질적 지표성)
> 2. 7하우스 주인행성(결혼의 비본질적 지표성)
> 3. 루미너리(여성에게 태양, 남성에게 달)
> 4. 결혼의 랏(LOM)과 랏의 주인행성

① 결혼의 본질적 지표성(내츄럴 지표성)

그리스신화에서 사랑의 여신은 아프로디테다. 점성술에서 그녀는 **금성**이 되어 사랑의 본질적 지표성 역할을 한다.

남녀 차트를 구분하지 않고, 금성은 누구에게나 애인이자 배우자를 의미하며 연애와 결혼을 상징한다. 더 나아가 인간애(愛)도 의미하기 때문에 인간관계의 운까지 볼 수 있으니, 금성은 사랑과 이어진 모든 부분의 총체적 지표성이라 하겠다.

금성이 흉한 하우스에서 흉성(화성 혹은 토성)에게 애스펙트를 받는 이들은 사랑운과 관계운에서 모두 흉하다고 해석한다. 이 논리는 '보통 사람들과 맺는 우호성은 연인과 맺는 우호성과 동일하다'는 시각이다. 즉 사람들과 두루두루 잘 지내는 이들은 연인과도 화합이 잘 되지만, 사람들과 분쟁이 잦거나 벽을 치는 이들은 그렇지 않다.

② 결혼의 비본질적 지표성(하우스 지표성)

열두 하우스들 중에 결혼과 배우자, 연애와 애인의 방은 7하우스다. 이 부분을 판단할 때는 우선 ***7하우스에 어떤 행성이 있는지*** 확인하고, ***7하우스 주인행성의 길흉***까지 정밀하게 분석해야 한다. 두 구조 중에서 더 중요한 것은 '하우스 주인의 길흉'이다.

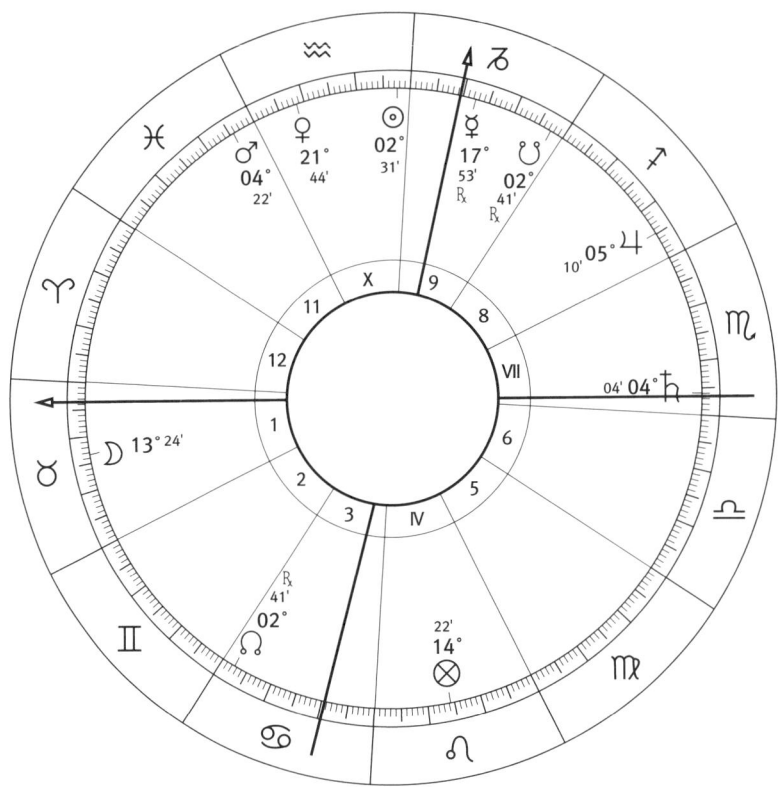

　차트의 7하우스에는 토성이 위치해 결혼과 배우자운에 흉함이 예상된다. 하지만 7하우스 주인행성의 상태가 더 중요하기 때문에, 전갈자리 주인 화성의 길흉을 잘 판단해야 한다.
　다시 말해 7하우스 주인 화성의 길흉이 결혼운에 우선이며, 7하우스에 위치한 토성의 작용력은 이보다 떨어진다. 7하우스 주인행성은 7하우스에 위치한 행성의 처분권자이기 때문이다. 즉 7하우스에 아무리 흉성이 있어도 7하우스 주인행성이 매우 길하면, 힘든 과정을 겪을지언정 결국 결혼의 축복이 함께한다.

③ 반대 성별의 루미너리

점성술에서 루미너리(달과 태양)는 부모를 의미하며 서로 간의 배우자를 상징한다. 여성의 루미너리인 달은 어머니와 아내를 의미하고, 남성의 루미너리인 태양은 아버지와 남편을 의미한다. 출생차트에서 루미너리들이 손상되면 부모운과 배우자운의 흉사를 동시에 예측한다.

금성과 7하우스 주인 외에 **여성에게 태양, 남성에게 달**은 배우자의 또 다른 지표성이다.

④ 결혼의 랏(LOM)과 랏의 주인행성

지금부터 한 단계 어려운 영역으로 나아가야 한다. 바로 랏(Lot)[10]이라는 명칭의 가상 지점이다. 지금은 결혼운을 배우는 시간이기 때문에 '결혼의 랏'을 배워 그 지점의 길흉을 판단하고, 주인공의 결혼운을 또 한번 해석해야 한다.

결혼의 랏은 남녀 차트가 각각 공식이 다르고, 같은 남성 차트 혹은 여성 차트라도 낮의 차트와 밤의 차트[11]에 따라 공식이 다르다.

하지만 '남성 낮의 차트 공식'과 '여성 밤의 차트 공식'이 같고, '여성 낮의 차트 공식'과 '남성 밤의 차트 공식'이 같다. 그래서 남녀 각각 낮의 차트일 때 공식을 습득한다면, 밤의 차트인 경우 반대로 대입할 수 있다.

---

10) 랏, 로트(Lot) – 특정 두 행성 간의 거리를 상승점에 투사하여 계산한 가상의 지점으로, 행성의 종류에 따라 의미가 다른 랏이 된다. 달의 랏, 태양의 랏, 어머니의 랏, 아버지의 랏, 자녀의 랏, 결혼의 랏, 명예의 랏 등이 있으며, 출생차트에서 행성 외에 길흉을 판단하는 지점이다. Lot은 '운, 운명'이라는 의미를 담고 있는 만큼 그 각각의 운을 볼 때 유용하다.
11) 지평선 기준으로 태양이 위에 있으면 낮의 차트, 아래에 있으면 밤의 차트다.

남성 낮의 차트일 때

토성[12]에서 금성까지 거리와 방향만큼 ⇨ 상승점으로부터 똑같이 이동한 지점이다. 이 공식은 여성 밤의 차트 공식과 같다.

여성 낮의 차트일 때

금성에서 토성까지 거리와 방향만큼 ⇨ 상승점으로부터 똑같이 이동한 지점이다. 이 공식은 남성 밤의 차트 공식과 같다.

다음 차트를 보면서 이해하도록 하자.

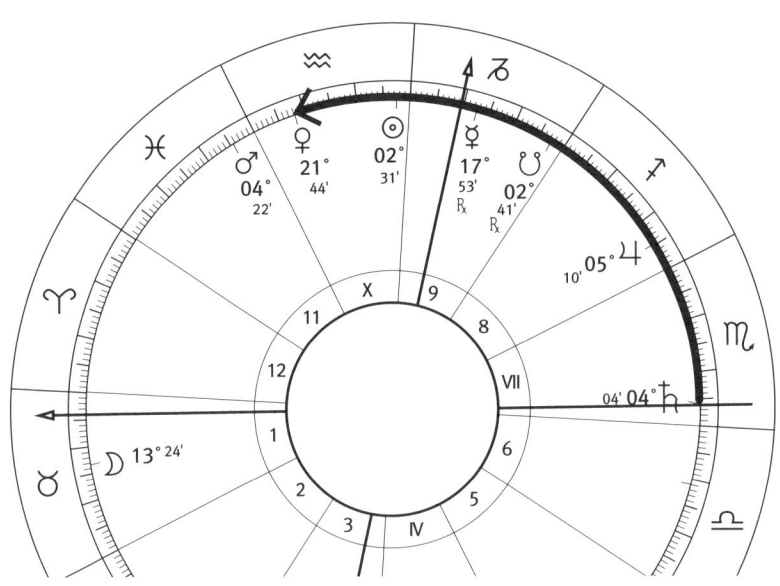

---

12) 영원히 사랑하며 함께 하겠다는 언약을 구하는 공식에 토성이 개입하고 있다. 이 논리는 현대적 관점과 거리가 있다. 예전의 결혼은 연애를 통해 맺어진 개념이 아니라, 가문과 가문의 연결로 벌어지는 행사였다. 즉 자녀를 결혼시킨다는 명목하에 관계를 묶고 구속하여 양가의 번영을 추구했다. 그래서 구속과 통제의 행성인 토성을 사랑의 금성과 함께 공식으로 엮어 결혼의 가상점으로 만들었다.

'남성 낮의 차트'다. 공식은 토성에서 금성까지 거리와 방향을 계산하는 것부터 시작한다. 반시계반향으로 3개의 하우스에 약 17°만큼 이동한 것을 발견할 수 있다.

이제 '반시계방향으로 3개의 하우스 + 약 17°의 이동거리'만큼 똑같이 ⇨ 상승점으로부터 이동을 한다면 그 위치는 다음과 같다.

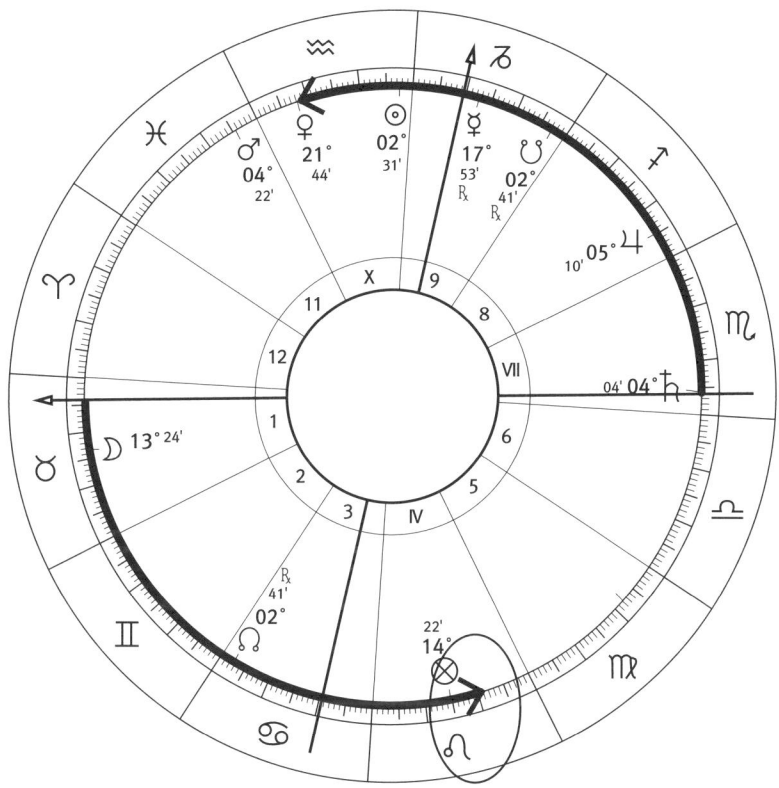

사자자리 21°쯤에 도달하게 되었고, 이곳이 바로 결혼의 랏이 위치한 지점이다. 위치가 맞는지 확인하기 위해서 차트에 랏을 띄워보자.

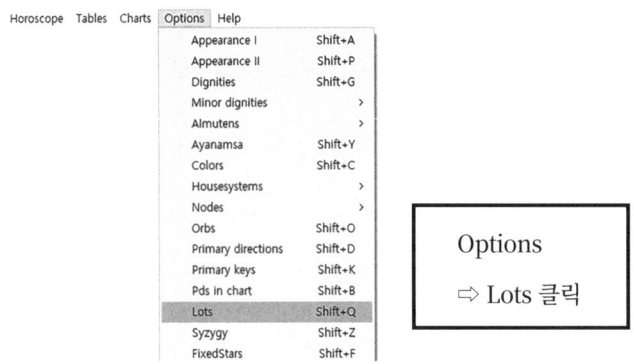

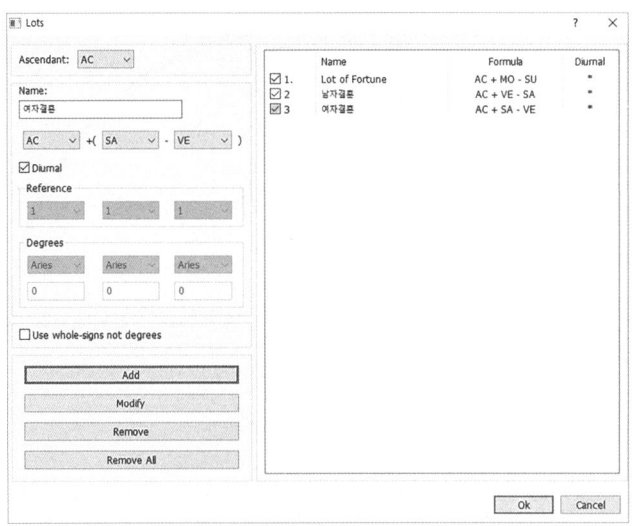

상자 Lots가 열렸다. 처음에는 Lot of Fortune만 표기되어 있다. 그래서 결혼의 랏을 띄우기 위한 공식을 수동으로 입력해줘야 한다. 한글로도 표기할 수 있어서 영어가 낯선 이들도 쉽다.

남자 결혼의 랏 공식은 AC(상승점) + VE(금성) - SA(토성),

여자 결혼의 랏 공식은 AC(상승점) + SA(토성) - VE(금성)이다.

각각 입력 후, Diurnal[13]에 체크를 해야만 한다. 그리고 Add버튼을 클

---

13) 이것을 체크하면, 밤의 차트인 경우 모리누스가 알아서 거꾸로 계산해준다.

릭하면 위 사진과 같이 목록에 추가되고, OK버튼을 누르면 랏 설정이 완료된다.

방금 설정을 끝낸 것이다. 이제 설정한 랏의 위치를 차트에서 보여주는 것으로 마지막 작업을 끝내자.

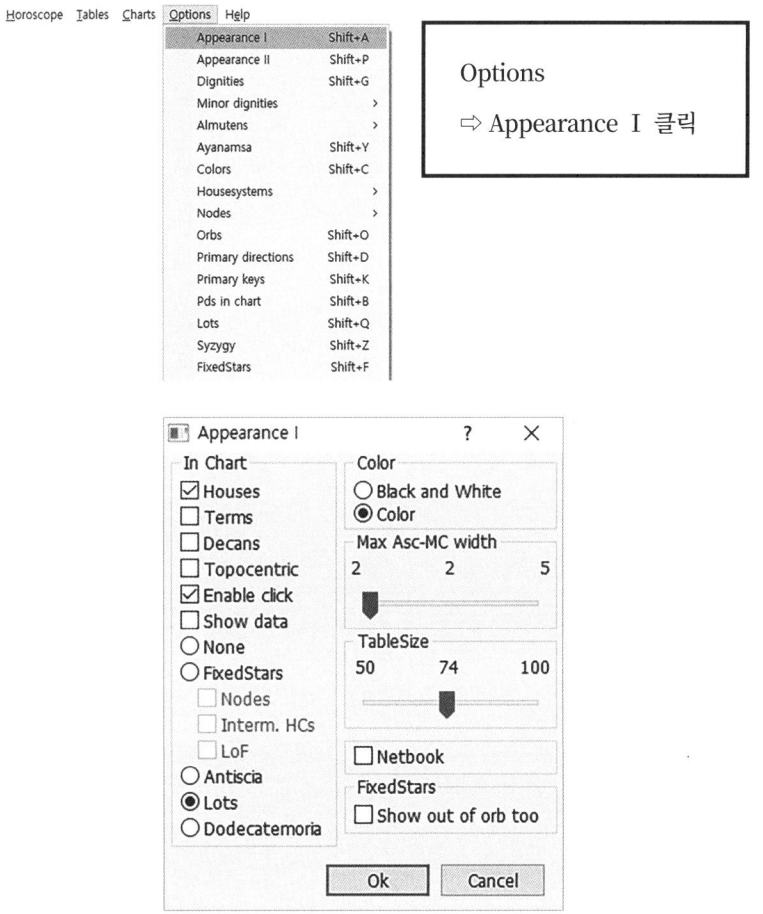

상자 Appearance Ⅰ에 Lots를 클릭하고 OK버튼을 누르면, 다음과 같이 결혼의 랏을 출생차트에 자동으로 띄울 수 있다.

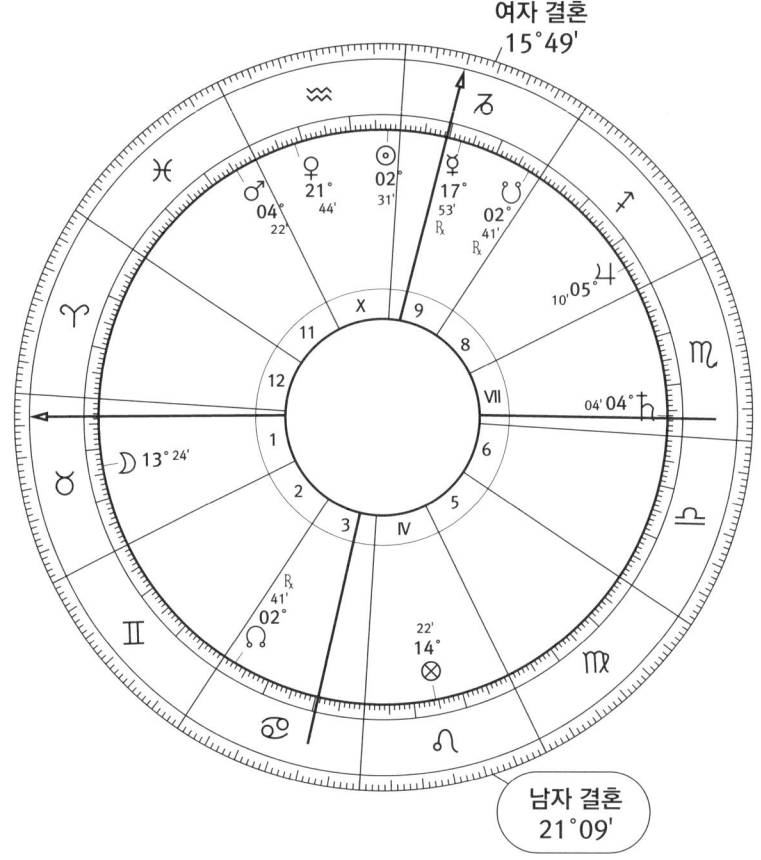

　앞서 수동으로 계산했던 사자자리 21°경에 결혼의 랏이 표기된 모습이다. 수동으로 계산하는 법은 점성학자로서 알려줬을 뿐, 랏의 공식은 세팅만 하면 자동으로 표기되니 굳이 따로 계산할 필요는 없다.

　만약 위의 차트가 여성 차트라면 염소자리 15°경이 결혼의 랏이며, 이 차트가 밤의 차트라면 프로그램이 스스로 공식을 바꿔 올바른 위치에 결혼의 랏을 띄워준다.

　차트에서 사자자리 21°09′에는 어떤 결혼의 지표성도 없다. 하지만 결혼을 의미하는 가상의 지점이 그곳에 있으니, 저 위치에 결혼의 지표성이 있다고 생각해야 한다. 그리고 다른 결혼의 지표성들처럼 길흉성들의 애스펙트 영향을 보고 길흉을 판단한다.

또한 모든 랏은 언제나 특정 별자리에 위치하기 때문에 '주인행성'이 존재한다. 그것은 랏보다 더욱 강한 지표성이며 더 중요하다.

즉 차트에서 사자자리 21°09'에 위치한 **결혼의 랏**의 길흉을 판단하고, **랏이 위치한 별자리의 주인**인 태양의 길흉을 더욱 중요하게 판단해야 한다.

이로써 결혼의 길흉을 예측하기 위해 봐야 할 결혼의 지표성은 **금성, 7하우스, 7하우스 주인행성, 여성인 경우 태양, 남성인 경우 달, 결혼의 랏(LOM), 랏의 주인행성**이다. 이 모두가 온전히 잘 있는지 판단해야 한다.

◆ 지표성의 길흉

여러 가지 결혼의 지표성을 알았다면, 각각의 길흉을 세밀하게 분석해야 한다.

간단히 **7하우스에 위치한 행성**부터 보자. 중성이라면 큰 의미가 없지만 길성이 위치 할 경우에는 결혼운의 시작이 길하며, 흉성이 위치 할 경우에는 결혼의 다사다난함으로 해석한다.

이제 **여러 가지 결혼의 지표성 상태를 판단**한다. 우선으로 봐야 하는 것은 **하우스배치**다. 길한 하우스(1, 5, 10, 11, 9H)에 위치하면 판단의 시작이 길하며, 평범한 하우스(3, 4, 7H)에 위치하면 보통이고, 흉한 하우스(2, 6, 8, 12H)에 위치하면 시작부터 흉하게 판단한다.

무엇보다 **길성이나 흉성과 맺는 애스펙트, 안티시아, 컨트라안티시아**를 봐야 한다. 길성들이 도와준다면 결혼생활의 화목함과 풍요가 함께할 수 있지만, 흉성들이 공격한다면 흉성 각각의 스타일대로 흉사가 발생한다.

단, 결혼의 랏 주인행성이 흉성일 경우에는 랏에게 흉한 영향을 주지 못한다. 이것은 어떤 랏이든 마찬가지다. **랏이 흉성의 사인에 위치하여 랏의 주인이 흉성이라면, 그 운을 볼 때는 흉성이 아닌 랏 주인의 신분으로만 작용한다.**

또한 **길흉성들이 지표성에게 주는 리셉션과 리젝션**, 모든 행성의 **시공간 섹트 이론**을 적용하여 길흉의 강도를 올바르게 측정하고, 컴버스트[14] 되는지도 파악하여 추가점수를 매긴다.

그렇게 판단한 행성의 디스포지터까지 분석해 **카운터액션의 길흉**을 마지막으로 지표성의 길흉판단을 결론 짓는다.

아래 여성의 차트에서 결혼의 지표성 상태를 판단해보자.

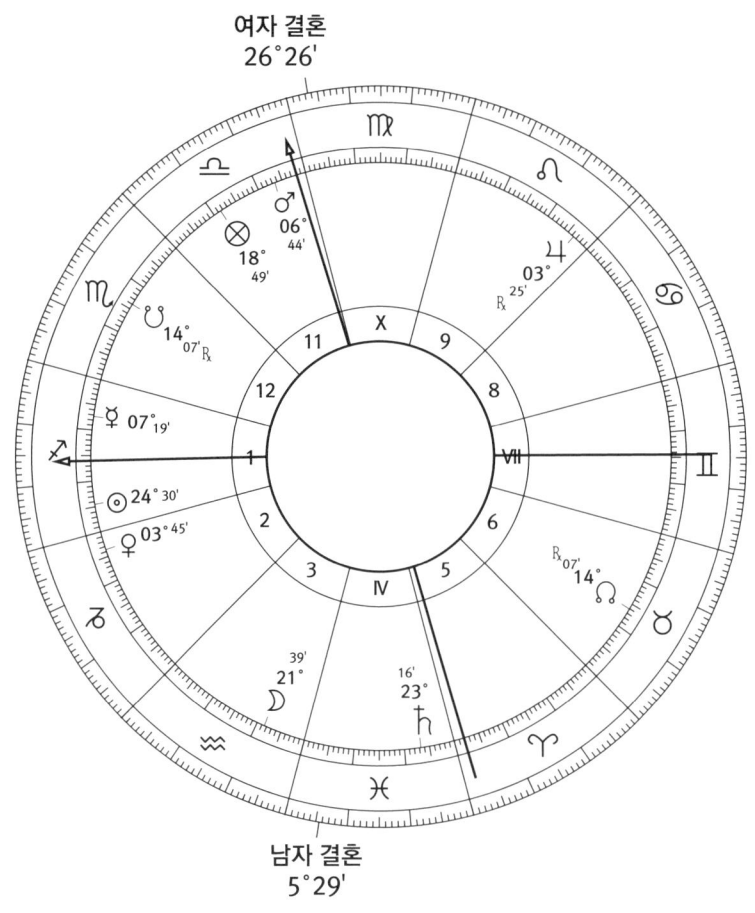

---

14) 랏은 행성이 아니기 때문에 태양빛에 연소되지 않는다.

사랑의 본질적 지표성 금성(3°45′)은 흉한 2하우스에 위치하며, 화성(6°44′)에게 3°내 스퀘어 흉을 받고 있다. 손상된 금성을 구원할 수 있는 유일한 행성은 금성의 디스포지터 토성이다. 4하우스 물고기자리에 위치한 토성은 11하우스 천칭자리 화성에게 안티시아로 대칭관계의 흉을 받고 있어 좋지 않다.

결혼의 비본질적 지표성, 7하우스 주인 수성(7°19′)은 길한 1하우스에 위치하지만 화성에게 1°내 섹스타일 흉을 받고 있다.

여성에게 아버지이자 남편을 의미하는 태양(24°30′)은 1하우스에 위치한 채 토성(23°16′)에게 2°내 스퀘어 흉을 받고 있다.

손상된 7하우스 주인 수성와 태양을 구원할 수 있는 유일한 행성은 수성 & 태양의 디스포지터 목성이다. 목성(3°25′)은 9하우스에서 화성에게 4°내로 흉을 받고 있어, 수성과 태양의 카운터액션조차 좋지 않다.

한편 여성의 차트에서 결혼의 랏은 10하우스 26°26′에 위치하고, 토성에게 4°내로 긴밀한 어포지션을 받고 있어 매우 흉하다. 랏의 주인행성 수성은 앞서 본 바와 같이 화성으로 인한 큰 흉을 받고 있다. 즉 모든 결혼의 지표성이 두 흉성에게 손상되고 있는 상황이다.

화성은 가장 길한 11하우스에서 시공간의 섹트를 얻고 있기 때문에 헤이즈라 하지만, 그럼에도 지표성에게 미치는 영향은 어느 정도 있다고 판단해야 한다.

또한 사회적 통념을 거부하는 물병자리에 달이 위치해 일반적인 결혼생활과 맞지 않는 성향이며, 황제의 기질인 사자자리에 상승로드가 위치해 일반 남성들과 갈등이 많은 성향이다.

결혼운을 판단할 때는 이렇게 모든 지표성들을 중요이론으로 면밀히 분석해야 한다. 그럼 결혼의 지표성들에게 영향을 주는 갖가지 행성이 만드는 결론을 배워보자.

4. 실전임상

결혼의 지표성에게 영향을 주는 행성이 있을 때, 발현효과와 결혼운에 영향을 미치는 여러 가지 이론을 실전에 맞게 익혀야 한다.

◆ **화성이 결혼(연애)의 지표성에 미치는 영향**

> 1. 7하우스에 화성이 위치할 때
> 2. 화성이 결혼의 지표성(금성, 7하우스 주인행성, 결혼의 랏, 랏의 주인행성, 배우자 루미너리)에게 오브 내로(9°미만) 컨정션하거나 애스펙트할 때
> 3. 화성이 결혼의 지표성과 안티시아나 컨트라안티시아할 때

화성의 뾰족한 기호 모양은 전쟁 도구인 칼을 상징하기 때문에, 관계를 잘라버리는 형태로 나타난다. 즉 화성은 **몸의 분리**라는 키워드로 연애와 결혼운에 작용한다.

'몸의 분리'가 가장 큰 흉으로 발현되면 **별거** 혹은 **이혼**이다. 약하게는 **주말 부부, 기러기 부부, 각방, 출장으로 잘 만나지 못하는 관계, 둘의 활동 시각이 낮과 밤으로 달라 만나지 못하는 관계, 한 명이 직업의 특성상 하루 건너 집에 들어가야 하는 입장**[15] 등으로 발현된다.

만약 둘을 이런식으로 떨어뜨려 놓지 않는다면, 화성은 다툼이 잦은 결혼생활을 통해 전쟁의 분위기를 만든다.

---

15) 군인, 경찰, 소방관, 응급실 의사, 경비원, 비행기 기장, 스튜어디스 등을 말한다.

◆ 토성이 결혼(연애)의 지표성에 미치는 영향

> 1. 7하우스에 토성이 위치할 때
> 2. 토성이 결혼의 지표성(금성, 7하우스 주인행성, 결혼의 랏, 랏의 주인행성, 배우자 루미너리)에게 오브 내로(10°미만) 컨정션하거나 애스펙트할 때
> 3. 토성이 결혼의 지표성과 안티시아나 컨트라안티시아할 때

토성은 **차단, 지연, 노인, 가난, 옛것, 은밀함**의 키워드로 사랑과 결혼운에 작용한다.

차단이 활용되면 **미혼, 비혼**으로 결혼을 못하거나 안하는 인생이다. 그리고 섹스리스(*sexless*)의 관계도 차단이 발현된 경우다.

지연이 활용되면 **만혼**으로 발생한다. 시대마다 상대적인 만혼의 시기는 '평균나이 절반 전후'다. 예전에는 나이 60만 되어도 오래 살았다고 환갑잔치를 했으니 30세 쯤이 만혼이었다면, 요즘의 평균나이는 82세 가량이기 때문에 40세 쯤이 만혼이라 볼 수 있다. 필자는 실전임상에서 만혼의 시작 시기를 37세로 본다.

노인이 활용되면 남성과 여성을 나눠 해석해야 한다. 남성은 **연상녀**와 연애 혹은 결혼을 하여 노인을 만나는 입장이 되고, 여성은 **연하남**을 만나 자신이 노인 입장이 된다.[16]

하지만 여성의 차트에서 토성이 사랑운에 영향을 준다는 이유만으로 무조건 연하남을 만난다고 단정하면 안 된다. 달의 손상으로 양육에 문제를 겪어 애정결핍이 있거나, 태양의 손상으로 아버지운이 하락한 여성은, 나를 지켜주고 마음을 치유해줘야 하는 아빠 같은 남자를 선택하기 때문이다.

---

16) 남자 여자 모두 연상을 만난다고 알고 있는 점성가들이 많다. 실전은 그렇지 않다. 본래 어린 행성인 수성이 결혼의 지표성에 개입하면 연하의 가능성이 제기되지만, 여성의 차트에서는 수성 외에도 토성의 개입이 연하남과 이어지게 한다.

가난이 활용되면 능력이 없거나 돈이 없어 **내가 보살펴야 하는 이성**과 만날 수 있다. 그러나 이 부분은 배우자를 통한 불로소득의 방인 8하우스 운도 함께 봐야 판단의 오류가 없다.

토성이 연애와 결혼의 지표성에 영향을 줄 때, 가장 문제되는 이야기는 **옛것**이 활용되는 경우다. '옛것'은 우아하게 표현한 말로 실상은 **헌것**을 뜻하고, 결혼이 헌것이 된다는 의미는 **돌싱**을 말한다. 화성은 몸의 분리를 일으킨다 했으니, 흉성들이 결혼에 미치는 공통효과는 **이혼**이다.

한편 '헌것'이라는 키워드가 상대에게 발현되어 주객이 바뀌면, **돌싱을 만남, 유부남(녀)과 만남, 동거의 경험이나 파혼의 이력이 있는 사람과 만남**으로 실현되기도 한다.

은밀함이 활용되면 은밀한 사랑과 만남을 한다. 현실에서는 보통 **불륜**으로 작용하며, **변태적 행위**를 하는 만남으로도 발생한다.

◆ 흉성의 작용을 무산시키는 차트

두 흉성이 결혼에 많은 영향을 주는 구조라도, 현실에서 길한 방향으로 돌리거나 아무일도 없는 것처럼 만드는 차트가 있다. 바로 **목성이 강하고 입지가 좋은 출생차트**다.

목성이 홀사인시스템과 포피리우스시스템으로 모두 앵글하우스에 위치하거나, 앵글포인트에 4°미만으로 붙는 등, 힘이 매우 강한 구조를 말한다. 강한 권한을 얻은 목성은 차트주인공에게 안정된 인생을 만들어주기 위해 일평생 끊임없는 노력을 한다.

목성이 흉성들의 흉을 막는데 있어서, 인간의 특별한 노력이나 자유의지가 필요한 것은 아니다. 놀랍게도 저절로 발생한다.

출생차트에서 화성과 토성의 작용으로 결혼의 흉사가 예상될 경우, 그 흉이 현실화되는 특정 시기가 있다. 강한 목성은 흉이 터질 시기쯤 한 명을 장기간 출장 보낸다든지, 어떤 이유로 외국으로 몇 달 떠나게 만든다든지, 외박을 할 수밖에 없는 직업군으로 이직을 시켜 이혼을 무산시킨다. 그리고 흉한 시기가 끝날 때 쯤, 둘을 다시 함께 하는 관계로 만들어 화목한 가정으로 이끈다.

◆ 달이 금성에게 미치는 영향

> 1. 달이 금성과 컨정션 혹은 어포지션(180°)할 때
> 2. 달이 금성을 도미네이션(뒤에서 빛을 주는 90°)할 때
> ⇨ 실전에서 작용력이 있으려면, 달이 아닌 금성의 오브(7°59′)까지 근접한 관계여야 한다.

달과 금성이 관계를 맺을 때, 일반적으로는 금성이 육신과 마음을 상징하는 달에게 도움을 준다고 판단한다. 그래서 금성의 재능과 성향이 발달하고 타인을 통해 부유함을 얻는다.

하지만 결혼운에서는 오히려 달이 금성에게 흉한 작용을 한다. 달에게 있는 치명적 키워드인 '역마살'은, 유지해야 하는 것을 변화시키고 불안정하게 만드는 힘을 말한다. 달이 금성에게 미치는 효과는 *사랑과 변화*이며, 현실적으로 말하면 *결혼의 불안정과 이혼*이다.

◆ 금성이 결혼(연애)의 지표성에 미치는 영향

> 1. 7하우스에 금성이 위치할 때
> 2. 금성이 자신과 루미너리를 제외한 결혼의 지표성(7하우스 주인행성, 결혼의 랏, 랏의 주인행성)에게 오브 내로(8°미만) 컨정션하거나 애스펙트할 때
> 3. 금성이 자신과 루미너리를 제외한 결혼의 지표성과 안티시아나 컨트라안티시아할 때

'사랑스러움, 아름다움, 온화함, 부드러움, 매력, 의존성, 게으름, 한량' 등의 단어가 있는 금성이 결혼(연애)운에 영향을 미치면, 그런 성향이 있는 배우자나 애인을 만난다.

여성의 차트에서 금성이 사랑운에 영향을 주면 **매력적이지만 노는 남자, 내게 잘해주지만 남들에게도 잘해주는 바람둥이, 자기관리 못하고 나태한 남자, 잘생겼지만 의존적인 남자** 등 능력 없이 여성의 풍요를 통해 살기 원하는 남자를 만날 수 있다.

배우자 선정에 있어 남자의 능력보다 외모에 비중을 둔 여성들의 차트에서 많이 관찰할 수 있는 구조다.

◆ 비혼의 별자리, 하우스, 행성

두 흉성이 결혼의 지표성에 영향을 주지 않더라도, 성향상 결혼이라는 현실과 거리가 먼 별자리, 하우스, 행성이 있다.

비혼의 별자리

대표적인 비혼의 별자리는 **물병자리, 처녀자리, 물고기자리**이며, 간혹 **전갈자리**도 눈에 띈다. **여성의 경우 특별히 사자자리도 포함**된다.

> 1. 상승궁이 물병자리, 처녀자리, 물고기자리, 전갈자리일 때(여성의 경우 사자자리도 포함)
> 2. 상승로드 또는 루미너리가 물병자리, 처녀자리, 물고기자리, 전갈자리에 있을 때(여성의 경우 사자자리도 포함)
> 3. 달이 가장 먼저 접근하는 행성이 물병자리, 처녀자리, 물고기자리, 전갈자리에 있을 때(여성의 경우 사자자리도 포함)
> 4. 금성이 물병자리, 처녀자리에 있을 때

스스로 비혼을 가장 많이 선택하는 사인은 **물병자리**다. 이들은 사회적 통념을 거부하는 이들이기 때문에 '성인이 되면 누구나 결혼을 해야 한다'는 다수설을 부정한다. 게다가 토성의 성향을 마음껏 표출하여 혼자인 삶을 즐기고, 사람들과의 소통에 관심이 없다. 그래서 연인에서 부부로 발전하는데 어려움이 많다.

통제와 구속에 엄청난 거부감이 있기 때문에, 만약 결혼을 한다해도 시댁과 친정 간의 화합과 가족행사로부터 도망친다.

또한 '남자와 여자가 만나야 한다'는 순리를 부정하여 동성 간의 만남도 서슴지 않으니, 결혼문화에서 점점 멀어질 수밖에 없다.

물병자리가 결혼생활에 순조롭기 위해서는 부부사이일지라도 서로 간의 독립된 시간과 장소가 있어야 하고, 사생활이 보장되야 하며, 양가 부모로부터 간섭받지 않아야 한다.

성향상 어쩔 수 없이 비혼의 인생이 되는 사인은 **처녀자리**다. 이들은 이름처럼 '처녀'로 남고자 한다. 만약 남성의 차트라면 '총각자리'라 하겠다.

처녀자리는 인간의 모습을 닮은 책이나 컴퓨터라고 해도 과언이 아니다. 대화를 할 때 자연스럽지 않고, 교감(交感)이 상당히 어색하다. 이성과 논리, 과학과 합리성이 너무 강하기 때문에, 사랑으로 인해 감정적으로 변한다든지 비논리적으로 변하지 않는다.

또한 관계에서 벽을 치는 성격으로 인해 성적인 모습이 표출되지 않는다. 애교를 부릴 때도 어색하고 애정표현은 AI같으며, 내비게이션 같은 어투와 백과사전 같은 단어선택은 결혼과 점점 멀어질 수밖에 없는 특성이다.

사랑을 고백받으면, 그것은 뇌의 호르몬 작용이라는 말과 함께 토론을 벌이니 호불호가 상당히 나뉘는 별자리다. 그래서 결혼은 둘째고 연애조차 잘 되지 않는다.

물고기자리는 결혼하는데 성향적 결함이 없으며 가치관도 삐딱하지 않다. 열두 별자리 중 가장 온화한 사인이지만 이들이 결혼과 거리가 먼 것은, '너무 고차원적인 정신세계'가 결혼이라는 세속적인 제도를 뛰어 넘기 때문이다.

결혼해서 아이를 낳고, 육아에 인생을 쏟고, 살림을 하고, 사회로 나가 세속적인 사람들과 돈을 벌고, 자식을 결혼시키는 보통의 인생길에 동참하지 않으려 한다.

종교·철학적인 분야든 어떤 고상한 지식이든 무엇이라도 평생 공부하며 진리를 깨닫고, 자아성찰을 통해 자신의 영(靈)을 들여다본다. 언제나 내면 치유에 힘쓰며 높은 경지로 나아가야만 하는 이들이기 때문에, 자본주의의 꽃이라 하는 결혼과 멀어져간다.

전갈자리는 다른 비혼의 별자리들보다는 결혼을 잘 한다. 하지만 이들은 상대의 감정에 큰 관심이 없으며, '니가 뭐래도 난 개의치 않는다'라는 마음을 간직한 채 살아가기 때문에 평생 인간관계의 문제를 겪는다. 그래서 연애할 때 감정문제가 발생할 수 있고, 결혼에 대한 회의감으로 나아가며 비혼을 선택하기도 한다.

태양 혹은 그 도머사일인 ***사자자리***가 발달한 여성들은 골드미스가 유난히 많다.

남자는 정복과 승리에 목적을 둔 테스토스테론으로 가득 차 있어, 자신이 우위에 있어야 하고 자존심에 울고 웃는 존재다. 대화를 나눌 때도 기싸움에서도 상대를 밟고 올라가야만 한다. 언제나 갑의 위치에 서서 인정받기 원하는 성별이 남자다.

그래서 남자는 여자의 태양을 좋아하지 않는다. 남성 입장에서 여성의 태양은 너무 빛나는 광채와 같고, 자신보다 뛰어난 자존심과 리더십으로 인해 부담스러운 여황제로 느껴진다.

사자자리가 발달한 여성들도 남자라는 존재를 우습게 여기는 경향이 많아 더욱 결혼과 멀어진다.

비혼의 하우스와 행성

결혼은 서로 다른 두 명이 만나, 평생 같은 집에서 사생활이 거의 없이 살아가는 현실이다. 자유를 가장 소중한 가치로 여기는 대다수 인간에게 화합과 구속의 상징인 결혼은 상당히 어려운 과정이다.

특히 성향문제로 결혼이라는 제도에 맞지 않는 하우스와 행성이 존재한다. 바로 ***12하우스***와 ***토성***이다.

1. 12하우스에 달이나 상승로드가 있을 때
2. 달이 가장 먼저 접근하는 행성이 12하우스에 위치한 행성일 때
3. 달이 가장 먼저 접근하는 행성이 토성일 때
4. 토성이 앵글포인트에 4°미만으로 붙어 있거나 애스펙트할 때

12하우스와 토성은 상당히 닮았다. 혼자만의 시간이 필요하며, 아무도 없는 곳에서 자신만의 세계에 빠져 있다. 나아가 관계를 맺지 않아도 외로워하지 않는다. 세속과 타협하여 사람들과 어울리지도 않고, 남들이 추구하는 유행을 거부한다. 성공적인 길을 가지 않을뿐더러 존재감을 보여주지도 않는다.

심지어 돈을 좋아해도 속세를 따라가지 않고, 사랑받고 싶어도 누구와 함께하지 않으며, 후원자를 바라면서도 인맥을 거부한다.

이러니 결혼이라는 문명의 약속을 잘 수행하고 감당할 수가 있겠는가. 홀로 자신의 분야를 연구하고 완벽한 작품을 남기며, 세상과 단절된 곳에서 소중한 지인 몇명과 깊은 지식을 탐구하는 인생, 그것이 바로 12하우스와 토성이다.

◆ 결혼과 인연이 없는 특별한 구조

중요지표성의 어버젼(30° 150°)으로 인한 문제로 비혼의 인생인 차트가 있다.

> 1. 나를 의미하는 1하우스 주인행성과 배우자를 의미하는 7하우스 주인행성이 어버젼일 때
> 2. 7하우스와 7하우스 주인행성이 어버젼 관계일 때(7하우스 주인행성이 2, 6, 8, 12 하우스에 위치할 때를 말한다)
> 3. 금성과 금성의 디스포지터가 어버젼일 때
> 4. 결혼의 랏과 랏의 주인행성이 어버젼일 때

「실전 점성학」 이론편에 있는 '행성의 도머사일 관리에 대한 논점' 이론을 확장 적용한 것으로, 결혼운을 판단할 때는 상당히 유효하다.

위 4가지 이론 중 3가지 이상일 경우, 늦게 결혼을 하거나 아예 하지 않는 경우가 있다. 여기에 토성이 결혼의 지표성에게 오브 내로 영향을 주거나, 달이 가장 먼저 접근하는 행성이 토성인 경우 그리고 비혼의 별자리가 발달하면 혼자인 삶에 더욱 명백한 증거가 된다.

다음 차트를 보고 중요지표성의 어버젼 문제로 인한 비혼의 가능성을 파악해보자.

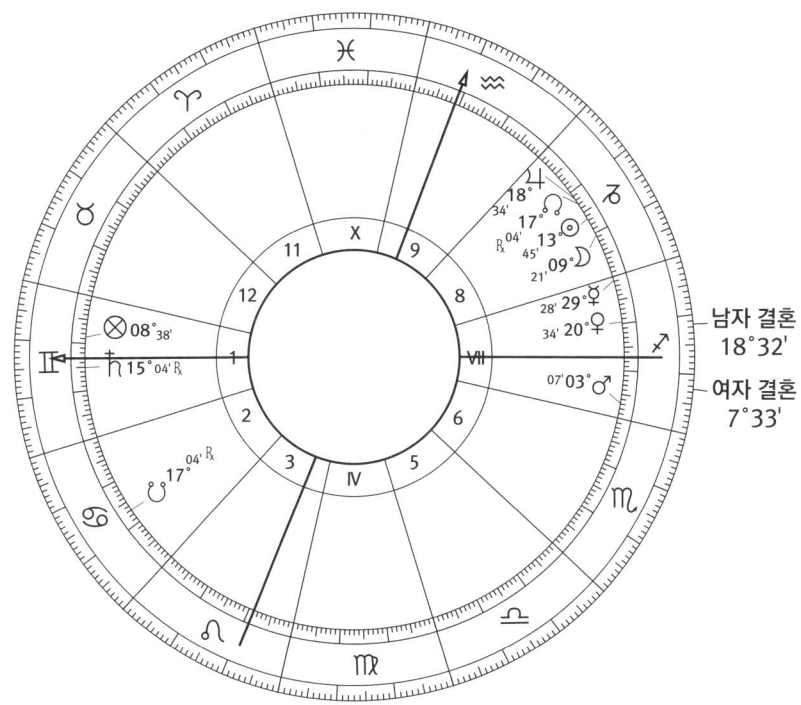

　비혼 남성의 차트다. 상승로드인 수성과 7하우스 주인인 목성은 어버젼이며, 7하우스 주인 목성은 7하우스를 외면하고 흉한 8하우스에 위치한다. 금성과 금성의 디스포지터 목성도 어버젼이며, 7하우스 18°32'에 위치한 결혼의 랏과 랏의 주인 목성도 어버젼이다.

　상승궁에는 비혼의 행성인 토성이 앵글포인트에 긴밀하게 붙어 위치한다. 이렇게 강한 토성은 결혼의 본질적 지표성인 금성에게 오브 내로 대립각을 보내고 있다. 또한 7하우스에 위치한 화성이 결혼과 인간관계의 문제를 더욱 가중시킨다.

3
성공, 풍요론

1. 사회적 성공과 풍요에 대한 갈망

성공과 풍요를 향한 갈망은 인간이 지닌 대표적인 본능이다.

과거에는 전쟁을 통해 타국을 정복하고 세상을 지배하면서 성공적인 인생을 살았으며, 시대마다 다른 방식의 돈과 보석, 물질을 소유하기 위해 평생을 바쳐왔다.

지금도 본질적으로 달라진 것은 없다. 직업의 귀천이 개개인의 마음속에 존재하고, 높이 평가되는 직업을 통해 인정받으려 하며, 물질적 풍요를 위해 끊임없이 노력한다.

점성술 질문의 40% 이상을 성공과 풍요가 차지한다. 글을 쓰고 있는 필자 또한 운명학을 연구하는 학자이기 전에 인간이기 때문에 성공과 풍요를 바라면서 살아간다.

출생점성술에서 성공과 풍요의 운을 판단하기 위한 이론을 자세히 알아보자.

2. 성공과 풍요를 판단하기 위한 세 가지 기준점

성공과 풍요의 운을 볼 때, 출생차트는 세 가지 지점을 기준으로 나눠 판단할 수 있다. '**세 가지 지점을 기준으로**'는 '**세 지점이 각각 1하우스가 되어 하우스를 재배치하고**'라는 뜻이다.

자신의 차트에서 세 가지 방법 중 하나라도 뛰어난 경우에는 사회에서 승리하며 살아갈 수 있으니, 풍요로운 삶의 가능성을 열어두고 긍정적으로 배워보자.

풍요와 성공을 판단하기 위한 세 가지 기준법

1. 상승점(ASC)을 기준으로(1하우스로 하여) 판단하는 법
2. 포르투나(LOF)를 기준으로 판단하는 법
3. 스피릿(LOS)을 기준으로 판단하는 법

상승점(ASC, 어센던트)이란, 태양이 상승하는 동쪽지평선으로 나를 의미하는 탄생의 지점을 말한다.

이곳을 1하우스로 놓고 전체적인 풍요를 판단하는 법은 출생차트 원판을 그대로 분석하는 방법이다. 모든 하우스와 각 주인행성의 구조, 출생차트 전체를 심도있게 분석하여 출세의 성패를 판단한다.

포르투나는 '달의 랏'으로, 우리의 몸과 생계를 의미하는 달로부터 파생된 가상의 지점이다.

대다수의 점성술프로그램에서 ⊗로 표기된다. 포르투나가 위치한 지점을 1하우스로 놓고 하우스를 재배치시켜 풍요를 판단한다. 포르투나 위치가 계산된 공식과 길흉 판단법은 후에 자세히 배우도록 하자.

스피릿은 '태양의 랏'으로, 우리의 영혼을 의미하는 태양으로부터 파생된 가상의 지점이다.

대다수의 점성술프로그램에서 표기되지 않아 스스로 위치를 계산해야 하지만, 필자가 활용하는 모리누스프로그램은 위치가 자동으로 표기된다. 스피릿은 지평선(ASC-DSC선) 기준에서 포르투나로부터 반대 반구에 위치한다. 이곳을 1하우스로 놓고 하우스를 재배치시켜 풍요를 판단한다. 스피릿 위치가 계산된 공식과 길흉 판단법도 후에 자세히 다뤄보자.

이 중 판단의 난도가 가장 높은 것은 상승점을 기준으로 읽는 법이다. 포르투나 스피릿 기준으로 읽는 법은 몇 가지 중요한 구조만 보기 때문에 판단하기 쉽다.

한편 포르투나 스피릿을 기준으로 판단했을 때 풍요롭다한들, 상승점 기준으로 차트가 길해야 전체적으로 안정된다. 포르투나와 스피릿 구조로 판단할 수 있는 것은 금전적인 풍요와 사회적 성공에 국한되지만, 상승점 기준으로는 부모, 결혼, 건강, 관계 등 다양한 면을 보기 때문이다. 그래서 가장 중요한 것은 상승점 기준으로 보는 법, 즉 출생차트 원판이다.

또한 상승점 기준으로 보는 성공과 풍요는 스스로 열심히 노력해 이루는 것과 얻어 걸리는 운[17]까지 포함하기 때문에, 풍요의 방향과 성공적 인생의 원인도 분석 가능하다.

많은 점성가들이 포르투나를 기준으로 판단하면서 행운을 이야기하지만, 그것은 행운의 여신인 포르투나라는 이름 때문이며 임상에 의한 판단이 아니다. 또한 점성술을 공부하는 많은 학생들이 포르투나 구조만을 바라보며 열광하는 경우가 있다. 이 역시 포르투나가 행운으로 잘못 인식되었기 때문이며, 기준으로 삼는 세 가지 지점 중 포르투나가 가장 중요해서

---

17) 대표적으로 가문의 자산과 부동산 부수입, 투자와 투기를 통한 이득을 의미하는 5하우스, 유산, 보험금, 배우자 재산, 불로소득을 상징하는 8하우스운이 '얻어 걸리는 운'이라 하겠다.

가 아니다.

포르투나 혹은 스피릿 기준으로 판단된 풍요는 자신의 치열한 노력과 그로 인한 결실이다. 유산이나 주식, 누군가의 후원, 투기로 인한 큰 이득, 부모의 재력으로 인한 평안한 생활은 주로 상승점 기준으로 판단하는 구조에서 나온다.

3. 상승점 기준으로 판단하는 법

상승점 기준으로 판단하는 법은 차트 전체를 봐야 한다.

가장 중요한 것은 목성의 세기와 활약 그리고 길성과 흉성으로 인한 중요 하우스의 길흉이다.

그러나 경제관념, 헌신의 기질, 건강문제, 인간관계, 자존심 등이 성공과 풍요에 상당히 많은 영향을 주기 때문에, 타고난 성향과 습관, 마음 상태도 함께 보며 정확한 분석을 해야한다.

◆ 목성의 발현도와 영향력

① **목성의 배치는 홀사인시스템으로 앵글하우스(1, 4, 7, 10H)가 가장 좋다.**

홀사인시스템으로 앵글하우스는 행성이 발현될 '기회성과 가능성'이 100%인 영역이다. 이곳에 위치한 모든 행성은 표출됨에 있어 망설임이 없다. 그래서 차트주인공 스스로 체감될 만큼 강력한 힘으로 인생에 영향을 준다.

목성이 앵글하우스에 위치하면, 좋은 직업이나 큰 후원을 얻을 기회가 많고, 자신의 노력으로 결실을 맺을 가능성도 매우 높다. 이 구조의 인물은 경솔하지 않고 말과 행동에 실수가 없으며, 자기관리가 삶의 기본이기 때문에 성공과 풍요로운 삶에 쉽게 다가갈 수 있다.

또한 홀사인으로 앵글하우스는 '나, 부모, 부동산, 결혼, 관계, 직업, 출세'를 의미하기 때문에, 그만큼 대(大)길성인 목성이 위치하여 그 풍요의 복을 더해줘야 한다.

만약 목성이 포피리우스시스템로도 앵글하우스에 위치하면, 성공과 풍요의 '지속성'까지 뛰어난 구조다. 그러나 홀사인으로 앵글하우스에 있는

지가 더 중요하며 포피리우스는 부차적이다.

예를 들어, 목성이 홀사인으로 케이던트하우스에 위치하지만 포피리우스로 앵글하우스에 있는 이들보다, 홀사인으로 앵글하우스에 위치하지만 포피리우스로 케이던트하우스에 있는 이들이 성공할 가능성이 더 높다.

② 홀사인시스템으로 석시던트하우스(2, 5, 8, 11H)에 위치한 목성도 귀하다.

홀사인시스템으로 석시던트하우스는 행성이 발현될 '기회성과 가능성'이 50%인 영역으로, 앵글하우스보다 안정감은 떨어진다. 그러나 자산[18]을 의미하는 하우스이기 때문에, 통계적으로 앵글하우스보다 석시던트하우스에 위치한 목성이 더 큰 돈을 만질 수 있다. 그래서 이곳은 사업가나 투자자 등 큰 자산가가 되기에 매우 좋은 하우스다.

삶 전체의 평탄함과 안정에 있어서는 앵글하우스 목성이, 기복이 있지만 더 많은 자산을 위해서는 석시던트하우스의 목성이 좋다.

③ 앵글포인트와 연계된 목성을 보라.

앵글포인트는 행성의 힘을 강하게 만드는 지점이다. 행성이 앵글포인트에 4°미만으로 붙어있는 경우 혹은 4°미만으로 애스펙트하는 경우, 앵글포인트와 27°~32°59′까지 안티시아나 컨트라안티시아하는 경우에는 차트를 지배할 만큼 강한 힘을 얻는다.

심지어 홀사인으로 12하우스를 제외한 케이던트하우스(3, 6, 9H)에 있는 목성도 앵글포인트와 연계될 경우 상당히 강한 힘을 얻는 반전이 있다.[19]

---

18) 석시던트하우스에 포함된 자산은 인적자산과 물적자산, 내가 벌어들이는 자산과 남들이 벌어다 주는 자산까지 의미한다.
19) 케이던트하우스에 행성이 위치하면, 행성이 발현될 기회성과 가능성이 25%로 급격하게 감소한다. 그러나 앵글포인트와 연계되면 매우 강한 힘으로 인해 기회성과 가능성이 치솟는다. 단, 케이던트하우스 중에서 12하우스는 가장 흉한 하우스이기 때문에 이런 혜택에서 제외시킨다.

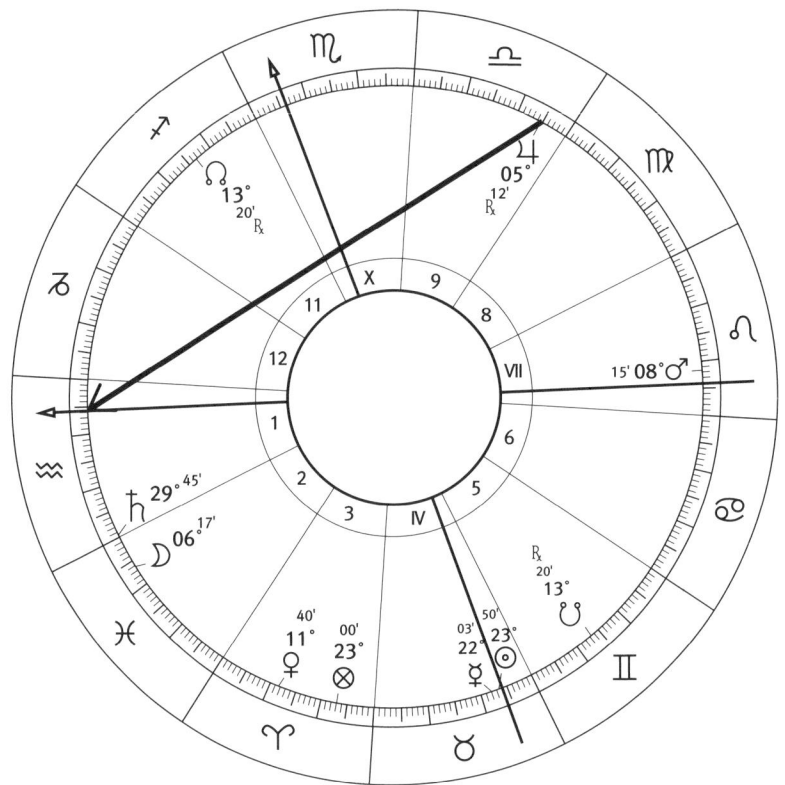

　차트에서 목성은 홀사인으로 케이던트하우스에 위치해 안타까운 상황이다. 하지만 앵글포인트(ASC)에 파틸로 트라인(120°) 애스펙트를 맺고 있어 매우 강한 힘을 얻는다.

　이 목성은 차트주인공의 성향에 큰 영향을 미치며, 성공적이고 여유로운 삶을 위해 많은 역할을 하게 된다.

◆ 루미너리와 상승로드의 위치

　① 달과 태양은 앵글하우스(1, 4, 7, 10H) 혹은 길한 하우스(5, 11H)에 있는 것이 좋다.

　모든 이들에게 달은 몸과 마음, 태양은 영혼과 신념을 상징한다. 인간에게 이런 중요한 부분을 의미하는 루미너리들의 힘과 상태는 성공을 이루는데 많은 영향을 미친다.

   루미너리가 앵글하우스에 위치할 때 좋은 점은 강해진다는 것이다. 나의 마음과 정신력이 나약하면 세상의 풍파에 휩쓸리고, 누구에게나 오는 고난과 역경에 인생을 쉽게 포기한다.
   앵글하우스에 위치하여 강한 나의 마음과 영혼은 인생을 주체적으로 이끌어 가며, 자기애를 높여주고, 타인과의 관계에서 휘둘리지 않도록 도와준다. 그런 내적 강인함은 성공을 위해 달려나가는 원동력이 될 수 있다.

   5, 11하우스와 같이 길한 영역에 있는 루미너리는 태생적으로 긍정적이며 희망에 찬 마음과 영혼이다. 이곳에 위치한 달과 태양은 세상을 아름답게 보며 사람들에게 우호적인 감정이 기본이기 때문에, 마치 두 길성의 성향을 장착한 채로 태어난 것과 같다.
   그래서 좋은 사람들을 모아 활용하는 인생, 물적자산을 이해하고 끌어당기는 삶과 긴밀하다.

   달과 태양은 어머니와 아버지를 의미하며, 그들에게 받는 양육과 사랑, 부모와의 화합까지 담당한다. 즉 루미너리는 부모복과 나의 초년운을 의미하기 때문에 루미너리가 약하고 흉한 이들은 자수성가를 해야하는 역경이 함께 한다.
   열두 하우스 중에서 루미너리를 가장 흉하게 만드는 하우스는 6, 12하우스다. 루미너리는 빛을 상징하기 때문에 강하고 길해야 한다. 반대로 약하고 흉한 하우스에 위치한 루미너리는 그 자체로 흉이 상당하다. 약한 하우스는 3, 6, 9, 12하우스이며, 흉한 하우스는 2, 6, 8, 12하우스다. 이 둘의 공통집합인 6, 12하우스는 약하면서 흉한 하우스가 된다. 이곳에 있는 달과 태양은 두 흉성의 영향이 없더라도 체감이 될 만큼 흉이 발현된다.

② **상승로드는 앵글하우스(1, 4, 7, 10H) 혹은 길한 하우스(5, 11H)에 있는 것이 좋다.**

상승로드는 나를 상징하는 가장 중요한 지표성이다. 이곳 외 다른 하우스에 위치한 상승로드라도 차트 전체적인 판단이 길하다면 충분히 성공할 수 있다. 하지만 자본주의 사회에서 평탄하고 자신있는 인생길을 가려면 앵글하우스 혹은 길한 하우스에 있는 것이 좋다. 그 이유는 루미너리가 이곳에 위치해야 하는 이유와 같다.

추가로 2하우스도 괜찮다. 상승로드가 2하우스에 있는 사람은 경제에 관심이 많고 누구보다 열심히 살아가며, 성실하게 돈을 벌고 자린고비처럼 아낀다.

반면에 상승로드가 8하우스에 위치하면 2하우스보다 월등히 큰 돈을 만질 수 있지만, 모험을 즐기는 성품으로 인해 안정되지 않는 삶을 산다. 또한 나태함으로 재능낭비를 할 수 있기 때문에 좋은 구조라고 장담할 수 없다.

◆ 흉성의 위치와 세기

① **앵글하우스(1, 4, 7, 10H)에 위치한 흉성은 고된 삶을 준다.**

화성과 토성은 인생의 안정과 풍요를 방해하는 행성들이다. 특히 앵글하우스에 위치하면 발현될 기회성과 가능성이 100%가 되어, 어김없이 인생을 가시밭길로 만들기 때문에 괴로운 구조다. 게다가 홀사인으로 앵글하우스는 '나, 부모, 부동산, 결혼, 관계, 직업, 출세'를 의미하고, 이 분야에 영향을 미치는 흉성의 고난은 체감하기 쉽다.

생계 불안정, 질병, 성격의 결함, 부모복 감소, 각종 부동산 문제, 결혼생활의 역경, 인간관계의 갈등, 직업 불안정, 승진과 합격의 어려움 등 숨 막히는 이야기들이 모두 앵글하우스에 위치한 흉성의 효과다.

임상에 의하면 4하우스에는 화성이, 1, 7, 10하우스에는 토성이 흉의 의미가 좀 더 강하다.

4하우스는 가족과 부모의 영역이다. 이곳에 위치한 토성은 엄하고 보수적인 집안, 소통이 잘 되지 않는 관계, 부유하지 못한 부모 등으로 발현될 수도 있다. 그러나 화성은 싸움과 분열, 가정폭력, 이른 이별, 금전문제로 큰 다툼을 일으켜, 체감상 더 흉하게 느낀다.

한편 1, 7, 10하우스에 위치한 화성은 싸움과 경쟁을 통해 승리하는 인생을 만들기도 한다. 1하우스 화성은 화성의 재능과 도전정신을 부여하고, 7하우스 화성은 경쟁과 시비를 통해 물질을 획득하며, 10하우스 화성은 화성의 직업 혹은 치열한 사회생활을 통해 성공의 길로 나아갈 수 있다. 그러나 토성이 위치하면 관계와 직업에서 막히고 도태될 수 있기 때문에 어려운 길로 돌아가는 인생이 된다.

◆ 길성과 흉성의 애스펙트 효과

① 풍요를 위한 중요지표성[20]이 어떤 행성과 긴밀한 애스펙트를 맺는지 봐야한다.

루미너리는 '부모복, 초년기, 몸과 마음의 건강, 정신력'에 상당한 영향을 주는 행성이다.

앵글하우스 주인들은 '나, 부모, 부동산, 결혼, 관계, 직업, 출세'를 의미하여, 안정된 인생을 위한 중요지표성이다.

석시던트하우스 주인들은 '물적자산과 인적자산'이기 때문에, 성공과 풍요를 위해 빠질 수 없는 지표성이다.

이런 중요지표성들은 목성과 금성의 도움을 받아야 하며, 화성과 토성의 영향을 받지 않아야 한다. 만약 두 길성이나 두 흉성의 애스펙트를 받더라도, 각각의 오브에서 벗어난 경우에는 현실로 체감되지 않기 때문에 굳이 해석하지 않는다.

---

20) 루미너리, 앵글하우스와 석시던트하우스 주인행성들을 말한다.

만약 중요지표성이 길성과 흉성의 애스펙트를 동시에 받는다면, 영향을 주는 길성과 흉성의 세기, 배치, 섹트, 길흉을 모두 비교하여, 영향을 받는 행성의 상태를 판단해야 한다. 하지만 영향을 주는 길성과 흉성의 역할이 비등하다 판단되면, 영향을 받는 행성은 길함도 많고 흉함도 많아 길흉의 기복이 크다고 결론 내린다.

② **중요지표성에게 도움을 주는 목성이라도, 존재 가치가 없다면 길함을 장담하기 어렵다.**

일곱 행성 중 성공과 풍요를 만드는 주체는 대부분 목성이지만, 대(大)길성이 항상 옳게 작용하는 것은 아니다. 구조에 따라서 전혀 힘을 쓰지 못하는 목성도 존재한다.

다음 차트에서 목성의 가치를 정밀하게 분석하자.

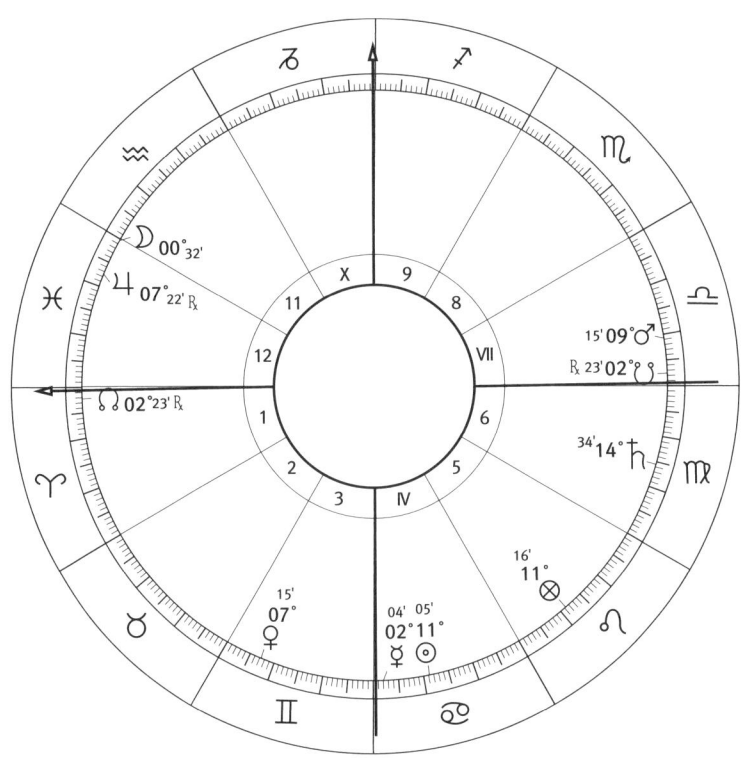

목성은 달, 금성, 수성, 태양, 토성에게 모두 애스펙트를 보내 도움을 주고 있다. 그러나 홀사인으로 가장 흉한 12하우스에 위치하여 기회성과 가능성이 25% 밖에 되지 않고, 포피리우스로 케이던트에 있어 지속성마저 25%로 떨어졌기 때문에 간혹가다 오는 기회조차 유지하기 힘들다.

이런 상황에서는 앵글포인트에 4°미만으로 붙어 있거나 애스펙트를 맺어 일어설 만한 힘이라도 얻어야 하는데, 어떤 앵글포인트와도 연계성이 없다. 게다가 밤의 차트에서 태양으로부터 반대 반구에 위치하기 때문에, 시공간 섹트를 모두 잃어 익스트라컨디션이다. 어느 하나 길한 구조를 발견할 수 없다.

목성이 물고기자리에서 룰러쉽을 하면, 목성의 성품이 좋은 것에 불과하다. 윤리적이고 헌신하는 귀족으로서, 남들에게 베풀고 실속을 잃는 목성이다.

종합적인 구조로 목성은 출생차트에서 존재 가치가 없으며, 대다수 행성에게 애스펙트를 준다 해도 길한 판단은 할 수 없다.

③ 목성이 가치 없는 차트라면, 소(小)길성인 금성이 뛰어난 구조를 얻어 활용되어야 한다.

앞서 본 차트처럼 최악의 구조를 얻은 목성이라면, 대(大)길성의 타이틀을 대신할 귀한 금성이 있어야 한다.

그러나 금성은 목성에 비해 풍요의 빈도수가 떨어지며, 풍요를 획득하더라도 내가 아닌 타인을 통해서 쌓아야 하는 경우가 많다. 기본적으로 의존하는 성향인 금성은 뛰어난 인기, 매력, 외모, 예술성을 홍보해 팬(fan)들의 돈으로 살아가곤 한다.

다음 여성의 차트를 보자.

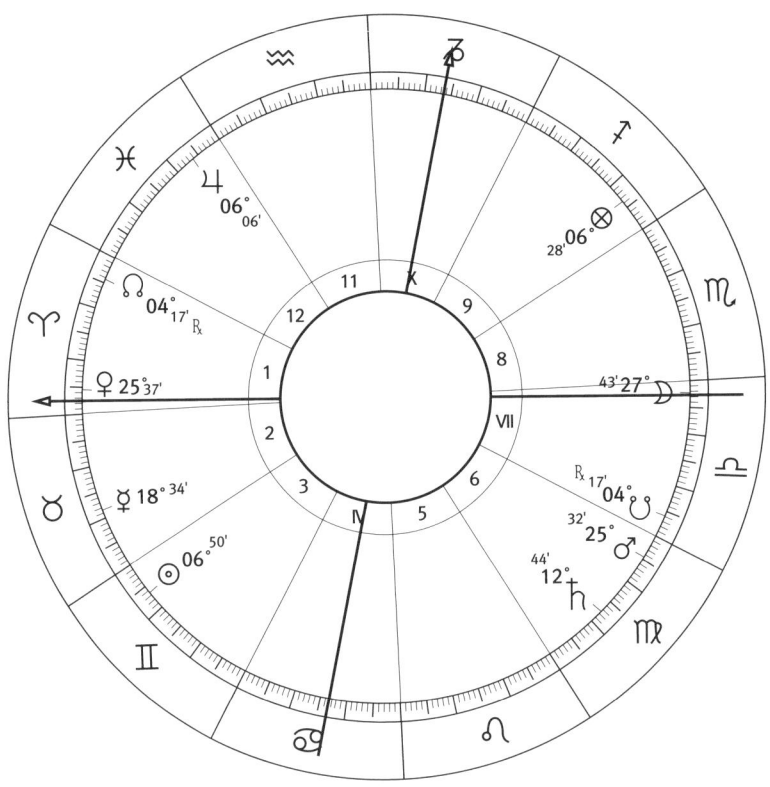

목성은 홀사인으로 12하우스에 위치해 기회성과 가능성이 25%로 매우 떨어지며, 포피리우스로 석시던트하우스에 있어 지속성도 50%로 평범하다. 앵글포인트와 연계성이 있는 것도 아니며, 밤의 차트에서 태양과 반대 반구에 위치하기 때문에 시공간 섹트를 동시에 잃어 익스트라컨디션이다. 이런 목성은 인생에 길한 영향을 주지 못하는 무기력한 길성이다.

하지만 금성은 홀사인으로 앵글하우스인 1하우스에 위치해 기회성과 가능성이 100%로 매우 뛰어난 상태다. 게다가 앵글포인트(ASC)에 4°미만으로 붙어있어 차트 전체를 휘두를 만큼 힘이 강하다. 또한 밤의 차트에서 태양으로부터 반대 반구에 위치하기 때문에 시공간 섹트를 동시에 얻어 헤이즈가 되어 최고의 가치로 평가된다. 두 흉성과 모두 어버젼이라 어떤 흉도 없으며, 목성에게 컨트라안티시아로 미약한 도움마저 얻었다. 이 정도로 길한 구조의 금성은 목성을 대신할 수 있다.

금성은 4하우스 주인 달에게 3°내 긴밀한 애스펙트를 보내, 생계의 윤택함과 부동산을 통한 행복을 준다. 대(大)길성의 역할을 수행하고 있는 금성은 7하우스 주인이기 때문에, 능력있는 배우자를 통해 여유있는 삶을 얻을 것이다.[21]

나의 방에서 데트리먼트하는 금성은 예쁘고 어려보이는 외모를 준다. 능력 있는 남자들의 구애 속에서 살아가는 인생이라 판단된다.

◆ 성공과 풍요를 위해 봐야 할 그 밖의 구조

① **재능낭비를 상징하는 하우스의 발달 여부를 보자.**
8하우스와 12하우스는 '나태함, 재능낭비'라는 공통 키워드를 갖고 있다. 자신의 뛰어난 재능이 있음에도 불구하고 그것을 활용하여 수익창출을 하지 않는 인생이 바로 이 두 하우스가 발달한 구조다.
나를 상징하는 달과 상승로드가 모두 이곳과 이어지면[22], 성공과 풍요를 향해 나아가는데 어려움이 있으며 필연적으로 자기개발에 문제를 겪는다.

② **자본주의에서 도태될 성향을 지닌 별자리가 발달되었는지 판단하자.**
양자리는 '어린아이'의 기질을 노년까지 가져가는 사인이다. 누군가에게

---

21) 금성의 디스포지터인 화성의 상태가 아쉽다. 흉한 6하우스에 위치하고, 길성들의 도움이 없기 때문이다. 금성으로 얻은 풍요를 끝까지 지키기 위해 노력해야 하는 구조다.
22) 달과 상승로드가 8, 12하우스에 각각 위치한 경우, 달과 상승로드가 8하우스 혹은 12하우스에서 컨정션하는 경우, 상승로드는 8하우스에 있으면서 달이 가장 먼저 접근하는 행성이 12하우스에 있는 금성 혹은 토성인 경우 등

의존하는 성향이 강하며, 돈을 쉽게 벌고 쉽게 쓰려는 기질이 내재되어 있다. 그래서 스스로 성공하고 성실하게 살아가는데 있어 많은 노력이 필요한 별자리다.

물병자리는 언제 어디서든 '사회적 통념을 깨고 다수설에 반기를 드는 사인'이다. 인맥과 연줄을 잡고 조직생활에 어울리는 이들이 드물기 때문에 성공으로 무난하게 나아가지 못한다. 그래서 물병자리에게 추천하는 성공의 길은 '예술, 연예인, 체육, 첨단기술, 운명학, 종교, 작가, 주식전문투자자, 1인 자영업' 등 자신만의 능력으로 홀로 일어서는 분야다.

물고기자리는 경제, 법학, 각종 교육, 종교와 철학, 자연이나 동물 관련 일, 어린이 관련 일, 예술, 체육, 외국 관련 일 등 다양한 분야에서 활동한다. 하지만 이들은 '베푸는 성향'으로 인해 사람들에게 항상 나눠주고 희생하는 입장이 된다. 그래서 이기적으로 쟁취하거나 경쟁을 통해 성공하는 모습과는 거리가 있다.

③ **토성의 세기, 배치, 역할을 살펴보자.**
'인맥 거부, 비관주의, 자신의 한계를 설정, 도전하지 않음, 실패에 대한 두려움, 인색함' 등 토성의 대다수 특성은 성공을 하고 풍요를 쌓아올리는데 방해가 된다.
차트에서 토성이 앵글포인트에 4°미만으로 붙어 있거나, 직업과 사회생활의 방인 10하우스에 있거나[23], 달이 가장 먼저 접근하는 행성이 토성인 경우에는 성공을 이루는데 역경이 함께 한다.

---

[23] 상승궁이 염소자리나 물병자리라서 상승로드가 토성이라면 비교적 양호하다. 왜냐하면 직업과 사회생활의 방에 흉성이 있다고 보기 전에, 나의 주인행성이 직업과 사회생활의 방에 있다고 판단하기 때문이다.

④ **육신의 건강을 담당하는 지표성의 상태를 보고, 질병으로 인한 성공의 걸림돌이 있는지 판단하자.**

수상학에서 사회적 성공을 판단할 때, 세로 3대선을 보기 전에 건강과 활력을 담당하는 금성구의 상태를 우선으로 본다. 인간은 몸이 건강해야 마음도 건강하며, 활력이 있어야 성공을 위해 열심히 도전하고 매일매일 성실한 삶을 살 수 있다.

이 논리는 점성술에서 그대로 적용된다. 육신의 건강을 담당하는 여러 가지 지표성이 길해야, 풍요롭고 성공적인 삶을 이룰 수 있다.

상승점에 4°미만으로 흉성이 붙어 있으면 건강에 주의해야 한다. 그리고 달이나 상승로드의 상태, 6하우스와 6하우스 주인행성의 상태 등을 종합적으로 판단하여, 육신의 질병 혹은 수술의 가능성을 판단할 수 있다.[24]

건강문제는 활인계통의 업상대체[25]로 개선해야 하며, 그것을 가능하게 만드는 행성은 목성이다. 출생차트에서 목성이 강하면 업(業)을 활용하여 건강까지도 지켜준다.

⑤ **경제관념의 상실, 사치와 투기성 여부를 판단하자.**

고전점성술에서 돈을 상징하는 방은 2하우스와 8하우스다. 2하우스는 수입을 의미하고 8하우스는 지출과 손실을 의미하지만, 이 두 영역은 모두 '경제관념'을 주관하는 하우스들이다.

그래서 2하우스나 8하우스에 흉성이 위치하거나, 2하우스 로드 혹은 8하우스 로드가 흉성에게 손상을 받으면 어떤 식으로라도 경제관념에 문제가 생긴다. 자신은 옳은 곳에 돈을 썼다고 하지만 통상적으로 낭비라고 생각하는 경우다. 나의 자산을 지키지 못하고 지인이나 친족에게 퍼주는 것은 모두 여기에 포함된다.

---

24) 건강을 보기 위한 자세한 구조와 내용은 루미너리론에서 다루기로 한다.
25) 특정 직업에 종사함으로써 자신의 좋지 않은 운명을 개선하는 것을 말한다.

모험자산을 원하고 즐기는 하우스도 있다.

8하우스는 불로소득을 원하고 그렇게 얻은 돈을 실용성 없는 곳에 낭비하는 영역이다. 그리고 5하우스는 나의 성실함으로 수익을 얻기보다, 도박, 부동산 투기, 주식, 코인, 부모의 자산 등 얻어걸리는 돈을 탐하는 영역이다.

두 하우스에 달과 상승로드가 모두 위치하면, 사치와 투기성이 있으며, 그로 인해 안정적인 성공과 자산에 우여곡절이 발생할 수 있다.

몇몇 별자리와 행성은 사치 성향으로 인해 물질 관리에 힘써야 한다.

행성 중에서는 과소비의 상징인 '태양', 별자리 중에서는 태양 성향이 강한 '사자자리와 양자리' 그리고 보여주는 모습을 매우 중시하는 '천칭자리'가 돈이 쉽게 나가는 특성이 있다.

그래서 태양 성향이 강하면[26) 과도한 지출을 할 수 있으며, 상승점, 루미너리, 상승로드 중 하나라도 양자리, 사자자리, 천칭자리에 있다면 사치로 인해 풍요의 안정에 기복이 있다.

여기서 말하는 과소비 대상은 꼭 명품을 의미하는 것이 아니라, 자신이 즐기고 선호하는 분야에 대한 여러 가지 용품을 말한다.

⑥ **관계문제로 인한 연줄과 인맥 차단을 확인해야 한다.**

모든 인간관계의 본질적 지표성은 금성이다. 금성은 연애와 결혼의 행성이지만 그것을 넘어 인간애의 상징이기 때문에 인간관계운까지 파악할 수 있다. 금성이 흉한 하우스(2, 6, 8, 12H)에서 흉성의 애스펙트를 받으면 관계운이 좋다고 볼 수 없으며, 그로 인해 성공을 이루는데 방해가 된다.

---

26) 태양이 앵글포인트에 4°미만으로 붙어 있거나 애스펙트할 때, 앵글포인트와 안티시아 혹은 컨트라안티시아를 맺을 때, 1하우스에 있을 때, 달이 가장 먼저 접근하는 행성이 태양일 때

차트에서 토성 외에도 태양의 힘이 과하면 인간관계가 좋지 않다. 황제의 행성인 태양은 이기심과 우월감으로 인해 타인과 융화되는 것을 싫어한다.

태양과 10하우스가 함께 발달하면 손해를 볼지언정 남들에게 고개를 숙이지 못하기 때문에, 자존심을 지키며 가난을 택한다.

관계를 의미하는 하우스도 잘 있어야 한다.

7하우스는 결혼운 외에도 1:1로 맺는 중요한 인간관계, 계약, 동업운을 볼 수 있다. 그리고 11하우스는 사회적인 모든 인맥과 후원자운을 보는 중요한 영역이다.

7, 11하우스에 흉성이 위치하거나 각 주인행성이 흉성에게 긴밀한 애스펙트를 받으면, 관계로 인한 상처, 배신, 다툼이 발생하며 성공과 풍요에 문제가 생긴다.

그 외에 인간관계 문제를 평생 안고 살아가는 별자리도 있다.

처녀자리와 전갈자리는 타인의 감정을 신경쓰지 않고 살아가는 사인이다. 자신의 감정을 짓누르고 사람들을 대하기 때문에 정서적으로 우호적인 대인관계가 힘들다. 특히 자신만의 신념을 갖고 고차원적인 학식을 추구하여, 대부분 이들과 몇 마디 대화만으로 부담스러워 한다.

양자리와 사자자리는 관계의 선을 지키지 않는 사인이다. 이 둘은 솔직하고 화끈하지만 자기중심적이며 배려없는 행동을 하고, 말할 때 눈치를 보지 않아 외톨이가 되곤 한다.

물병자리는 독창적인 세계관으로 다수의 논리를 부정하는 사인이다. 개인주의로 인해 많은 사람들과 함께하는 것을 거부하며, 회의적인 성격 때문에 온화한 관계를 맺기 힘들다. 게다가 윗사람에게 아부하지 않고 아랫사람을 관리하지 못해, 조직사회에 융화되어 인맥을 통한 이득을 보기 힘들다.

4. 포르투나와 스피릿 기준으로 판단하는 법

◆ **포르투나와 스피릿 위치 계산 방법**

포르투나와 스피릿 위치를 판단하는 방식은 2부 사랑론에서 배운 결혼의 랏을 구하는 법과 동일하다. 특정 행성 둘의 거리와 방향만큼 상승점으로부터 똑같이 이동하는 방법이다.

포르투나 — 낮 차트일 때

태양에서 달까지 거리와 방향만큼 ⇨ 상승점으로부터 똑같이 이동한 지점이다.
이 공식은 스피릿의 밤 차트 공식과 같다.

스피릿 — 낮 차트일 때

달에서 태양까지 거리와 방향만큼 ⇨ 상승점으로부터 똑같이 이동한 지점이다.
이 공식은 포르투나의 밤 차트 공식과 같다.

낮 차트에서 포르투나 위치를 구해보자. 태양에서 달까지의 거리와 방향만큼 그대로 상승점에서 이동한 지점이다.

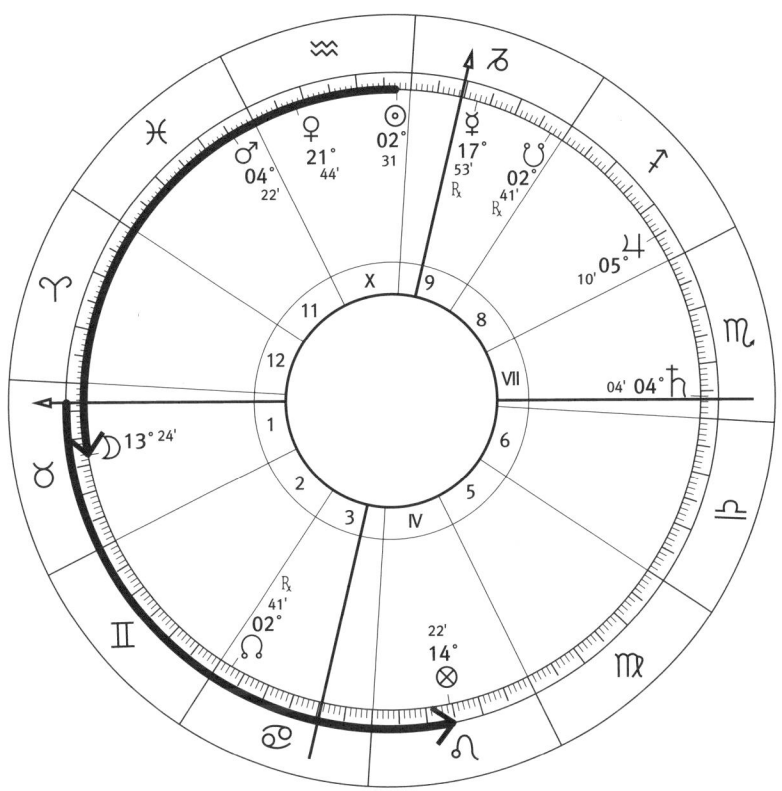

태양에서 달까지의 거리와 방향은 '반시계방향으로 3개의 하우스 + 약 11°만큼'이다. 이제 상승점으로부터 똑같이 '반시계방향으로 3개의 하우스 + 약 11°만큼' 이동해야 한다.

그렇게 이동한 4하우스 14°22'이 포르투나 위치다.

같은 낮 차트에서 스피릿 위치를 구해보자. 달에서 태양까지의 거리와 방향만큼 그대로 상승점으로부터 이동한 지점이다.

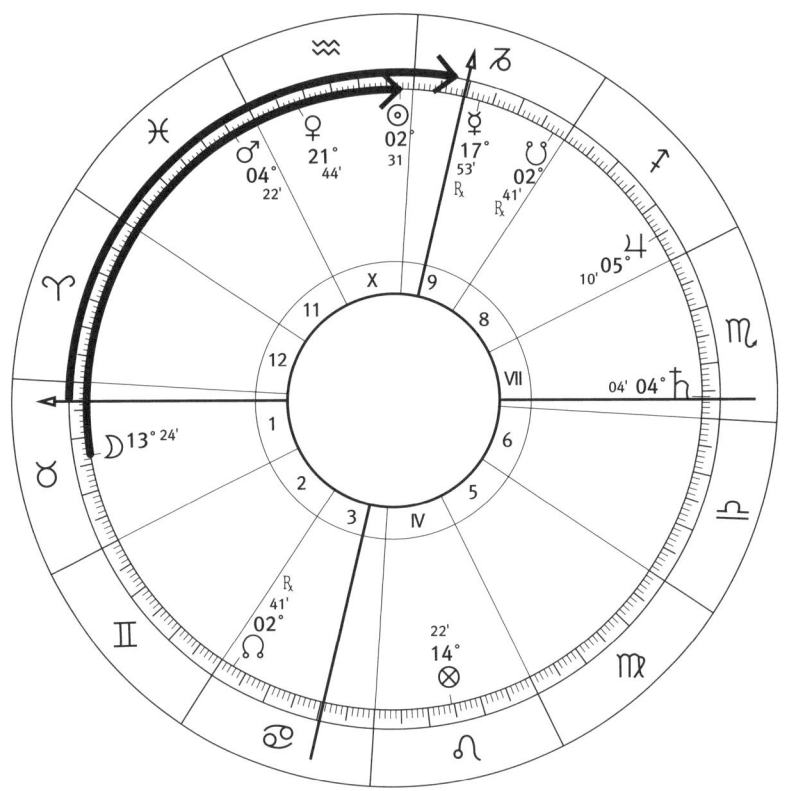

달에서 태양까지의 거리와 방향은 '시계방향으로 3개의 하우스 + 약 11°만큼'이다. 이제 상승점으로부터 똑같이 '시계방향으로 3개의 하우스 + 약 11°만큼' 이동을 해야한다.

그렇게 이동한 9하우스 22°경이 스피릿 위치다.

하지만 포르투나와 달리 스피릿 위치는 자동으로 표시되지 않는다. 그래서 설정을 통해 랏 위치를 띄워줘야만 한다. 설정 방법은 다음과 같다.

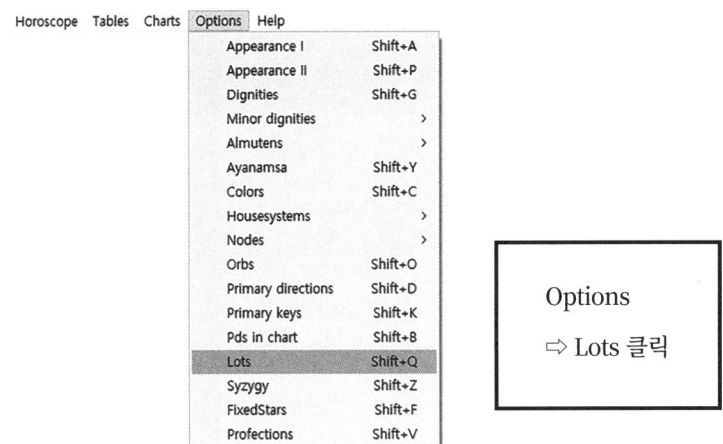

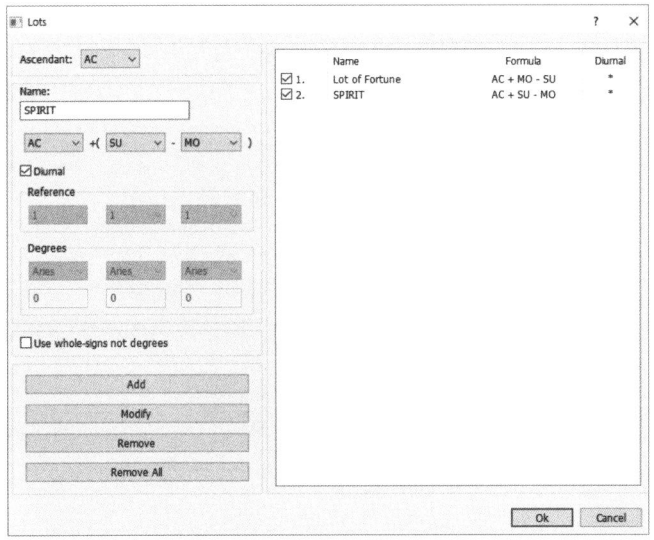

    포르투나 공식은 AC(상승점) + MO(달) – SU(태양)이며, 프로그램에 처음부터 설정되어 있다. 스피릿 공식은 포르투나 공식과 반대로 AC(상승점) + SU(태양) – MO(달)이다. 공식 입력 후, Diurnal에 체크를 해야만 한다. 그리고 Add버튼을 클릭하면 자동으로 목록에 추가되고, OK버튼을 누르면 랏 설정이 완료된다.

    설정을 끝냈다면, 입력한 랏 위치를 차트에서 보여주는 것으로 마지막 작업을 끝내자.

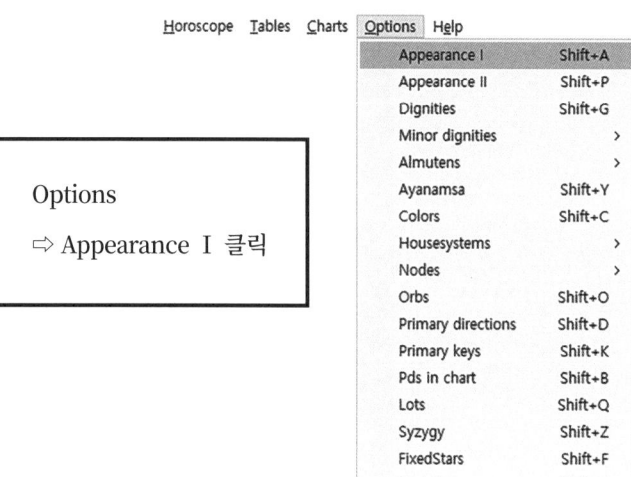

Options

⇨ Appearance Ⅰ 클릭

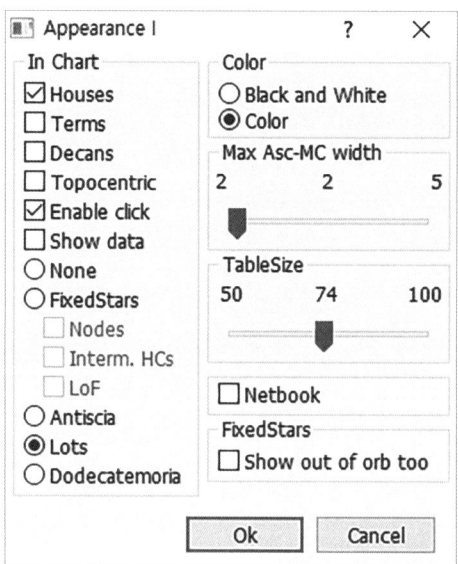

Appearance Ⅰ 상자가 나오면, Lots를 클릭하고 OK를 누른다.

다음과 같이 출생차트에 스피릿을 자동으로 띄울 수 있다. 수동으로 계산한 대로 9하우스 22°36'에 스피릿 위치가 표시된다.

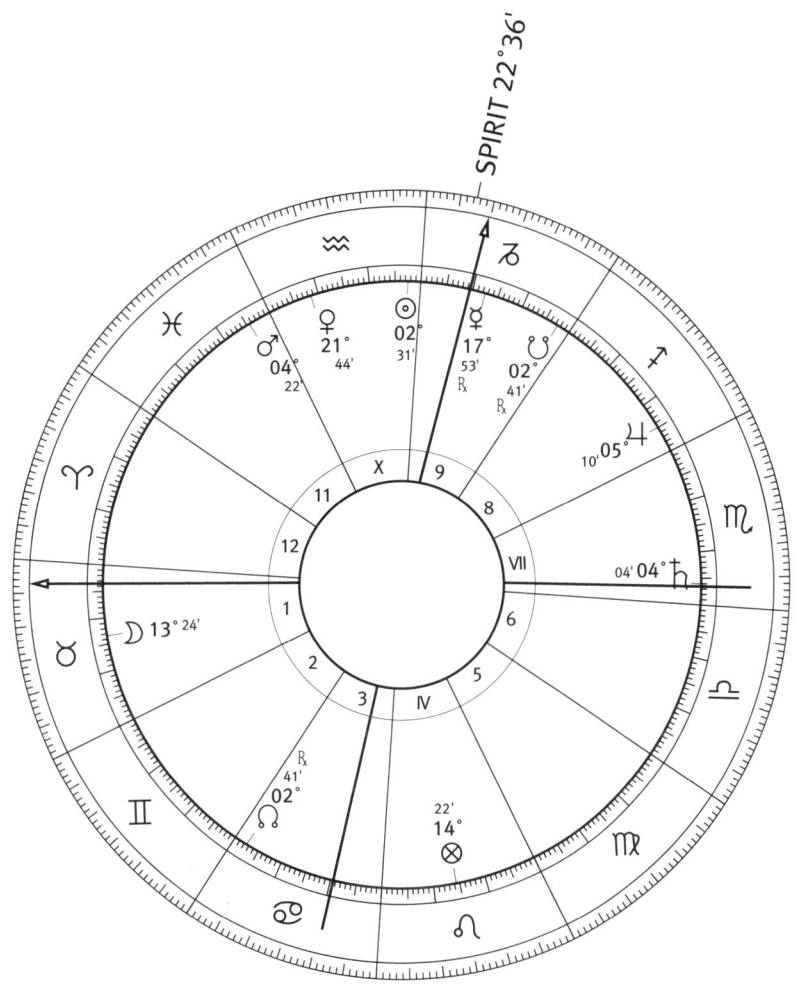

똑같은 방식으로 설정해야 할 주요 랏들을 소개한다.

LOB를 세팅할 경우 'Reference'를 활용하고, LOE을 세팅할 경우 'Degrees'를 활용한다.[27]

가족과 관련된 랏

1. 결혼의 랏 (남자)   AC + VE - SA / Diurnal 체크
2. 결혼의 랏 (여자)   AC + SA - VE / Diurnal 체크
3. 아버지의 랏   AC + SA - SU / Diurnal 체크
4. 어머니의 랏   AC + MO - VE / Diurnal 체크
5. 자녀의 랏   AC + SA - JU / Diurnal 체크
6. 형제의 랏   AC + JU - SA / Diurnal 체크

---

27) 필자의 블로그(https://blog.naver.com/astrology_no1)에 '모리누스'라고 검색을 하면, 프로그램 세팅법과 사용법, 랏의 설정법이 영상으로 자세히 나와 있다.

사회적 성공과 관련된 랏

1. Lot of Fortune (LOF) - 포르투나, 달의 랏, 육신의 랏

    AC + MO - SU / Diurnal 체크

2. Lot of Spirit (LOS) - 스피릿, 태양의 랏, 정신의 랏

    AC + SU - MO / Diurnal 체크

3. Lot of Exaltation (LOE) Day - 낮 차트일 때 명예의 랏

    AC + 양자리19° - SU

   Lot of Exaltation (LOE) Night - 밤 차트일 때 명예의 랏

    AC + 황소자리3° - MO

4. Lot of Base (LOB) Love - 토대의 랏 1

    AC + 스피릿 - 포르투나 / Diurnal 체크

   Lot of Base (LOB) Neccesity - 토대의 랏 2

    AC + 포르투나 - 스피릿 / Diurnal 체크

5. Place of Acquisition (POA, AQ) - 획득의 장소, 물질의 창고

    포르투나 + 양자리0° - 쌍둥이자리0° = 포르투나로부터 11하우스

이 외에도 많은 종류의 랏이 있지만, 실전에서 활용가치가 없는 것들이 대다수다. 지금은 성공과 풍요에 대해 논하는 시간이니, 사회적 성공과 관련된 다섯 가지 랏들에 대해 자세히 알아보도록 하자.

◆ **포르투나**

'달의 랏'인 포르투나는 Lot of Fortune이라 하여 '행운의 랏'이라 부르고, 약자로는 LOF로 표기한다.

육신을 의미하는 달로부터 파생되었으며 **풍요, 성공, 직업, 적성, 생명** 등을 관장하는 가상의 지점이기 때문에, 중요도가 매우 높아 '제2의 ASC'라는 별명을 지녔다.

포르투나는 로마신화 속 행운의 여신 이름이다. 그래서 노력 없이 얻는 타고난 풍요와 성공으로 알고 있는 점성가들이 많다. 심지어 선조들조차 그렇게 알고 있었으니, 고대부터 지금까지 임상의 부재가 느껴지는 부분이다.

포르투나를 기준으로 풍요를 판단했을 때, 좋은 구조의 차트주인공은, 노력 없이 성공을 하거나 적은 노력으로 많은 풍요를 획득하지 않는다. 자본주의 흐름과 경제를 공부하며, 인간관계에 상당한 신경을 기울인다. 혹시 누군가를 통해 풍요를 얻더라도, 불로소득으로 여겨지지 않을 만큼 노력의 과정이 따른다. 악착같이 풍요를 창출하고 성실함 속에서 성공을 이룬다는 것이다.

이름을 포르투나라고 지은 것은 상승점 기준으로 별 볼일 없는 하우스에 배치된 행성들을, 포르투나 기준으로 하우스를 재배치하여 마치 '행운의 여신이 흉한 구조를 길한 구조로 구제해 주는 듯'하기 때문이다.

한편 모든 랏이 그러하듯, 랏보다 더 중요한 것은 '랏의 주인[28]'이다. 포르투나 구조가 좋아도 주인행성이 약한 하우스에서 흉성들에게 흉을 받으면, 쟁취한 풍요와 성공을 훗날 잃어버릴 가능성이 높다.

즉 **포르투나 구조와 상태는 성공과 풍요를 얻어낼 '기회와 기회를 잡는 힘'을 의미하고, 포르투나의 주인행성 상태는 '잡은 기회를 유지하는 힘'을 의미한다.**

◆ 스피릿

'태양의 랏'인 스피릿은 Lot of Spirit이라 하여 '영혼의 랏' 혹은 '정신의 랏'이라 부르고, 약자로는 LOS로 표기한다.

---

[28] 랏이 위치한 별자리의 주인행성을 말한다. 예를 들어, 포르투나가 양자리에 있다면 랏의 주인은 화성이다. 그리고 포르투나가 사자자리에 있다면 랏의 주인은 태양이다.

이름이 지닌 의미 때문에, 스피릿을 어려운 환경에서 뛰어난 의지로 이루는 풍요라고 말하는 이들이 많다. 하지만 실전에서는 포르투나의 역할 및 중요성과 거의 동일하다. 포르투나가 지닌 의미 중 생명을 뺀 모든 키워드가 스피릿의 상징이다. 즉 **풍요, 성공, 직업, 적성**을 판단하는 가상의 지점이다.

옛부터 스피릿은 포르투나의 개선 지점으로 여기며, 풍요와 성공의 크기에서 포르투나보다 떨어진다고 판단되어 왔다. 그러나 실전에서 스피릿 기준으로 판단되는 구조는 포르투나 기준으로 판단되는 구조보다 풍요의 양이나 성공의 힘에서 결코 밀리지 않는다.

그리고 영혼이나 영성을 뜻하는 스피릿이라는 이름은, 영혼을 의미하는 태양으로부터 파생된 지점이기 때문에 지어졌을 뿐, 실전에서는 포르투나보다 추상적인 개념도 아니다.

스피릿 또한 포르투나처럼 주인행성이 길하게 잘 있어야 풍요와 성공을 끝까지 지킬 수 있다. 그래서 **성공과 풍요를 얻어낼 '기회와 기회를 잡는 힘'은 스피릿 구조와 상태로 보며, '잡은 기회를 유지하는 힘'은 주인행성의 상태로 판단한다.**

◆ 그 외 풍요의 랏

지금부터 소개할 세 가지 지점은 포르투나나 스피릿처럼 기준점으로 삼을 수 없다. 포르투나와 스피릿은 자신의 위치를 1하우스로 지정하고, 새롭게 하우스를 재배치하여 구조를 판단할 수 있지만, 나머지 풍요의 랏들은 그런 권한이 없다. 그저 포르투나 혹은 스피릿 구조를 판단할 때 부차적인 역할을 할 뿐이다.

① 명예의 랏

Lot of Exaltation으로 LOE라고 표기한다. 포르투나 기준 11하우스에 명예의 랏 주인행성이 위치할 경우, 명예가 높이 치솟는 인생이라는 의견이 있다. 하지만 필자는 '포르투나 기준 또는 스피릿 기준 1, 10, 11하우스에 명예의 랏 주인행성이 위치하면 명예를 획득할 가능성이 있다'고 본다.

하지만 그 구조만으로 명예로운 인생이라고 단정지을 수 없으며, 앞으로 소개할 여러 가지 구조들이 보장되었을 때 비로소 명예의 랏 발현이 가능하다. 명예의 랏은 역시 포르투나 스피릿 구조로 성공과 풍요의 운을 볼 때 일부 역할을 담당할 뿐이다.

명예의 랏은 낮의 차트일 때 위치와 밤의 차트일 때 위치가 규칙 없이 다르기 때문에, **자신의 출생차트가 낮의 차트인지 밤의 차트인지를 구분하여 랏의 위치를 확인해야 한다.**

② 토대의 랏

Lot of Base로 LOB라고 표기한다. 풍요로운 인생을 살아갈 기초 환경, 얻은 풍요를 유지하는 힘 등의 이론이 있지만 실전에서 그런 의미의 작용력은 미미하다. 토대의 랏을 굳이 따로 판단하여 구조를 분석할 필요는 없으며, 이 역시 포르투나 혹은 스피릿 구조의 길함을 분석할 때 부차적 역할을 할 뿐이다.

토대의 랏은 두 개의 각기 다른 지점이 있으며 이름도 다르다. 지평선 기준 위아래 대칭지점에 위치한 두 가지 중, **지평선 아래에 위치한 랏만이 토대의 랏**이며 지평선 위에 위치한 랏은 무엇도 아니다. 지평선 아래에 위치한 랏만을 진짜로 인정하는 이유는 Lot of Base라는 이름을 그대로 살려, 하늘에 떠 있는 것이 아닌 땅 아래에 있는 지점에 의미를 부여하기 위해서다.

토대의 랏을 이렇게 두 개의 다른 이름으로 만든 것은 각각의 의미가 다르기 때문이다. 'Love'라는 명칭의 토대의 랏이 지평선 아래에 있는 이들은 '아무리 돈이 되어도 자신이 원하는 일이어야만 하는 성향'이라고 하며, 'Neccesity'라는 명칭의 토대의 랏이 지평선 아래에 있는 이들은 '원치 않는 일이라도 돈이 되면 하는 성향'이라고 한다. 그러나 실전에서는 전혀 임상이 되지 않으니 둘을 나눠 해석할 필요는 없다.

③ 어퀴지션

Place of Acquisition으로 POA 혹은 AQ라고 표기한다. 이름 그대로 획득의 장소, 물질의 창고를 의미하는 이것은 **포르투나 기준 11하우스다.** 이렇게 어퀴지션은 특정 하우스를 말하기 때문에 장소의 개념이지 랏이라는 가상의 지점은 아니다. 하지만 점성가들은 랏들과 어퀴지션을 굳이 구분하지 않고 모두 풍요를 판단하는 지점으로 취급하여 계산한다.

어퀴지션에 위치한 행성은 나의 돈창고에 위치한 행성이다. 그래서 그 행성의 의미를 통해 물질이 쌓인다고 여겨지고 있으나, 실전에서 그런 구조의 작용력은 50% 확률에 지나지 않는다. 어퀴지션에 위치하여 의미있는 행성은 후에 자세히 배우기로 하자.

◆ 포르투나, 스피릿 구조와 이론

① 포르투나, 스피릿이 담당하는 시기

포르투나 기준으로 판단된 운의 시기와, 스피릿 기준으로 판단된 운의 시기를 특별히 나눠 구분하기도 한다. 인생을 반으로 나누었을 때, **포르투나 운은 전반부를 담당하고 스피릿운은 후반부를 담당한다.** 하지만 이것은 그동안의 통계에 의한 확률일 뿐이니 단정할 수는 없다. 상대적으로 적은 확률이지만, 포르투나운을 인생의 후반부에 사용한 이들과 스피릿운을 인생의 전반부에 사용한 이들이 실제로 있기 때문이다.

많은 이들이 풍요의 운을 볼 때, 포르투나 구조를 우선시하며 스피릿 구조는 후순위에 둔다. 하지만 그것은 '인생의 전반부에 성공을 이루고 노후는 빈둥거리리라'는 가치관이 녹아든 현상이며, 둘 모두 동등하면서 중요하게 생각해야 한다.

② 포르투나 혹은 스피릿, 각 주인행성의 위치

포르투나와 스피릿의 하우스배치에서 중요한 점은 길함이 아니라 '강함'이다. 1, 5, 9, 10, 11하우스 같이 홀사인으로 상승점 기준으로 길한 하우스는 포르투나와 스피릿이 위치해야 하는 곳에서 크게 중요하지 않다. 풍요의 기회와 그것을 잡는 힘을 의미하는 포르투나와 스피릿은 길한 위치보다 '강한 위치'에 있을 때 더욱 진가를 발휘한다.

포르투나 혹은 스피릿이 위치해야 하는 가장 축복된 지역은 앵글하우스(1, 4, 7, 10H)이며, 어느 정도 적당히 강한 **석시던트하우스(2, 5, 8, 11H)**도 좋다. 포르투나와 스피릿 입장에서 가장 섭섭한 하우스는 기회성이 약한 케이던트하우스(3, 6, 9, 12H)다.

하지만 랏이 위치한 하우스배치보다 더 중요한 것은, 앞으로 나올 '③ 의미있는 하우스' 이론과 '④ 의미있는 하우스에 위치해야 하는 행성' 이론이다. 그래서 자신의 포르투나가 케이던트하우스에 위치한다 하여 낙심할 필요는 없다. 심지어 포르투나가 케이던트하우스에 위치함으로써 길한 반전이 일어나는 구조도 있으니, 포르투나와 스피릿 길흉이론은 다각도로 판단해야 한다.

포르투나 혹은 스피릿의 '주인행성'은 특히 '성공과 풍요의 운을 유지하는 힘'을 의미한다. 역시 포르투나처럼 강한 하우스에 위치해야 좋다. 그곳은 상승점, 포르투나, 스피릿 기준으로 모든 앵글하우스를 말한다.

예를 들어, 포르투나가 12하우스에 위치한 것을 단식으로 보면, 매우 약한 곳에 성공의 기회성이 위치한 격이다. 하지만 포르투나의 주인행성이 포르투나와 같이 12하우스에 있는 것은 나쁘지 않다. 포르투나의 주인행성 입장에서는 12하우스가 아닌 '포르투나 기준 1하우스'에 있다고 판단되기 때문이다. 즉 잘 오지 않는 기회라도 간혹 오게 되면, 그 기회를 잡아 활용하여 유지하는 구조가 되는 것이다.

③ **의미있는 하우스**
포르투나 혹은 스피릿 기준으로 의미있는 하우스는 1, 10, 11하우스다. 다시 말해 포르투나 혹은 스피릿이 있는 하우스를 1하우스로 지정하고 하우스를 재배치한 후 1, 10, 11하우스가 중요한 하우스라는 것이다.

그 외 차선책으로 4, 7하우스가 논점이다.

중요한 앵글하우스(1. 4. 7. 10H)에서 1, 10하우스는 이미 의미있는 하우스로 지정받았으니, 나머지 4, 7하우스도 의미를 부여하자는 학자들이 있는 반면, 포르투나 스피릿 구조를 판단할 때는 1, 10, 11하우스만 의미있다고 보는 학자들도 있다.

필자는 4, 7하우스도 나름의 의미를 부여하지만, 1, 10, 11하우스보다는 중요하지 않은 곳으로 판단한다.

포르투나 혹은 스피릿 기준 2, 3, 5, 6, 8, 9, 12하우스는 의미 없는 영역이다. 여기서 '의미 없다'라는 것은 흉하다는 뜻이 아니다. 포르투나와 스피릿 길흉을 평가할 때 **특별히 고려하거나 분석해야 하는 영역이 아니다**라는 뜻이다.

예를 들어, 포르투나 기준 12하우스에 목성이 있는 구조에서 판단할 수 있는 것은, '목성이 포르투나 기준 12하우스에 있어 흉하다'가 아니라, '목성이 포르투나 기준 1, 10, 11하우스에 없어서 아쉽다'이다. 왜냐하면 앞서 말한대로 포르투나 기준 12하우스는 흉한 하우스가 아니라 아무 의미 없는 하우스이기 때문이다.

지금은 상승점 기준으로 익힌 하우스 개념에서 벗어나야 한다. 상승점 기준 2, 6, 8, 12하우스는 흉한 하우스이지만, 포르투나 혹은 스피릿 기준으로는 그저 언급되지 않는 하우스일 뿐이다.

또한 **포르투나 혹은 스피릿 기준 1, 10, 11하우스는 '길한 반전 구조'를 분석하기 위한 용도**다. 그래서 그곳에 위치하지 않는다 하여, 상승점 기준으로 길하게 위치한 행성을 깎아내릴 수는 없다.

아래 차트를 보며 배워보자.

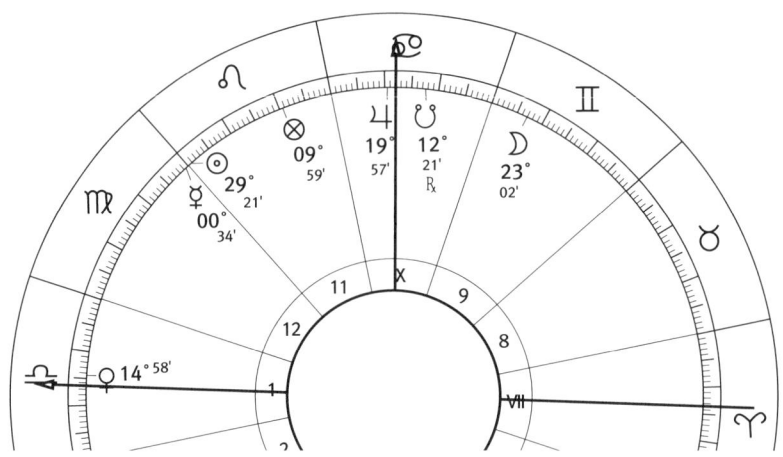

목성은 홀사인으로 상승점 기준 10하우스에 위치하며, 남중점(MC)에 붙어 있어 매우 강력한 힘을 얻고 있다. 게다가 상승점(ASC)에 4°미만으로 애스펙트까지 하여 힘이 더욱 증폭된다. 또한 낮에 태어나 시공간의 섹트를 모두 얻고, 길성인 금성의 호의까지 받아 최고의 위치와 상태라 할 수 있다. (편의상 흉성들의 입지는 제외시키기로 한다.)

하지만 포르투나는 11하우스에 위치하기 때문에, 목성은 포르투나 기준 12하우스로 배정받는다. 그럼 상승점 기준 최고의 위치와 구조를 얻은 목성이 의미가 없어진다고 판단할 수 있을까?

그렇지 않다. 이 목성은 천궁도에서 가장 뛰어난 권세를 그대로 유지하며, 포르투나 기준으로 12하우스에 있다 해서 감점이 되지 않는다. 제2의 ASC라고 불리는 포르투나 구조가 우선이겠는가, 본래 ASC의 구조가 우선이겠는가? 포르투나나 스피릿 구조로 재배치된 하우스들을 볼 때, 흉한 반전을 억지로 찾아내는 것은 출생차트 법칙에 위배됨을 기억하자.

④ **의미있는 하우스에 위치해야 하는 행성**

포르투나 혹은 스피릿 기준 1, 10, 11하우스에 있어야 하는 **첫째는 대(大) 길성인 목성이다.**

'자기관리, 경제활동, 감정조절, 돈이 되는 성실함, 세상을 이해하고 살아남는 법, 인맥관리, 긍정적인 시각과 생각, 할 수 있다는 자신감과 성공하리라는 희망' 이 모든 말을 행동으로 보여주는 대(大)길성은 당연히 의미있는 곳에 위치해야 인생이 풍요롭다.

다만 이곳에 위치한 목성이라도 '가능성, 지속성, 힘의 세기' 중 하나라도 크게 얻어야 확실히 성공할 수 있다. 가능성은 홀사인으로 상승점 기준 앵글하우스에 위치할 때, 지속성은 포피리우스로 앵글하우스에 위치할 때, 힘의 세기는 앵글포인트에 4°미만으로 붙어 있거나, 애스펙트하는 등 연계성이 있을 때 얻는다.

의미있는 하우스에 있어야 하는 **둘째는 다섯 가지 풍요 가상점들의 '주인행성'이다.**

포르투나(LOF), 스피릿(LOS), 명예의 랏(LOE), 토대의 랏(LOB), 어퀴지션(POA), 이 랏들의 '주인행성'이 포르투나 혹은 스피릿 기준 1, 10, 11하우스에 위치하면 매우 좋다.

이 중 특히 귀한 구조는 기준점으로 삼을 수 있는 두 랏의 주인이 서로 상대의 지역에 배치되어 있을 때다. 즉 포르투나 기준 1, 10, 11하우스에 스피릿의 주인행성이 있고, 스피릿 기준 1, 10, 11하우스에 포르투나의 주인행성이 있는 구조다.

포르투나 혹은 스피릿 기준 1, 10, 11하우스에 풍요의 가상점 주인행성이 위치한 것은 그 사람의 큰 그릇을 의미한다. 그릇에 많은 양의 돈을 가득 채우려면 목성이 상승점, 포르투나, 스피릿 기준으로 어디든 의미있는 곳에서 힘이 강해야 한다.

만약 포르투나 혹은 스피릿 기준 1, 10, 11하우스에 풍요의 가상점 주인들만 배치되어 있고, 목성이 아무 의미 없는 곳에서 흉한 상태라면, 돈을 담는 그릇만 클 뿐 그곳에 돈이 쌓이지 않아 일평생 불만족스러운 상태로 살아간다.

의미있는 하우스에 있는 흉성은 성공과 풍요의 운을 하락시킨다. 그러나 그 흉성이 풍요를 의미하는 다섯 지점들의 주인행성이라면 길하게 판단되는 반전이 있다. 다만 성공과 풍요를 이루는데 남다른 고생과 노력이 필요할 뿐이다. 그래서 의미있는 하우스에 화성이나 토성이 위치하더라도 흉을 단정짓지 말고, 풍요의 랏들이 위치한 곳을 찾아가 흉성이 그 주인인지 빨리 판단해야 한다.

포르투나 스피릿 기준 1, 10, 11하우스에 위치한 흉성이 만약 어떤 풍요의 가상점 주인도 아닐 경우에는, 화성 혹은 토성 각각의 특성으로 고난이 찾아온다.

화성은 풍요의 상승과 하락에 기복이 심한 인생, 성공하더라도 다시 주저앉는 삶을 만든다. 뾰족한 화성이 나의 성공지갑에 구멍을 뚫어 돈이 샌다고 비유할 수 있다.

한편 토성은 성공의 지연과 막힘, 인생의 고난과 시련을 주며, 간혹 배신을 당해 상처뿐인 삶을 만든다. 토성이 내 성공지갑의 입구를 틀어막는 격이다.

다음 차트를 보자. 편의상 풍요를 의미하는 다섯 가지 지점들을 표시해 놓았다.

포르투나는 강한 앵글하우스에 위치하여 성공과 풍요를 얻을 기회와 기회를 잡는 힘이 좋다. 포르투나의 주인행성인 수성은 상승점 기준, 포르투나 기준 앵글하우스에 위치하고 토성의 손상이 없기 때문에, 쟁취한 성공과 풍요를 유지하는 힘마저 좋다고 판단된다.

포르투나 기준 1, 10, 11하우스에는 어퀴지션의 주인이자 루미너리인 달이 위치하고, 포르투나의 주인이자 토대의 랏(LOB) 주인인 수성이 있으며, 명예의 랏 주인이자 루미너리인 태양이 있어 돈을 담는 그릇의 크기가 크다. 또한 대(大)길성인 목성도 위치하기 때문에 큰 그릇에 돈을 가득 담는 매우 길한 구조다.

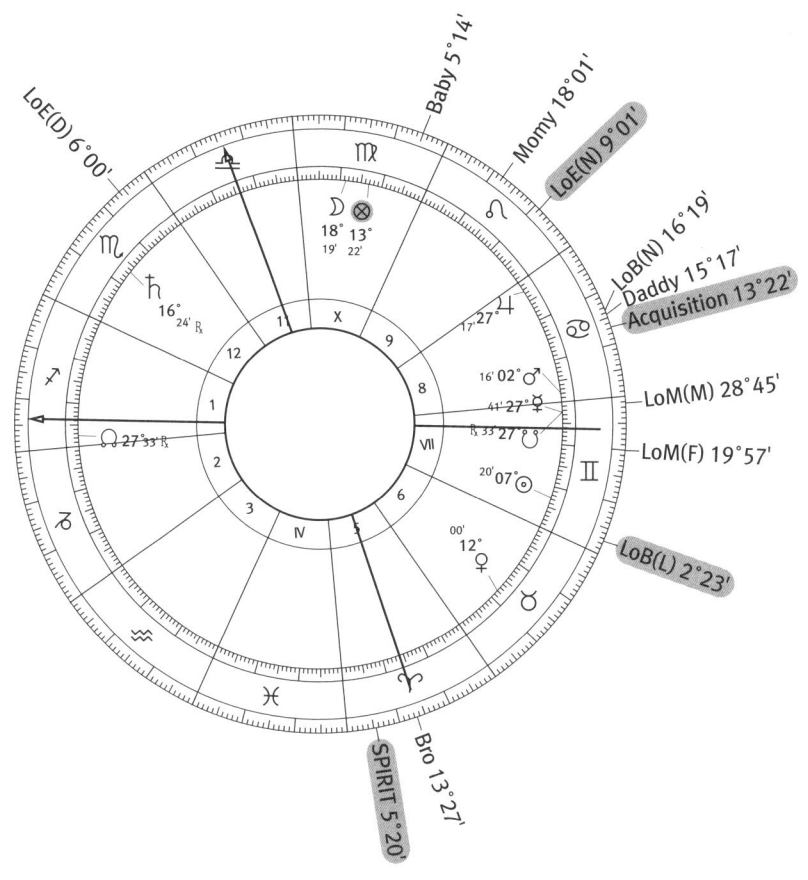

한편 흉성인 화성이 의미 있는 곳에서 함께한다. 화성은 스피릿의 주인 행성으로써, 흉성의 타이틀을 지우고 '스피릿 로드'라는 위대한 표창장을 얻은 채 배치된 상황이다. 이렇게 흉성이라도 풍요의 가상점 주인행성이라면, 매우 길한 직함을 얻고 풍요와 성공을 도와주는 역할을 한다. 그렇다면 포르투나의 주인인 수성에게 안티시아로 미치는 영향도, 성공과 풍요의 운을 볼 때만큼은 무의미해진다.

다만 '행성의 속성은 변하지 않는다'라는 말처럼 화성의 특성인 '경쟁, 시비, 다툼, 모험, 위험, 무모한 도전, 기복' 등의 단어가 쓰이면서 성공의 길로 나아갈 것이다. 격변과 고생을 동반한 성공이 예상된다.

의미있는 하우스에 있어야 하는 **셋째는 금성과 루미너리다.**

금성은 인기를 활용하거나 타인을 통한 자산을, 태양은 명예를 통한 성공을, 달은 대중성을 통한 출세를 의미한다.

만약 출생차트에서 가치 없는 곳에 위치한 목성이 제 역할을 못하고 있다면, 금성이 대(大)길성의 타이틀을 가져올 만큼 괜찮은 곳에서 좋은 입지를 얻고 있는지 판단해야 한다. 만약 그렇다면, 목성의 부재로 인한 서운함이 사라질 만큼 괜찮은 풍요를 얻을 수 있다.

다음 차트를 보자.

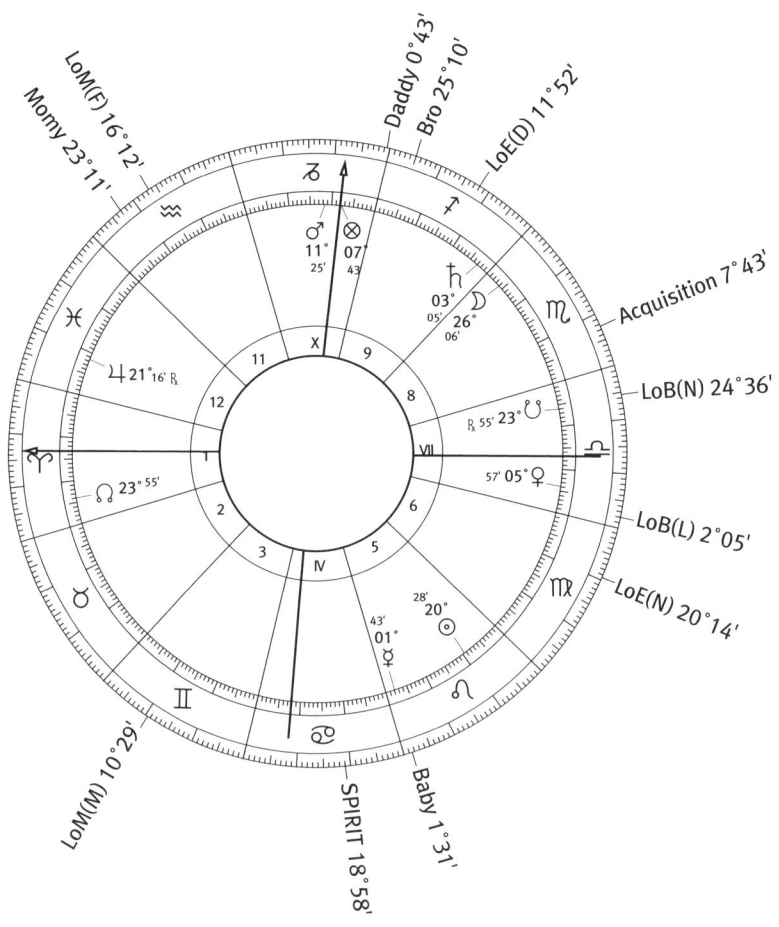

목성은 상승점 기준 가장 흉한 12하우스에 있으며 어떤 앵글포인트와도 연계되지 않아 힘이 매우 약하고, 시공간 섹트까지 모두 잃어 익스트라컨디션 상태다. 또한 포르투나 기준 3하우스, 스피릿 기준 9하우스에 위치하기 때문에 반전을 기대하기도 어렵다. 이 정도의 구조라면 대(大)길성의 타이틀이 사라졌다고 해도 과언이 아니다.

하지만 금성은 홀사인으로 상승점 기준 앵글하우스에 있으며, 포르투나 기준으로 의미 있는 10하우스에 배치되어 위치가 너무 좋다. 더욱이 남중점(MC)과 4°미만으로 애스펙트를 이루기 때문에 힘이 매우 강하고, 포르투나와도 2°내 긴밀한 각을 맺는다. 그리고 토대의 랏(LOB) 주인행성 타이틀까지 얻은 상태다. 이 정도 구조의 금성이라면 목성의 역할을 대신할 수 있다고 판단한다.

금성은 자산의 방인 2하우스 주인이며, 결혼과 배우자의 방인 7하우스 주인인 상태에서, 7하우스에 배치되어 있다.

또한 배우자를 통한 이득을 의미하는 8하우스에, 마음을 상징하는 달이 위치한다. 그리고 달의 디스포지터이자 8하우스 주인행성인 화성은 길한 10하우스에서 금성에게 6°미만으로 긴밀한 후원을 받고 있다.

이 모든 구조는 배우자 혹은 애인을 통한 풍요로운 삶을 말해주며, 타인을 통한 이득이 상당하다고 판단할 수 있다.

다만 2, 7하우스 주인인 금성 입장에서 본다면 두 흉성의 긴밀한 흉을 동시에 받고 있다. 배우자와의 관계와 경제관념의 심각한 문제로 인해 획득한 자산을 잃지 않도록 주의해야 한다.

5. 성공, 풍요론을 마치며

출생차트에서 성공과 풍요의 구조를 읽어줄 때, 부유함의 가능성만 보거나 무조건 좋은 말만 늘어 놓아서는 올바른 상담이라 할 수 없다.

"걱정마 부자 될거야", "그냥 성공하는 차트야", "남들보다 열심히 살아야 해", "차트 너무 좋다" 등의 추상적인 말은 내담자의 기분을 잠시 좋게 할 수는 있어도, 그 사람의 미래를 위해서는 가치가 없다. 정밀한 분석을 통해, 출생차트마다 예고된 성공과 풍요를 얻는 가장 '쉬운 방법'을 판단해 줘야 한다.

1. 자기가 이루는 풍요인지, 배우자를 통한 풍요인지
2. 부모를 통한 덕인지, 자녀를 통한 노후인지
3. 부동산이나 주식을 통한 투기인지, 인기를 통해 얻는 물질인지
4. 갖가지 분야의 사업을 통해서인지, 안정된 직장생활을 통한 근로소득인지
5. 자신만의 뛰어난 기술이나 작품을 통한 명예인지, 교육을 통한 수익인지

등 각자에게 주어진 풍요의 쉬운 길을 상승점 기준으로 심도있게 판단하여, 인생의 계획을 선물해줘야만 올바른 점성술사라 할 수 있다.

예를 들어, 상승궁에서 힘있는 목성이 5, 8하우스 주인이면 가문의 자산이나 부동산을 통한 부수입, 유산 혹은 모험적인 투기로 풍요를 쌓을 수 있는 반면, 9, 12하우스 주인이면 학문과 교직, 연구와 방송사업, 해외사업을 활용하여 성공의 길을 갈 수 있다. 이렇게 나의 방에 있는 목성이라도 풍요의 방향을 잘 분석해야만 한다.

이 외에도 달과 상승로드가 위치한 하우스를 통해 인생의 길과 목표를 잡아주고, 나중에 배울 별자리의 직업군을 통해 구체적인 진로를 컨설팅해줘야 한다.

한편 성공을 위한 흉성의 긍정적 효과를 이해해야 한다. 재벌들은 화성

과 토성의 힘이 모두 강하다는 것을 기억하자. 두 흉성이 길고 강한 상태에서, 다섯 가지 풍요의 랏 주인과 같은 좋은 타이틀을 얻어야 큰 부자가 될 수 있다.

화성은 모든 도전, 거침없는 투쟁과 추진력, 경쟁을 두려워하지 않는 마음, 승부욕, 타인의 것을 뺏어올 줄 아는 뻔뻔함을 준다. 그리고 토성은 들어온 돈에 대한 관리, 뛰어난 경제관념, 실용성, 위기가 닥쳤을 때 인내하는 정신을 주고, 때로는 타인을 배신하여 성공과 풍요를 더한다.

4
직업론

1. 중요한 인생의 갈림길

'나에게 가장 잘 맞는 직업은 무엇일까?'

금전적 풍요와 사회적 성공을 얻기 전에 갖춰야 할 것은 '적성을 살린 좋은 직업'이다. 또한 빠르게 변하는 세상에서 직업은 새롭게 생겨나거나 사라지는 가변성을 지닌다. 무엇보다 자칫 잘못 선택하다가는 그것을 위해 투자한 돈과 시간, 노력이 모두 사라질 수도 있다.

이런 이유로 점성술 상담에서 40% 이상을 차지하는 분야가 적성과 직업이다.

차트주인공이 스스로 질문을 들고 오지 않아도 청소년을 자녀로 둔 부모가 의뢰하기도 하고, 심지어 두 살배기 아기의 차트에서 직업에 대해 자문을 바라는 경우도 있다. 게다가 한 명만 선택해야 하는 결혼과 달리 두세 가지를 동시에 선택할 수 있는 영역이기 때문에, 안정된 직업을 갖고 있는 이들조차 물어보곤 한다.

하지만 직업론은 점성술의 여러 가지 각론 중 가장 난도가 높다. 따라서 점성가의 지식과 차트 분석력이 그대로 드러나기 때문에 심도 있게 익혀야 한다.

별자리, 행성, 하우스에 속한 모든 직업군과 그것을 분석해 찾아내는 필자의 노하우를 빠짐없이 전하겠다.

2. 열두 별자리의 직업군

별자리의 직업군은 제대로 된 고전문헌이 없기 때문에 오로지 현대의 점성가들이 수많은 임상으로 판단해야만 한다. 그러나 문헌중심의 대다수 점성가들은 '문헌이 없다'는 이유로, 별자리의 직업군 판단을 금기시하고 자신의 눈을 가리기 바쁘다.

필자는 이 책을 통해 점성술 5,000년 역사에서 한 번도 소개되지 않은 **'별자리의 숨겨진 키워드'**를 공개하겠다. 이로써 수많은 이들에게 점성술의 새로운 시각을 보여줄 수 있을 것이다. 그럼 지금부터 소개할 내용을 열린 마음으로 받아들이도록 하자.

◆ 직업으로 발현 가능한 별자리

자신의 출생차트에서 직업으로 발현할 수 있는 별자리들은 모두 다음과 같으며, 최대 다섯 가지 별자리가 활용 가능하다.

> 1. 포르투나가 위치한 별자리
> 1-2. 포르투나 로드가 위치한 별자리
> 1-3. 포르투나 로드의 디스포지터가 위치한 별자리
> 2. 상승로드가 위치한 별자리
> 2-2. 상승로드의 디스포지터가 위치한 별자리

다음 차트에서 이론을 적용하여 활용 가능한 별자리를 찾아보자.

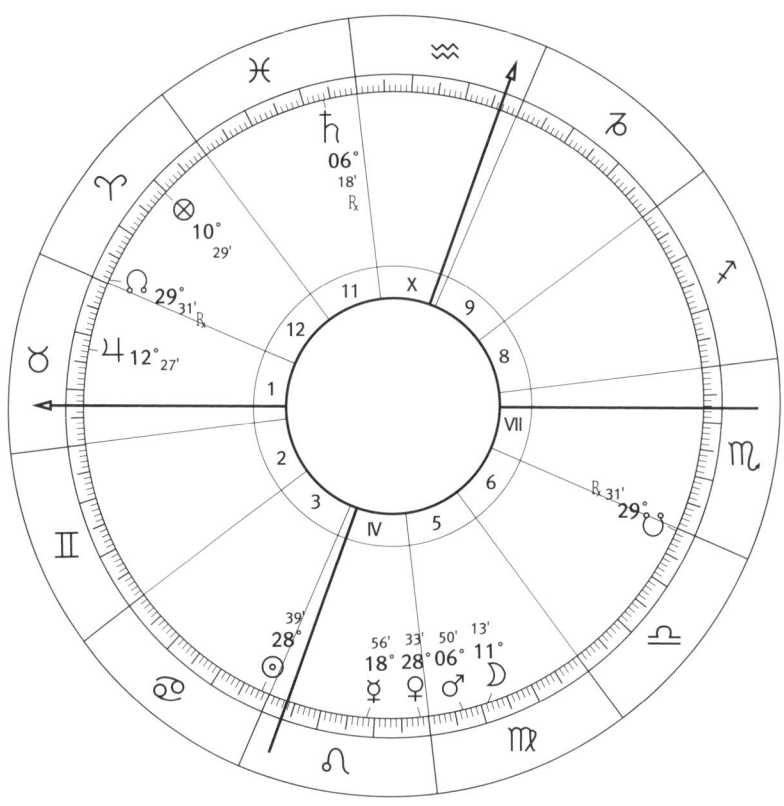

1. 포르투나가 위치한 별자리 - **양자리**

1-2. 포르투나 로드(화성)가 위치한 별자리 - **처녀자리**

1-3. 포르투나 로드의 디스포지터(수성)가 위치한 별자리 - **사자자리**

2. 상승로드(금성)가 위치한 별자리 - **사자자리**

2-2. 상승로드의 디스포지터(태양)가 위치한 별자리 - **게자리**

1, 1-2, 1-3으로 발생한 별자리는 직업에만 초점을 잡아야 하며, 2, 2-2는 직업 외에도 취미, 좋아하는 것, 인생의 분위기 등 다양한 부분에 영향을 미치는 별자리다.

별자리에서 파생되는 하나하나의 단어들은 다각도로 근거를 댈 수 있다. 주인행성(엑절테이션 로드 포함)에 의한 단어도 있고, 조디악 순서가 키워드를 제공하며, 반대편에 위치한 별자리의 단어를 빌려오기도 한다. 또한 관상처럼 별자리 기호의 모양에 의해 나온 단어들도 있다. 심지어 별자리 이름 자체를 그대로 가져와 사용되는 경우도 있으니, 성명학이 점성술에 적용되는 기이한 현상까지 볼 수 있다.

가장 먼저, **원소의 개념**까지 그대로 적용된다.

불의 사인인 양자리, 사자자리, 사수자리는 불처럼 자신을 드러내고 표현하는 화려한 업종이 있으며, 흙의 사인인 황소자리, 처녀자리, 염소자리는 돈과 부동산 관련 직업이 가능하고, 공기의 사인인 쌍둥이자리, 천칭자리, 물병자리는 말과 언어에 대한 업종이 있다. 또한 물의 사인인 게자리, 전갈자리, 물고기자리는 치유와 심리에 대한 이야기가 기본이다. 이 원소는 환경 관련 공직에 종사하더라도 작용한다. 물의 사인을 사용하는 이는 수질 관련 공무원, 공기의 사인을 사용하는 이는 대기 관련 공무원이 되니 참으로 신기하다.

◆ 양자리

> 불, 동물, 표현, 소리, 악기, 탈 것, 운전, 기술, 육체노동,
> 경쟁, 폭력, 격투, 힘, 불법, 요리, 칼, 피, 위험, 보험,
> 전류, 도시가스, 얼굴, 머리, 액세서리, 메이크업, 헤어,
> 양, 어린이, 창의력, 놀기, 게임, 영혼

직업군을 논할 때 **동물** 별자리라 하면, 양자리와 황소자리처럼 가축을 상징하는 사인과 모든 생태계를 의미하는 물고기자리를 말한다. 사자는 가축화되기 어려운 맹수이기 때문에 제외하며, 염소는 점성술에서 제물

로 바치는 악마를 상징하기 때문에 제외한다.

　동물을 상징하는 세 별자리들은 **동물 관련 업종**에 종사한다. 카페를 차리면 애견카페, 펜션 중에서는 애견 동반 펜션이며, 옷을 팔아도 강아지나 고양이옷을 팔고, 의사가 된다면 수의사가 될 수 있다. 하지만 양자리의 경우 칼을 상징하는 화성이 주인인 만큼 도축업이나 정육점도 가능하다.

　양자리, 황소자리, 염소자리는 **뿔이 달린 동물**을 상징한다. 뿔이 달린 동물은 무언가를 공격할 때, 달려가서 뿔로 들이받는 방법을 사용한다. 이런 행동방식에서 '돌진'이라는 말이 파생되고, 우리 삶에서 돌진을 하는 것들은 바로 **탈 것**이다. 양자리, 황소자리, 염소자리는 차, 비행기, 배 등 탈 것과 이어지는 인생이다.

　양자리는 화성을 살려 운전 혹은 정비를 하며, 황소자리는 금성을 살려 자동차 디자인과 튜닝 그리고 수집을 하고, 염소자리는 자본주의에 가장 합당한 운수업을 택한다. 운수업은 버스회사 혹은 공항 근무도 가능하지만, 개인트럭이나 야구르트아주머니와 같이 무언가 타고다니는 프리랜서 사업까지 모두 포함한다.

　한편 점성술에서 자신을 가장 잘 표현하는 행성은 태양이다. 그래서 태양을 사용하는 양자리와 사자자리는 **표현**이라는 키워드를 활용한다. 이것은 자신의 창조력을 그대로 발산하는 **예술**을 말한다. 특히 어린이의 사인인 양자리는 어디로 튈지 모르는 창의력을 보여줄 때가 있고, 그것이 예술적 재능으로 나타나는 것이다.

　양자리의 창의성과 표현력은 주로 소리 관련 예술로 향할 때가 많다. 주인행성인 화성을 활용하여 악기를 연주하거나, 갖가지 분야의 음향감독이 될 수 있다.

　우리 몸에서 양자리가 상징하는 부위는 **머리와 얼굴**이다. 그래서 **머리와 얼굴에 표현을 하는** 업도 해당한다. 귀고리, 선글라스, 모자 등 액세서리 관련 업(공예, 판매, 장사), 메이크업아티스트, 헤어디자이너, 눈썹문신전문가 등이 모두 양자리가 잘하는 분야다.

양자리의 주인행성인 **화성**의 본질로 돌아오자. 화성은 전쟁의 신 아레스이며 **경쟁과 싸움**의 인생을 살아간다. 경쟁을 기본으로 하는 경매와 모든 장르의 게임, 싸움을 기본으로 하는 격투기선수가 양자리 인생이다. 특히 화성은 불법과 위험 그리고 정의감을 상징하기 때문에, 양자리는 법을 몸으로 집행하는 형사의 삶이 많다.

전쟁의 단어인 **칼과 피**는 양자리의 또 다른 키워드다. 이것들을 매일 접할 수밖에 없는 **요리**가 양자리에만 있는 중요한 업종이다. 주방에 있는 요리사 외에도 요식업을 하는 모든 사장님까지 포함한다.

그리고 화성은 살상을 하는 전쟁의 행성이니 만큼 인간을 죽일 수 있는 물질을 상징한다. 우리 인생에서 꼭 필요하지만 조심히 다뤄야 하는 위험물질(**도시가스와 전기**) 관련 업도 양자리에 있는 직종이며, 위험과 죽음을 대가로 돈을 보상해주는 **보험업**도 양자리에 속한다.

양자리의 성격은 **어린이** 같다. 이들은 놀이 중심 업인 키즈카페 혹은 놀이기구 관련 일을 한다. 장난감이나 유아용품을 만들거나 팔고, 어린이를 가르치기 위해 유아교육을 전공한다. 미성숙한 이들도 반복하면 할 수 있는 단순업무, 공구를 활용하는 기술직과 육체노동 또한 양자리들의 일이다. 하지만 많은 양자리들이 '놀기'라는 단어를 일상생활로 활용해 **백수**가 되곤 한다.

의아하게도 태양의 고향집인 양자리는 영혼을 의미하는 태양을 **신기나 영혼의 업, 정신세계연구** 등으로 활용하기도 하여, 어린이와 다른 분위기도 보여준다.

지금까지의 단어들을 적용해 해석을 확장해보자.
예를 들어, 양자리를 활용하는 이는 어떤 분야의 의학으로 향할까? 동물을 사용하면 수의학, 칼과 피를 사용하면 외과 혹은 응급의학, 얼굴과 위험을 사용하면 양악전문성형외과, 어린이를 사용하면 소아과다.

◆ 황소자리

> 흙, 동물, 소, 돈, 금융, 은행, 경리, 땅, 부동산,
> 탈 것, 모든 디자인, 색채, 예술, 감각, 후각, 향기, 작가,
> 편안함, 약, 도파민, 쾌락, 유흥, 목, 목소리, 아름다움,
> 자연, 힐링, 치유, 게으름, 한량, 경영

흙, 동물, 탈 것을 활용하는 황소자리의 직종은 앞서 설명했다.

황소자리는 Fixed 사인이며 흙의 원소이기 때문에 **고정된 자산**을 상징한다. 그래서 안정적인 자산을 위한 업종에 종사한다. 현금을 묶어두는 **금융업**과 땅이나 건물을 다루는 **부동산업**이 대표적이다.

금융업은 은행직원 외에도 자산컨설턴트나 경리까지 포함하고, 부동산업은 공인중개사 외에도 금성이 사용되는 건축디자이너까지 말한다. 황소자리에 자산 관련 업이 유난히 많은 이유는, 조디악 순서로 두 번째에 위치해 2하우스(돈, 금융)의 힘을 사용한 영향도 있다.

한편 금성의 인생을 살아가는 황소자리는 예술과 쾌락이 활용되는 분야로 나아간다.

예술은 순수 예술가부터 모든 디자이너까지 포함한다. **시각**이 활용되는 색체 관련 분야든 **청각**이나 **후각**과 관련된 업무든 모든 감각을 활용할 수 있다. 특히 후각을 활용하는 업무는 조향(調香)과 같이 향기를 목적으로 하는 것 외에도, 식음료 중에서 향이 중요한 커피와 와인이 대표적인 황소자리의 분야다. 바리스타나 소믈리에가 이에 해당한다. 한편 몸에서 **목**을 담당하는 황소자리는 유난히 **목소리**가 좋은 경우가 많다. 그래서 가수, 성우,

라디오DJ가 되어 타고난 목소리를 무기로 활용하곤 한다.

쾌락이란 도파민을 나오게 하거나 편안함을 주는 모든 것이다. 알코올이나 니코틴이 활용되는 업무, 카페인이나 타우린 등이 들어있는 음식 관련 업종을 말한다. **마약성이 있는 모든 분야**인 것이다. 유흥업소와 카페에 종사하며, 의학을 하더라도 약학 혹은 마취전문으로 방향을 잡는다.

황소자리는 **금성**이 주인인 만큼 금성 관련 분야가 유독 많다. 금성은 인류애로 사람들을 위로해주는 **공감**의 행성이다. 타로를 활용하여 힐링상담을 해주고, 얼굴의 디자인과 색감을 보는 관상으로 컨설팅을 해 준다. 즉 마음과 정신을 위로해주는 **각종 상담과 치유, 힐링업**이 금성을 활용하는 황소자리의 직업에 속한다.

금성의 의미 중 **아름다움**이 활용되어 속옷매장, 성형외과나 피부과도 가능하다. 황소자리가 하는 성형외과는 위험한 수술이 아닌 보톡스나 필러, 점찍기 빼기 등 간단한 시술을 하며, 피부과는 힘든 화상치료가 아닌 지방흡입이나 미용전문이다.

금성을 좀 더 발산한다면 타고난 인기를 활용하는 **연예인**도 가능하다. 또한 사람을 다루는 외교능력이 활용되면 **경영**의 길로 들어선다. 그러나 일곱 행성 중 가장 게으른 행성인 금성은 일하지 않고 누워 있으려는 **백수**로 살아갈 수도 있다.

황소자리는 **달**의 고향집이다. 간혹 달이 폭발적으로 활용되는 이들은 글쓰는 재주가 발현되어 **작가**가 된다. 그리고 달은 **자연**을 의미하기 때문에 조경이 활용되는 업무도 가능하다. 식물원카페를 차리고 조경디자인을 전공하며, 풍수에 관심을 갖는다.

◆ 쌍둥이자리

> 공기, 전자, 컴퓨터, 공대, 정보전달, 강의, 교사,
> 웹, 어플, 방송, 언론, 기자, MC, 마이크, 사회자,
> 소통, 무역, 거래, 장사, 1+1, 의료업,
> 양팔, 양손, 손가락, 현혹, 속임수

쌍둥이자리가 가장 잘하는 것은 **말**이다. 그리고 그런 자신의 재능을 취미, 친목뿐 아니라 직업에도 잘 활용한다. **말하는 일, 정보를 전달하는 모든 일**이 이들의 직종이다.

입으로 정보를 전달하는 강사, 교사, 기자, 아나운서, 사회자, 그리고 각종 언론계가 해당된다.

또한 통신과 미디어의 시대이니 만큼 **컴퓨터와 모든 방송매체를 활용해 정보를 전달**한다. 컴퓨터공학과 혹은 전자과에 진학해 소프트웨어 개발회사, 웹이나 앱 개발회사, 전기나 위성통신기업, 한전 등에서 일한다. 조디악 순서로 세 번째 별자리이기 때문에 3하우스(방송, 통신, 미디어)의 각종 키워드를 모두 가져와 사용하는 것이다.

쌍둥이자리는 수성으로 쉽게 살고자 하기 때문에 정보전달을 책으로 전하는 작가의 삶은 드물다. 다른 글 쓰는 사인들이나 행성이 유독 발달하지 않은 이상, 쌍둥이자리의 글은 기승전결이 없고 두서없이 난잡해지는 경우가 많다. 정보전달의 방향은 마이크를 잡고 말이나 통신을 통해 나아가는 편이 좋다.

쌍둥이자리의 주인 수성은 **장사**의 신 헤르메스다. 정보전달뿐 아니라, 말로 **영업**을 하고 쉬지 않는 언변으로 상대를 현혹한다. 그래서 온갖 장사를 하며, 세상 모든 거래와 무역에 두각을 나타내는 뛰어난 상인으로 살아간다.

한편, 별자리들은 마주보고 있는 사인의 단어를 빌려와 사용하기도 한다. 특히 쌍둥이자리는 수성을 뛰어난 모방능력으로 사용하기 때문에, 맞은편에 위치한 사수자리의 키워드를 그대로 베껴 **의학**의 길을 간다. 실제로 많은 의사와 간호사들이 쌍둥이자리를 사용하여 활인업의 인생을 살아가고 있다.

쌍둥이자리는 몸에서 **양팔과 양손**을 담당한다. 운동을 하더라도 팔을 활용해 테니스나 배드민턴을 하며, 미용을 하더라도 손을 주인공으로 하는 네일아트로 방향을 잡는다. 핸드크림을 제조하거나 판매하기도 한다. 그리고 의류 중에서는 장갑을 만들거나 판매한다.

◆ 게자리

> 물, 게, 해산물, 바다, 해외, 안경, 도자기, 인터넷, 홍보,
> 미성숙한 자들의 교육, 아이, 보호, 양육, 보육, 돌봄, 케어,
> 경호, 교도관, 치유, 상담, 의식주에 필요한 자원, 가정물품,
> 가슴, 건강, 생활체육, 둘이 주고 받는 운동, 전통

게자리의 주인 달은 **엄마**의 행성이다. 마치 자신이 만인의 엄마라도 되는 듯, 자식뿐 아니라 **미성숙한 사람을 돌보는 인생**이다. 어린이집, 초등학교, 중학교, 고등학교 등 노인보다는 주로 아이를 가르치고 양육하는 분야에 종사한다.

의학 중에서는 소아과 혹은 산부인과로 진로를 잡고, 개인 매장을 열어 어린이옷과 장난감, 육아용품 등을 판다. 만약 상담을 한다면 중고등학생 혹은 아이 엄마들이 주된 고객층이다.

돌봄의 대상은 사람 뿐만 아니라 **애완동물, 식물, 무생물 모두 해당**한다. 컴퓨터와 관련된 별자리가 함께 작용하면 컴퓨터 백신기업에서 일한다. 그리

고 정수기나 도시가스 점검 혹은 소독 업무에 종사하여 누군가의 집 안을 주기적으로 돌보는 일을 한다.

때로는 온몸과 마음을 바쳐 어른을 돌보기도 한다. 누군가를 보호하면서 자신이 다치거나 죽을 수도 있는 **경호원**을 하며, 자식을 올바르게 양육시키듯 재소자들을 교화시키는 **교도관**이 되기도 한다.

게자리는 조디악 순서로 네 번째 별자리이기 때문에 4하우스의 단어를 가져와 직업으로 활용한다. 4하우스는 **가정**과 집을 의미하는 만큼 그곳에 마음대로 출입하거나 가까이 하는 업과 인연이 있다. 위에 언급한 정수기나 도시가스 관리, 소독업무 외에 타인의 집을 마음대로 접근할 수 있는 택배기사도 게자리와 긴밀한 직종이다.

한편 4하우스에는 고향, 조상, 가문 등 옛스러운 단어들이 포함되어 **전통**이라는 키워드로 직업에 영향을 미친다. 한의학과 약초에 관심을 갖고, 서예를 하며 도자기를 굽는다.

게자리의 주인인 달은 우리의 **육신**을 의미하기 때문에, 육신의 건강을 위한 업종에 종사한다. 운동을 할 경우 경쟁과 승부가 아닌 **건강만을 목적에 두고 요가, 헬스, 필라테스**를 한다. 이 부분에 있어서는 후에 배울 처녀자리와 함께 기억하자. 처녀자리도 건강만을 위한 운동과 이어진다.

그리고 달은 우리의 **감정**을 의미하기도 하여, 내면의 건강을 위한 업종으로 나아간다. 심리학이나 타로 등을 활용한 **상담업을 통해 내담자를 치유해주는 인생**이다.

또한 자연을 상징하는 달을 활용하여 황소자리와 같이 **자연, 식물, 조경**을 활용하는 인생도 있다.

별자리의 성명학, 원소, 물상으로 색다르게 접근해보자.

사람, 동물, 물건 등 세상 모든 것은 이름이 있으며, 그 이름대로 살아간다는 것이 성명학의 기본 논리다. 이는 별자리와 직업에도 작용된다. 양자리는 양꼬치집을 차리고, 황소자리는 소고기장사를 하며, **게**자리는 게나 갑각류를 음식으로 하는 **해산물 관련 업종**에 종사한다.

한편, 전갈자리를 제외한 **물**의 별자리들은 **바다**와 긴밀하다. Fixed 사인인 전갈자리는 고여 있는 물을 의미하기 때문에, 움직이고 변화하는 물인 바다와 잘 이어지지 않는다. 하지만 게자리와 물고기자리는 모두 바다, **해외**와 인연이 깊고, 여행사, 여행가이드, 해양스포츠 관련 업무에 종사하기도 한다.

별자리의 기호를 딴 물상론은 더욱 재밌다. 게자리 기호의 모양(♋)을 가만히 보자. 당신이 쓰고 있는 안경처럼 생기지 않았는가? 실제로 안경사, 안경판매업 등 **안경 관련 업**에 종사하는 이들은 게자리가 인생의 길로 작용한 것이다.

또한 공이 왔다갔다 하는 형상을 띄기도 하여 테니스, 배드민턴, 탁구 등 **둘이 공을 주고 받는 형식의 생활체육**과 이어진다.

한편 **여성의 가슴 모양**을 하고 있어, 의학 분야에서 소아과, 산부인과, 한의학 외에 유방전문의도 가능하다. 그리고 아동복 외에 여성의 속옷을 판다.

게자리는 마주보고 있는 염소자리의 물상을 가져와 사용하기도 한다. 성공의 아이콘인 염소자리의 **자기홍보**능력을 그대로 모방한다. **인터넷, 홈페이지, 블로그, SNS 등 정보매체**를 활용해 불특정 다수에게 자신을 어필한다. 그래서 게자리가 쓰는 글은 **홍보물**에 가까워, 작문능력의 행성인 달이 주인임에도 작가가 많지 않다.

◆ 사자자리

> 불, 통치, 법, 정의, 진리, 옳고 그름, 자문, 컨설팅,
> 정치, 권력, 사장, 빙의, 무속, 영성,
> 연기, 성우, 배우, 연예인, 꾸밈, 예술, 표현,
> 유행, 과시, 사치, 브랜드, 도박, 주식, 코인

사자자리는 **황제**의 행성인 태양이 주인이다. 황제는 자신이 곧 법이요, 옳고 그름을 판단하는 통치자다. 그래서 사자자리는 마치 자신이 진리인 냥, 사람 혹은 기업의 인생길을 판단하는 **컨설턴트**로 살아간다. '법과 통치'가 실질적으로 작용할 경우에는, 정치에 뛰어들거나 **권력기관**에서 일한다.

조디악 순서로 다섯 번째 별자리인 사자자리는 **5하우스**의 특성을 상당히 활용한다. 앞서 설명한 컨설턴트의 인생, 분야를 불문하고 **예술가**로서의 삶, 배우나 가수 등 **연예인**이 되어 스타로 살아간다. 얼굴이 나오지 않더라도 목소리만으로 연기하는 **성우** 또한 사자자리가 갈 수 있는 길이다.

연기자 인생의 근거를 다른 방향으로 풀어볼 수도 있다. 점성술에서 태양은 **영혼**을 의미하기 때문에, 이를 주인으로 여기는 사자자리는 영혼을 마음대로 컨트롤하고 활용하는 별자리다. 영혼을 활용한다는 것은 귀신 혹은 빙의와 긴밀하다는 뜻이다. 그래서 실제로 **무속인**이 되는 경우도 있고, 마치 다른 영혼이 침투한 듯 놀라운 연기를 보여주기도 한다. '소름끼치는 연기는 곧 빙의된 것과 같다'는 것이 점성술의 입장이다.

한편 예술은 5하우스뿐 아니라 태양에서 근거를 찾을 수도 있다. 태양은 **표현**의 행성으로 자신의 내면에 감춰진 무언가를 마음껏 표출할 수 있게 만들어 준다. 그 재능은 예술가의 길로 이끈다.

예술적 재능은 시대를 이끄는 **문화와 유행**에 앞장서는 역할을 한다. 사자자리는 현재 혹은 앞으로 유행인 장르와 직종에 우선 뛰어드는 경향이 있기 때문에 유명한 **브랜드**와 이어진다. 브랜드란 명품뿐 아니라 특정 분야의 상징을 의미한다. 스포츠하면 누구나 나이키 혹은 아디다스를 떠올리는 것과 같다. 사자자리는 유행하는 모든 것, 누구나 아는 브랜드 분야에 종사하여, **패션**과 문화를 이끄는 인생이다.

한편 5하우스는 '사치와 도박'의 하우스이기 때문에, 쾌락적인 모든 것들은 사자자리와 긴밀하다.

사치란 의식주와 특별하게 연결고리가 없는 분야를 말한다. ***만약 이 업종이 사라진다 해도, 지구와 인간의 일상에 아무 영향이 없는*** 직종이다. 단순히 명품 개념의 사치가 아니다.

예를 들어, 꽃집이 대표적이다. 지구와 인간은 꽃이 사라지면 큰일 나지만, 꽃집은 사라져도 삶에 지장이 없다. 명품샵, 꽃집, 헤어샵, 메이크업, 네일아트, 가발샵, 액세서리 매장, 미용을 목적으로 하는 성형외과 등이 모두 사자자리에 해당하는 사치스러운 분야다. 심지어 운동을 하더라도 건강과 크게 상관없는 골프를 친다.

도박은 카지노 딜러 외에도 주식이나 코인전문투자자, 경마장 업까지 포함한다.

◆ **처녀자리**

> 흙, 싱글, 연구, 분석, 조사, 설계, 정리, 공무원,
> 도서관, 책, 글, 편집, 공부, 문헌, 역사,
> 건강, 건강운동, 위생, 청소, 봉사, 희생, 헌신, 장기(臟器),
> 제빵, 밀가루, 영양, 무기, 휘두르는 물건, 건반

처녀자리는 수성의 현재 거주지이자 고향집이다. 그러나 수성의 단어가 인생과 직업에 잘 사용되지 않는다. 열두 사인들 중 가장 예민하고 복잡한 뇌구조로 인해, 주로 토성의 단어들이 처녀자리 직업군을 이룬다. **토성**처럼 무언가를 **연구**하고 **분석**하는 업, **설계**하고 **정리**하는 등 완벽한 성향을 요하는 일이 처녀자리의 전문분야다.

또한 금성이 추락하는 처녀자리는, 창의력을 발휘하기보다 틀에 맞춰진 시스템에서 근무하는 **일반 공무원**으로 살아간다.

토성은 **옛것**을 의미하는 행성이다. 무언가를 연구하더라도 **문헌**을 파고들고, 공상과학보다는 **역사**를 연구하여 근거와 뿌리를 찾으려 한다. 지금 필자가 전하는 '별자리의 물상에 근거하는 인생과 직업'을 유독 거부하는 점성가들이 있다. 바로 처녀자리의 성향이 있는 이들이다. 문헌을 중시하는 처녀자리의 물상이 사용되어 문헌이 아닌 내용을 배척하는 것인데, 그것 또한 처녀자리 물상 때문이니 참으로 흥미로운 현상이다.

처녀자리에 있는 '역사'는 그 분야를 가르치는 교사도 될 수 있지만, 생활습관이나 취미, 좋아하는 장르까지 영향을 준다. 옷은 한복, 드라마는 사극, 카페보다 전통찻집, 현대음악보다는 클래식 등을 선호한다. 이런 **전통성**은 게자리, 물병자리, 물고기자리도 함께한다.

조디악 순서로 여섯 번째 위치한 처녀자리는, **6하우스**의 키워드를 직업에 활용한다. **희생과 봉사**를 활용해 사회복지학과를 가기도 하고, 사람들의 건강을 위해 영양소를 분석해 각종 기관의 **영양사**가 된다.

운동을 한다면 건강만을 목적으로 하는 요가, 헬스, 필라테스에 접근하여 게자리와 비슷한 분야로 이어진다. 또한 불결한 환경 속에서는 세균으로 인해 질병에 노출되기 쉬우니 각종 **위생** 관련 업, 청소업체 등으로 연결된다.

위생이나 청소와 관련해서는 '별자리 기호 물상'을 적용하여 이해해도 흥미롭다. 처녀자리 기호(♍)위에 가로선(一) 하나를 그리면 **칫솔** 혹은 **빗자루** 모양(♍̄)이 되어, 위생 관련 일과 긴밀하게 보인다.

처녀자리의 기호 사이사이에 책을 꽂고 싶지 않은가? 두꺼운 백과사전 혹은 **책꽂이** 모양의 처녀자리는 **책**과 뗄 수 없는 인생을 살아간다. 그래서 서점을 차리고, 출판편집자, 사서, 인쇄업자를 한다. 책 관련 업무를 하지 않더라도 독서가 생활화되었거나 책을 수집하는 이들도 많다. 그러나 처녀자리 작가는 드물어 모순점을 보인다. 처녀자리는 알아들을 수 없는 전문용어를 사용하거나, 쉬운 말도 어렵게 하는 경향이 있어, 대중성 있는 책을 쓰기가 매우 어렵다.

한편 검은색 흰색이 세로로 번갈아가며 나열되어 있는 모양이 **건반** 같기도 하여, 피아노와 같은 건반악기를 다루는 이들도 있다. 또한 치아 모양을 닮아 **치아** 관련 업에도 종사한다. 책, 건반, 치아는 모양이 비슷한 전갈자리(♏)도 똑같은 물상이 있으니 함께 기억하자.

빵집에 가면 처녀자리 기호를 흔히 볼 수 있다. 처녀자리 기호는 식빵도 닮았다. 빵 모양을 하고 있는 처녀자리는 **제빵**에 관심을 갖고, 빵의 주원료인 **밀가루** 관련 모든 업에 종사하기도 한다.

밀가루와 관련해서는 다른 근거가 있다. 처녀자리의 기간은 보통 8월 23일 ~ 9월 22일까지로 추수철을 의미한다. 서양에서는 밀을 추수하기 때문에 밀가루와 빵이라는 단어가 파생된다. 영양사와 같이 건강에 신경쓰는 업에 종사하지만, 건강을 해치는 정제된 밀가루 관련 업과도 이어지는 모순도 드러낸다.

옛날에 밀은 낫을 활용해 수확했다. 추수철의 사인인 처녀자리는 '낫'이라는 단어를 활용하고, 이것은 **휘두르는 무기**를 의미한다. 운동 중에서는 펜싱, 검도, 야구, 골프처럼 **기다란 것을 무기처럼 휘두르는 운동**도 잘 할 수 있다.

◆ 천칭자리

> 공기, 저울, 측량, 계산, 회계, 거래, 상담, 계약, 소개,
> 외교, 해외, 언어, 국어, 외국어,
> 칼, 심판, 법률, 판단, 교정, 재활, 비평, 비판, 검열,
> 디자인, 패션, 포장지, 꾸밈, 사진, 경영

유니버셜웨이트 타로카드 중 천칭자리 카드인, 11번 JUSTICE에 그려진 '저울과 칼'의 물상으로 천칭차리 직업군을 시작한다.

*저울*은 무언가를 측량하고 비교하여 계산하기 위한 도구로서, 오래전에는 거래를 하는데 활용했다. 현대에는 **회계 업무**에 종사하여 계산하는 일을 하며, 무언가를 만들기 위한 각종 **측량 업무**를 맡는다.

한편 성주가 **칼**로 죄인을 직접 참수하듯, 칼은 정의의 상징이며 **심판**의 도구다. 심판과 관련 있는 장소인 **법원**에서 근무하는 대다수가 천칭자리를 활용하고 있다. 법률과 관련된 일 외에도 무언가를 **판단하는 역할**은 천칭자리의 기본이다.

천칭자리의 주인행성은 **금성**이다. 금성이 주인인 사인들은 태생적으로 예술적 재능이 있으며, **디자인** 업종에 두루두루 포진되어 있다. 특히 천칭자리는 금성을 밖으로 꾸며 외적인 아름다움을 어필하는 사인이기 때문에, **패션, 겉표지, 포장** 관련 업에 탁월한 재능을 지녔다. VMD도 여기에 속한다. 심지어 의학을 하더라도 얼굴을 포장하는 성형외과로 향한다.

또한 금성을 활용하여 사람들을 사로잡는 행위로 쓴다면, **경영자**로서 뛰어난 위치에 오를 수 있다.

천칭자리는 **토성**이 몸속에 가득 차 있는 사인이다. 이들은 토성을 활용하여 **재활, 비평, 비판, 검열, 검사, 검수, 교정**을 한다. 삐뚤어진 무언가를 완벽하게 바로 잡거나, 잘못된 것을 지적하여 올바른 방향으로 이끄는 역할을 한다. 그래서 틀어진 몸의 균형을 바로 잡아주고, 어긋난 것들을 정확히 판단하여 손보는 일에 뛰어난 재능을 보인다.

하지만 남이 정성껏 만들어 놓은 영화나 예술을 **평론**함으로써 어쩔 수 없이 싫은 소리를 하게 되고, 그로 인해 욕을 먹는 입장에 선다.

금성이 주인인 천칭자리가 토성의 힘까지 활용하면, 과거를 저장하여 예술로 표현하는 **사진**의 방향으로 나아간다.

조디악 순서로 일곱 번째 사인인 천칭자리는, 7하우스의 영향을 상당히 많이 받았다. 7하우스는 본래 적국의 영역으로, 사신의 입장에서 **외교**를 펼치려 가는 곳이다. 그래서 **해외**로 나가거나 **언어**에 소질을 보이는 이들이 많아, 외국어를 활용한 업무(외국어 선생님, 통역, 번역 업무)에 종사한다.

또한 **둘을 이어주는데 탁월한 재능**이 있는 천칭자리는, 사람에게 직업을 이어주는 직업소개소, 사람과 사람을 이어주는 결혼중매업과 소개프로그램 방송, 그리고 사람에게 외국을 이어주는 여행사에 종사한다.

테이블을 두고 마주 앉아 **상담**을 하거나, 서류에 사인을 받아 **계약**을 성사시키는 일에는 천칭자리만한 능력자가 없다.

◆ 전갈자리

> 물, 랍스터, 해산물, 독, 중독, SEX, 생식기, 타투,
> 썩은 물, 술, 화류계, 커피, 물장사, 발효식품, 발효화장품,
> 심리, 귀신, 오컬트, 위험, 범죄, 죽음, 수술, 의학, 수학,
> 과학, 화학, 물리학, 생명공학, 문학, 테라피스트, 건반, 편집, 출판

Fixed 사인이며 물의 원소를 지닌 전갈자리는 고여있는 물을 의미하고, 이것은 곧 **썩은 물**을 상징한다.

썩은 물은 현상으로 접근하거나, 심리로 접근하는 법이 있다.

술, 된장, 고추장, 유산균, 발효화장품 등 **발효**를 거쳐 완성된 것들은 전갈자리 인생과 긴밀하다.

한편 운명학에서 물은 마음이기 때문에, 썩은 물은 **썩은 마음**을 뜻한다. 우울증, 공황장애, 트라우마, 각종 두려움, 애정결핍, 열등감, 자살하려는 마음, 범죄를 향한 마음 등 썩은 마음을 상대하는 업무가 전갈자리의 직종이다. **심리학**을 전공하여 상담을 하거나, **정신과의사, 형사, 프로파일러**를 하고, **자살예방협회**에서 일한다.

전갈하면 가장 먼저 떠오르는 단어는 '독'이다. 그리고 독으로 인한 신체반응을 흔히 **중독**되었다고 표현한다. 그래서 중독될 수 있는 것들이 모두 전갈자리와 연결되는 직업의 방향이다.

알콜 중독 관련(술장사, 술제조업, 소믈리에, 화류계), **카페인 중독 관련**(커피숍, 바리스타, 커피농장), **섹스 중독 관련**(에로배우, 성인용품 샵, 에로소설 작가)이 있다.

한편 독에 중독되면 죽음과 이어지고, 죽음 후에는 영혼이 되어 사후세계로 간다. 그래서 **장례업, 퇴마사, 무속인, 종교인, 오컬트 분야에 종사하는 업**은 전갈자리와 매우 밀접하다. 더군다나 조디악 순서로 여덟 번째 사인인 전갈자리는 8하우스의 이론이 활용되기 때문에, 이들에게 죽음과 귀신, 우울, 범죄 등의 단어들은 떼려야 뗄 수가 없다.

전갈자리는 무언가에 중독되듯 특정 분야에 몰입하고 파고드는 성품이 있다. 이런 기질이 주인 화성과 합을 이뤄 '화성의 분야에 몰입하는 연구과정'으로 이어진다.

화성이 학문으로 발현되면 **모든 이과**로 나아간다. **수학, 과학, 화학, 물리학, 생명공학, 의학** 등이 모두 전갈자리의 연구 방향이다. 전갈자리가 유독 점성술에 두각을 드러내는 것도 이런 이과적 재능 때문이다.

전갈자리에 속한 의학은 모든 분야가 가능하다. 하지만 몸에서 담당하는 부위인 **생식기, 배설기관**이 활용되어, 비뇨기과 혹은 산부인과, 그리고 항문외과가 유력하다. 또한 이미 언급했던 정신의학, 독처럼 무언가 주입한다는 의미로 마취전문도 가능하다.

전갈은 사막에 살고 있지만 랍스터와 생김새가 상당히 비슷하기 때문에, **해산물**이나 갑각류를 활용하는 직업으로도 향한다. 또한 처녀자리에서 설명한 것처럼 **치아, 건반, 책꽂이** 모양(♍)과 흡사하여 치아 혹은 피아노 관련 업을 하고 책과 인연이 있는 직업을 갖는다.

◆ 사수자리

> 불, 교육, 설득, 세뇌, 지시, 설교, 종교, 철학,
> 운명학(사주, 점성학, 성명학 등), 공무원, 정치, 관리자,
> 주사기, 의학, 치료, 운동, 마사지, 말(horse), 역마,
> 다리, 근육, 모델, 사냥, 낚시, 바늘, 붓, 펜, 경제, 법학

사수자리의 주인은 **목성**이다. 목성의 직책은 귀족, 교황, 스승으로 오늘날의 **정치인과 공무원, 종교인, 철학자, 교수, 교사**가 이에 해당한다. 사수자리는 워낙 타인들에게 훈계와 설교하는 것을 즐기기 때문에, 그 기질을 살려 강단이나 테이블에서 존경 받아 마땅한 위치를 차지한다.

또한 목성은 **경제와 법**을 의미하는 행성이다. 사수자리는 물고기자리와 함께 경제연구를 하며, 법과 규범을 타인들에게 전하는 역할도 한다.

조디악 순서로 아홉 번째 위치한 사수자리는 9하우스의 인생과 같다. **9하우스**는 종교와 철학, 고등교육, 공교육, 스승 등의 단어들이 속한 영역이다. 그래서 위 목성의 힘에 더하여 교직, 공직, 종교인의 방향으로

가기에 최고다. 또한 해외운을 활용하는 직업도 열려있다.

그리스신화에서 사수자리는 크로노스의 아들 '케이론'이다. 케이론은 아폴론에게 **의술, 사냥술, 예언술**을 전수 받아, 반신반인인 영웅들에게 가르침을 전하는 스승이다.

그래서 사수자리가 직업에 활용되는 이들은 여러 방향의 의학에 종사하여 사람들을 치료하고, 낚시, 양궁, 사격, 다트와 같이 무언가를 사냥하는 분야로 나아간다. 그리고 타로, 점성술, 사주, 무속 등을 도구로 삼아, 예언과 긴밀한 인생도 열려있다.

사수자리는 기호(♐)의 물상도 제대로 사용되는 사인이다. 뾰족한 **주사기** 모양으로 인해 의학에 종사하며, 가느다란 **펜촉** 혹은 **붓**과 닮아 켈리그라피나 서예를 한다. 또한 날카로운 **바늘**의 형상이 발현되어 각종 뜨개질과 마크라메를 하기도 한다.

혹 직업이 아니더라도 취미나 일상으로 사용한다. 예를 들어, 상승로드가 사수자리에 있는 이들은 자신이 교사라도 되는 듯 자녀교육에 열을 올리고, 켈리그라피를 하지 않았음에도 예술을 하듯 빼어난 글씨체를 보여준다.

한편 우리 몸에서 **다리와 근육**을 담당하는 사수자리는, 길고 우아한 하체라인을 활용하여 **모델**의 길을 걷는다.

또한 말처럼 탄탄한 근육으로 **운동**과 함께하는 인생이다. 운동선수와 운동을 가르치는 선생님이 유독 많다.

그리고 타인의 근육을 풀어주는 각종 **마사지업**에 종사한다. 마사지란 경락마사지, 스포츠마사지, 퇴폐마사지 등 분야를 불문한다.

◆ 염소자리

> 흙, 사장, 경영관리, 인간관리, 홍보, 홈페이지, 인터넷, SNS,
> 시공, 건설, 건축, 광물, 원석, 보석, 석유, 지하자원,
> 피부, 뼈, 치아, 옷,
> 금융, 돈, 운수업, 할인사업

조디악 순서로 열 번째에 위치한 염소자리는 10하우스의 에너지를 얻고 태어난다. 10하우스 키워드인 **성공, 출세, 갑(甲)**의 인생을 몸소 실천하는 리더의 별자리다.

염소자리는 성공을 위해서 인맥이 중요하다는 것을 누구보다 잘 알고 있다. 그래서 자신을 **홍보**하고 고객들을 모으는 일에 많은 시간을 소비한다. 예전에는 전단지를 활용했지만, 미디어 시대인 지금은 **홈페이지, 블로그, 유튜브, 각종 SNS** 등을 활용하여 빠르게 성공의 길로 나아간다.

자기 사업이든 어느 조직에 속한 직원이든, **통신과 방송**을 잘 활용한다. 그리고 그렇게 모인 인맥들을 모두 관리하는 위치에 오른다. 예를 들어, 염소자리가 활용되는 간호사는 반드시 수간호사가 되니, 뭘 하든 궁극적으로는 **경영자**이자 **홍보실장**이자 **관리자**라 볼 수 있다.

한편, 사회적으로 성공한 모습은 그 사람이 입고 있는 의복에서 엿볼 수 있다. 염소자리는 고가의 **옷**을 판매하는 업종에도 두루 포진되어 있다.

'흙'의 별자리인 염소자리는 겨울의 '첫 시작'을 의미하는 cardinal 사인이다. 그래서 **흙을 처음 파기 시작**하는 형상이 있다. 이것은 **시공과 건설**을 의미하기 때문에, 토지 위에 새로운 도시를 세우는 업종에 종사하여 많은 돈을 벌어들인다. 물론 황소자리와 처녀자리도 건축, 토지사업을 하는 경우도 있지만, 상대적으로 염소자리가 이 분야에서는 월등하다.

더 나아가 땅을 판 후 발견할 수 있는 모든 것들이 염소자리의 영역이다.

갖가지 **광물, 원석, 보석, 지하자원, 석유** 등 고가의 물건이나 자원을 말한다. 금은방과 같은 보석류 판매사업, 보석세공업, 원석 테라피, 주유소, 지하자원을 공급하는 업 등에 종사하여 큰 수익을 얻는다.

염소자리는 황소자리처럼 '흙 = 자산'이라는 개념을 활용한다. 각 기관에서 **자산**을 담당하는 역할을 하고, **투자 관련 업**이나 **금융업**으로 이어진다. 인사담당과 함께 자산까지 담당하는 염소자리는 무슨 일을 하든지 **독점**하는 면이 있어, 타 별자리들에게 언제나 시기와 질투, 견제의 대상이다.

염소자리의 주인은 토성이다. 태양계의 끝에 위치한 토성은 경계를 상징하기 때문에, 우리 몸과 세상의 경계라고 할 수 있는 **피부**를 담당한다. 또한 토성은 우리 몸을 지탱하고 흔들리지 않게 만드는 역할을 하여 **뼈**를 의미한다. 그래서 염소자리는 미용 목적의 피부과, 정형외과, 특히 치과를 독점하여, 소비자가 어쩔 수 없이 돈을 쓸 수밖에 없는 분야에 집중한다.

지금까지 말한 대다수는 고가(高價)로 소비되면서도 사람들의 일상과 멀지 않다. 염소자리는 언제나 실속을 우선시하고 실패하지 않는 분야를 선점하여 뛰어난 사업성을 보여준다.

차 관련 업도 운수업을 하고, 사람의 내면을 치유하더라도 대표의 위치에서 수많은 선생들을 직원으로 두는 활인사업으로 확장시킨다.

◆ 물병자리

> 공기, 물병, 물장사, 목욕탕, 숙박업, 타투, 피어싱,
> 그래프, 주식, 코인, 파동, 소리, 라디오, 음악, 헤어, 예술,
> 혁명, 사상, 전파, 평등권, 소수, 약자, 개선, 경찰, 교도관,
> 고대지식(사주, 점성학, 풍수 등), 역사, 전통, 첨단기술, 신소재

별자리 이름인 **물병**. 즉 **물을 담는 통**이 사용되는 직종이 물병자리 직업의 우선순위다. 카페, 바리스타, 술집, 술 제조와 유통업 등 모든 **물장사**는 기본이다. 물 담는 통을 크게 만든 **욕조**가 활용되면 목욕탕, 찜질방, 각종 숙박업 등으로 연결된다. 만약 물을 담는 통을 매우 거대하게 만든다면 그것은 **수영장**이 되고, 워터파크에서 일을 하거나 수영선수가 될 수 있다.

물병자리 기호(♒)의 물상도 직업으로 발현된다.
그래프의 상승 하락 움직임을 닮아 주식과 코인전문투자자의 길을 걷기도 하고, **파동에너지**의 모습이 활용되어 라디오 DJ, 목소리만 나오는 유튜버, 음악인 등 소리나 전파 관련된 모든 일을 한다. 또한 **꼬불꼬불** 파마머리가 연상되니 헤어디자이너의 삶도 가능하다.

물병자리는 다수설이라 할 수 있는 사회적 통념을 깨는 사인이다. 통념은 일반 대중들이 굴복하는 사회적 체제를 포함한다. 즉 권력층과 강자로부터 짓눌린 채 살아가는 **약자나 소수자들을 구하기 위해 애쓰는 삶**이 물병자리의 인생이다.
이들은 혁명적인 신념으로 자신의 열린 사상을 아랫 사람들에게 전파하여, 평등권의 보장과 갑을관계 없는 세상을 위해 앞장선다.
패미니즘단체, 노동조합, 비영리단체, 유니세프, 불우한 나라를 위한 모금

단체, 미혼모나 소년소녀 가장을 위한 복지단체, 외국에서 온 이주민들을 위한 단체, 성소수자들을 위한 단체 등이 모두 물병자리가 속한 곳이다.

그리고 자신의 올바른 가치관으로 사람들을 갱생시키는 성향은 **경찰**이나 **교도관**의 삶으로 향하게 만든다.[29]

하지만 정도를 넘어 각종 음모론 단체에 가입하며 상식을 무시하고, 증명되지 않는 세계에만 초점을 두며 인생을 낭비할 수도 있다. 그래서 물병자리가 발달했다면 현실과 너무 동떨어지지 않도록 주의해야만 한다.

물병자리의 주인은 **토성**이다. **옛것**을 상징하는 토성은 우리의 **역사와 전통**에 관심이 높고, 다수가 열광하는 흔한 유행은 거부한다. 공부를 하더라도 **고대지식**과 관련 있는 점성술, 사주, 관상, 풍수 등을 연구하며, 역사선생님이 되거나 민속촌에서 근무한다. 현대적인 도시와 빌딩보다 기와집, 초가집 등에 정감을 느끼며, 서예, 병풍, 한복, 도자기, 전통요리 등에 관심을 쏟는다.

또한 남들과는 다른 자신만의 길에 보람을 느끼기 때문에, 프랜차이즈보다는 **자기 이름을 내건 소규모 매장**을 차린다.

토성이 강하게 활용되는 물병자리는 조직생활에 어려움이 있기 때문에, **예술** 관련 업을 하거나 자기만의 특출난 기술을 살려 **프리랜서**의 삶을 살아간다.

만약 다수가 하지 않는 특이한 일을 하려는 성향과 토성의 탐구심이 함께 활용되면, 고차원적인 지식세계로 나아간다. **신소재, IT, AI기술, 초전도체, 양자컴퓨터** 등 **첨단기술**이 활용되는 학자, 연구원 등이 모두 물병자리의 직업이다.

---

[29] 경찰이나 교도관이 될 수 있는 별자리라도, 목성이 두드러지는 차트여야만 가능하다.

◆ 물고기자리

> 물, 어류, 해외, 여행, 자연, 동물, 음악, 종합예술,
> 공감, 상담, 봉사, 희생, 영성, 치유, 명상, 종교, 철학,
> 발, 댄스, 운동, 생태계, 세계, 지구, 우주, 유기농,
> 경제, 법학, 가상세계, 코인, 전통, 도자기

목성을 자신의 내면에 사용하는 물고기자리는, 자아성찰과 깨달음을 위해서 여러 가지 고차원적인 지식을 배우는데 많은 시간을 소비한다. **종교와 철학**, 혹은 **명상**이나 **오컬트** 분야를 접하면서 자신의 내면을 부처와 예수로 가득 채우는 것이다. 그렇게 초월적 영역에 도달한 이들은 **상담과 봉사활동**을 하며 타인을 깊이 **공감**하고 **치유**하는 인생을 살아간다.

간혹 목성을 적극적으로 활용하는 이들은, 사수자리처럼 **경제학, 법학**을 연구하고 **교직**의 삶을 펼친다.

금성의 고향집인 물고기자리는 모든 예술 분야에 두각을 나타낸다. 음악, 연기, 디자인, 춤, 순수예술, 행위예술 등을 통해 상업적이든 탈속적이든 **예술가**의 본질을 보여준다. 하지만 자기관리가 약한 이들은 뛰어난 예술성을 가둬둔 채 취미활동에만 그치며 여생을 낭비한다.

한편 물고기자리는 현생의 치열한 삶을 거부하고, 대다수 사람들이 고민하는 세속적인 부분을 가벼이 여긴다. 그래서 코 앞에 놓인 인생사를 뒤로한 채 **자연과 우주**에 관심을 돌린다.

환경단체에 속하여 지구를 구하기 위해 앞장서는 물고기자리는 대기, 수질, 토양, 오존층, 야생동물과 식물의 보존을 위해 살아가는 다른 차원의 부류다. **유기농**을 먹으며 에코백을 생활화하면서 몸소 자연살리기에 앞장선다.

그리고 별을 보고 자신의 존재 이유를 알기 위해 **천문학, 점성술** 등을 연

구하면서 비로소 우주와 하나가 된다.

   조디악 순서로 열두 번째에 위치한 물고기자리는 ***12하우스***의 키워드를 활용하기도 한다. 여행사, 여행 가이드, 해외문화 관련 업, 수상스포츠 등 ***해외***와 연결된 직종으로 삶의 방향을 잡는다. 또한 식물원이나 동물원에서 근무하여, 앞서 말한 자연이나 ***야생***과 긴밀한 직업을 택한다.

   한편 12하우스는 토성과 상당히 비슷한 하우스이기 때문에 사극, 도자기, 전통차, 서예, 한복, 한의학, 약초 등 ***전통이 활용되는 직업***과 함께한다. 이 부분은 게자리, 처녀자리, 물병자리와 함께 기억하자.

   그리고 특유의 비현실주의로 인해 ***메타버스, 코인*** 등의 새로운 분야와 연결된다.

3. 일곱 행성의 직업군

　고전점성술의 주인공인 일곱 행성은 구체적인 이론과 함께 직업군이 분류되어 있다. 그러나 어떤 직업은 하나의 행성으로 발현되는 반면, 때로는 두세 개의 행성이 함께 작용해야 발현 가능한 직업도 있기 때문에 'A직업은 반드시 B행성이야'라는 식의 암기는 점성술 공부에 도움이 되지 않는다.
　일곱 행성의 직업군을 알아보기 전에, 우리가 짚고 넘어가야 할 논점이 있다. 바로 '직업의 지표성(星)'과 '재능의 지표성(星)'의 구분, 그리고 '직업의 지표성으로 활용될 행성의 범위'다.

◆ 직업의 지표성과 재능의 지표성에 대한 논점

　첫째. 대다수 점성가들은 직업의 지표성(이하 직업성)과 재능의 지표성(이하 재능성)을 구분하지 않고 차트를 보는데, 이는 바람직하지 못한 방법이다.
　당신이 말하는 재능이 있다한들 아나운서나 기자가 아니며, 동네에서 가장 뛰어난 인기를 얻었음에도 연예인이 아니듯, 재능과 직업은 달리 판단해야만 한다. '재능이 있음'이란 그저 일반인들보다 약간 잘하는 것에 불과하다. 그 재능을 키우면 직업이 되지만, 그렇지 않을 경우 취미활동에 활용할 뿐이다.
　그래서 점성술의 여러 가지 이론[30] 중 하나라도 해당되는 행성은 재능성 자격이 있다고 본다. 하지만 그 재능성이 직업성으로 선택되려면, 더 많은 이론을 활용하여 복합적이면서 까다롭게 계산해야만 한다.

---

30) 상승로드, 상승궁에 있는 행성, 상승로드의 디스포지터, 달이 가장 먼저 접근하는 행성, 포르투나 혹은 스피릿 기준 1, 10, 11하우스에 있는 행성, 앵글포인트와 연계성이 있는 행성 등

둘째. 직업과 재능을 판단할 때, 일곱 행성 모두가 아닌 수성, 금성, 화성만을 본다면 정확한 판단을 할 수 없다. 이 역시 좁은 시각에서 고대점성가들의 문헌만을 의존하는 현상이다.

고대인들이 직업을 볼 때 수성, 금성, 화성만을 사용한 것은, 왕족과 귀족을 제외하면 '군인과 농사꾼, 장사꾼, 매춘부와 예술가' 밖에 직업이 없었기 때문이다. 그래서 군인과 농사꾼은 화성, 장사꾼은 수성, 매춘부와 예술가는 금성으로 판단해 직업성을 정한 것에 불과하다.

현대에는 13,000개 가량의 직업군이 분류되어 있으며, 직종이 매일 사라지고 생겨나는 시대다. 우리는 수성, 금성, 화성 외에도 나머지 행성들을 모두 재능성과 직업성으로 분류해야 한다. 게다가 두 개의 행성 혹은 세 개의 행성이 함께 작용하여 직업으로 발생한다고 봐야 한다.

나아가 열두 별자리의 직업군과 열두 하우스의 직업군을 연계해, 일곱 행성을 세세하게 분석해야 한다.

예를 들어, A차트와 B차트 모두 달이 직업성으로 선정되었다고 하자. A는 달의 거주지인 게자리가 3하우스에 위치하여, 3하우스의 키워드를 쓰는 달이라면 작가의 방향으로 나아간다. 하지만 B는 게자리가 8하우스에 위치하여, 8하우스의 키워드를 쓰는 달이라면 주부가 될 확률이 높다.

이 논리는 후에 자세히 다룰 예정이다. 지금은 어렵게 느껴지더라도 훗날 모두 이해될 것이다.

◆ 달

점성술에서 달은 **엄마**의 행성이다. 언제나 자상한 이 행성은 양육하고 케어하는 모든 분야에 천부적인 재능을 발휘한다. '어린이집, 유치원, 초등학교, 중학교, 고등학교까지의 교육자'를 말한다. 본래 목성이 교사의 주된 행성이지만, 달은 **성인이 되기 전까지의 아이들 교육**을 할 수 있다.

더 나아가 **보육교사, 특수교육자, 심리상담가, 애견유치원 직원, 원예사**

로 활동하면서, 감정의 행성이자 보호자의 행성인 자신의 역할에 최선을 다한다.

달의 공전주기는 일곱 행성 중 유일하게 한 달이 채 되지 않는다. 그래서 빠르게 변화하거나 이동하는 **역마**를 상징한다. 각종 운수업, 비행기 기장, 승무원 등 **차량, 비행기, 배를 활용하는 대다수 이동업**은 달의 직업이다.

오래전, 말을 타고 이동하는 역마의 주된 목적은 '정보가 담긴 서신 전달'에 있었다. 오늘날 정보가 담긴 서신은 책을 말한다. 달은 뛰어난 작문 능력을 통해 **작가**가 되는 1순위 행성이다.

정보전달의 왕인 수성을 작가의 행성으로 알고 있는 이들이 많다. 그러나 수성은 쉽고 빠르게 말로 전할 뿐, 논리정연하게 복잡한 과정을 거치는 글쓰기능력은 부족하다.

한편, 달은 금성과 함께 여성의 행성으로 **인기**를 담당한다. 자신을 만인의 어머니로 생각하는 달은 사람들에게 친절을 베풀고 공감을 하며, 다정한 말과 행동으로 대한다. 이런 친근함이 좋은 이들은 달에게 모여들기 마련이다. **홍보를 통해 많은 고객을 확보하는 직업**은 달에게 그리 어려운 일이 아니다.

스스로 빛을 내지 못하는 달은, 황제인 태양빛의 도움으로 루미너리 신분을 유지한다. 즉 달은 황제의 은덕을 먹고 사는 백성과 같다. 지금으로 말하면 국가의 보호 아래 있는 **자영업자**들이다.

달은 분야에 상관없이 대중들이 할 수 있는 소규모 매장을 차리고, 3명 이하의 직원과 함께 바삐 살아가는 행성이다.

◆ 태양

태양은 천궁도라는 출생차트를 만드는데 정말 많은 기여를 한다.[31] 열심히 일한 태양은 힘이 드는지, 직업론에서 그다지 많은 역할을 맡지 않는다. 그래서 대부분의 태양은 '바지사장'이 되어 이름만 지도자인 삶을 살아가면서, 나름의 **명예직**을 고수한다. 하지만 목성과 함께하는 태양은 존경을 받기 위해 공직으로 나아가기도 한다.

한편 태양은 타 행성이 직업으로 발현할 때 **완전한 전문가**를 만들어주는 역할을 한다. 토성은 완벽주의 기질로 전문가가 된다면, 태양은 자신의 명예를 목숨처럼 여기기 때문에 대체불가능한 존재가 되고 싶어한다. 그런 성향은 한 분야의 장인을 만들어 주니, 태양과 토성은 묘하게 닮은 점을 발견할 수 있다.

태양이 사라진다면 동식물과 인간은 멸종한다. '생명유지'를 담당하는 태양은 인간의 **영혼**을 의미하는 행성이 되고, **영적세계와 정신세계를 연구**하는데 앞장선다. 명예직과 상반된 의아한 직종이다.

◆ 수성

헤르메스는 '상업, 사기, 거짓말, 말의 신'이다.
상인은 현란한 말솜씨로 물건을 파는 사람이다. 그 속에는 과장이나 소량의 거짓말이 포함되고, 그것은 염연히 말하면 사기와 같다. 상인들은 어

---

31) 태양은 열두 별자리의 구역을 만들었다. 또한 4절기(춘분, 하지, 추분, 동지)를 만들고 그에 따른 4계절을 구분했다. 그리고 행성들을 붙잡아서 공전주기를 만들었으며, 시공간 섹트, 컴버스트, 언더선빔, 파시스, 카지미 등 여러 가지 이론을 탄생시켰다. 게다가 태양으로부터 배치된 행성들의 위치를 참고하여 애스펙트시스템이 나왔다. 포르투나와 스피릿 위치가 정해진 것도 태양 덕분이다.

찌보면 말로 고객을 현혹시켜 진실을 가리는 업이다.

　핸드폰을 팔고 통신사를 가입하게 만들며, 중고차를 팔고 집을 구매하게 만드는 등 대부분의 **영업사원**이 바로 수성이다.

　수성은 언제나 가장 쉬운 길을 택한다. 혀와 성대만 있으면 충분한 **말하는 업**[32]을 선택한다. **고객상담, 서비스센터, 변호사** 등 말로 빠르게 대처하는 모든 분야에 수성이 위치하며, 뛰어난 언변의 능력으로 만인을 사로잡는다.

　말하는 재능은 **강사**의 삶으로도 이끈다. 그러나 토성이 함께 작용해야만 학자와 스승이 되며, 수성만으로는 지식장사치에 불과하다.

　수성은 창의력이 없다. 무언가를 창조한다는 것은 엄청난 에너지를 수반하고, 그런 고된 과정을 수성은 견디지 못한다. 그래서 남들이 이뤄놓은 것을 그대로 **모방**하여 자기 것인 양 활용한다.

　이 능력은 모든 강의, 음식점, 사업에 작용한다. 누군가 개발한 레시피를 그대로 흉내내고, 독창적인 메뉴를 베껴 이득을 누린다. 즉 어떤 사업 아이템과 시스템이라도 모방하려 한다.

　수성이 항상 이와 같은 인생을 사는 것은 아니다. 토성과 함께라면 분석하고 전략을 짜는 업에 종사하고, 화성과 함께라면 이공계에 뛰어난 재능을 얻을 수 있다. 금성과 함께 라면 연예인, 유튜버, 방송인까지 될 수 있으니 참으로 직업의 범위가 다양하다고 볼 수 있다.

---

[32] 각국의 언어를 구사하는 능력이 아니다. 수성의 능력은 임기응변과 언변을 의미한다. 외국어를 구사하는 기술은 금성과 화성에서 나온다.

◆ 금성

금성은 **사랑**이라는 단어에서 수많은 직종이 파생된다. 사람들이 내게 사랑을 주고 열광하게 만드는 일, 반대로 내가 사랑해 주는 일, 내 마음속에 사랑이 가득해야 해낼 수 있는 일들이 바로 금성의 업이다.

팬(fan)들의 사랑을 받는 업종이 금성을 활용한 첫 번째 직업군이다. 배우, 가수 등 **연예인**이 대표적이며, 밤에 활동하는 **화류계업**도 포함된다. 또한 유튜브나 각종 SNS를 통해 자신을 상품화하고 구독자를 확보하는 이들도 연예인으로 취급한다.

창의력을 뽐내는 **예술가**도 여기에 해당한다. 나의 그림, 내가 만든 음악, 나만의 작품을 사랑하는 팬들이 있는 각종 '문화 예술 계통'도 금성 직업군이다.

인기의 정도를 넘어서, 내게 열광하는 광신도의 고객을 확보하는 업도 여기에 속한다. 이는 **무속업**이다.[33]

금성은 '신기'와 뛰어난 '직관력'을 의미하는 행성이다. 그 재능을 주무기로 활용하는 무속인은 금성의 직업에 해당한다. 무속적 행위는 신도들의 맹신과 과도한 집착을 불러 일으킨다. 그런 마니아층을 이루는 것도 일종의 어두운 사랑이라 본다면, 무속인도 연예인과 크게 다르지 않다.

한편 인류애로 가득 차, **사랑을 주는 여러 분야**가 있다. 모든 **서비스업과 심리상담업**이다. 불특정 다수의 고객들에게 무한한 애정을 담아 웃는 얼굴을 보이는 각종 서비스업, 그리고 내담자에 대한 깊은 관심과 진심 어린 공감을 필요로 하는 심리상담업은 무난한 금성의 일이다.

---

33) 무속인은 춤을 통해 신을 불러오기도 한다. 그래서 고대점성가들은 춤이라는 행위가 금성에서 나온다고 주장했다. 현실에서는 구분해야 한다. 행위예술과 같은 춤은 금성이지만, 안무를 짜고 기술을 선보여야 하는 현대의 춤은 화성이다.

점성술의 시각에서 **경영**이란 '사람을 꾀는 일'이다. 사람들에게 진심이든 가식이든 사랑과 관심을 주고, 그들을 고객으로 확보하는 업이 경영이다. 이로써 경영은 금성의 업에 해당한다.

금성은 **어린이집, 유치원, 초·중·고등학교까지의 교육업**도 가능하다. 이 분야는 정보전달을 넘어서 사랑이 가득해야만 할 수 있는 일이다. 금성과 달은 여성의 행성으로써 비슷한 점이 많다.

언어를 가장 빠르게 익히는 방법은 사람들을 만나 소통하는 것이다. 책이나 영화를 통해 혼자 외국어말하기를 익히는 것은 한계가 있다.

따라서 사람들과 소통하는 것을 즐기는 금성에게 유리한 분야다. 금성은 **각국의 언어**를 활용해 외국어를 가르치거나 통역사가 된다.

◆ 목성

점성술에서 목성의 신분은 '귀족과 스승 그리고 종교지도자'다. 업으로 활용되면 연봉이 높으면서 명예가 있는 직업 혹은 대중들에게 존경을 받는 모든 직종이다.

귀족이란 나라가 지켜주는 테두리 안에 속한 모든 **공직**이다. '정치인, 시장, 도지사, 군수, 면장, 9급 이상 일반 공무원[34]'을 말한다. 만약 화성과 함께하는 목성이라면 '경찰공무원, 소방공무원, 판검사, **각종 법조계**'에 종사한다.

하지만 같은 법조계라도 변호사는 제외한다. 이들은 공정함이 아니라 돈에 의해 움직이고, 뛰어난 말솜씨를 활용하는 장사꾼이기 때문이다. 혹

---

34) 목성의 업은 연봉이 높다고 했는데, 공직과 교직에 대한 많은 이들의 인식은 그렇지 않을 것이다. 9급, 8급 공무원이라든지, 첫 부임한 교사의 경우에는 타 직종에 비해 상대적으로 적은 봉급을 받고 있기 때문이다. 그러나 오래전 목성은 과거급제를 하고 나랏일을 하는 사람들이었으며, 그것은 분명 오늘날의 모든 공직에 해당된다. 목성은 안정된 직업을 통해 삶의 평안함을 주기도 한다.

상당한 실력으로 많은 돈을 벌어들이는 변호사가 있다면, 그것은 목성과 수성의 합작품이다. 이는 변호사라는 직업이 목성이라서가 아니라, '많은 돈을 벌어들이는 힘'이 목성에서 나오기 때문이다.

귀족의 또 다른 방향은 **많은 돈과 함께하는 일**이다. 성공과 풍요의 상징인 목성은 유난히 돈에 관심이 많다. 그래서 돈의 흐름을 연구하여 고수익을 내는 **전문투자자**, **자산컨설턴트**를 하고, **경제학**을 전공하여 각종 기업에서 금융을 담당한다.

한편 많은 사람들 속에서 서열을 지키되 능력을 보여주고, 경쟁에서 살아남아 큰 수익을 얻는 직종은 목성의 업이다. 이것은 **대기업 직원** 혹은 **직원을 5명 이상 두는 개인사업**을 말한다.

대기업 직원은 연봉이 보장되어 있으니 언제나 목성의 업이다. 하지만 많은 인원을 거느린 개인사업은 성공을 해야 목성의 업에 속한다. 단순히 큰 사업에 도전하는 능력은 화성이면 충분하다. 그 사업이 성공하는 힘은 목성에서 나온다.

스승은 **교직**을 말한다. 그러나 **교사**처럼 반드시 공무원일 필요는 없다. 돈을 많이 벌거나, 존경의 대상이 되는 교육자(**유명학원 일타강사, 학원장, 대학교수**)는 모두 목성에 속한다.[35]

종교지도자는 수많은 신도들을 거느리는 **종교사업가**를 말한다. **큰 교회 목사님, 큰 절의 주지스님, 유명한 철학자, 유명한 운명학자**는 목성에 의한 사업가로 봐야 한다.[36] 나를 따르는 신도들을 끝까지 웃으며 관리할 수 있는 힘, 존경받는 위치를 위해 자신의 욕망을 잠재우는 자기관리의 힘은 목성에서 나온다.

---

35) 수입이 크지 않고, 많은 이들의 존경을 받지 않는 흔한 강사들은 목성이 아니라 수성에 해당한다.
36) 평생 개척교회에 머무는 목회자는, 목성이 아닌 토성의 업에 해당한다.

목성은 일곱 행성 중 가장 긍정적인 행성이다. 그래서 타고난 긍정성을 재능으로 활용하기도 한다. 어떤 조직에 있든지 **허가**하는 역할, 인재을 뽑는 역할을 통해 사람들을 빛나게 한다.

◆ 화성

화성의 신분은 전사다. 이들은 '타고난 신체능력'을 기본으로 '쇠와 불'을 활용해 승리를 거둬야만 한다.

쇠는 칼과 총 등 날카롭거나 험한 무기를 말하며, 불은 말그대로 불이라는 원소와 위험한 모든 재료를 통칭한다. 총칼을 들고 국가와 국민을 보호하는 **군인**, 총을 활용해 치안을 담당하는 **경찰**, 불을 상대하는 **소방관**이 대표적인 화성의 업이다.

이들의 공통점은 '생명수당'이 나온다는 것이다. 즉 화성의 직업은 **생명이 짧을 우려가 있는 업**을 말한다. 그 짧은 기간은 인간의 목숨뿐만 아니라 직업까지 포함한다.

요리사는 생명수당과 무관하지만 칼과 불을 사용하는 직업이며, 지속적으로 가스를 마시기 때문에 생명이 길지 않다. 화성에 속한 요리사란 카운터에만 앉아 있는 **요식업** 사장님들까지 확장해서 적용해야 한다. 요식업의 주 목적은 '요리'이기 때문이다.

비행기 기장이나 **스튜어디스**는 잦은 방사능 노출로 인해 생명이 짧을 수 있다고 알려졌다. 기장과 승무원의 경우 주된 직업성은 역마를 활용하는 달이지만, 화성이 부차적인 역할을 한다.

도시가스, 전기, 방사능, 수은, 세균, 바이러스 등 위험한 물질을 다루는 직업도 화성의 업에 속한다. 그래서 세균과 바이러스를 상대하는 **의사, 간**

호사[37])도 화성을 활용하는 좋은 직업이다. 그러나 의사의 경우 연봉이 높기 때문에 화성만으로는 될 수 없고, 반드시 목성의 도움이 필요하다.

직업의 특성상 활동기간이 짧은 **운동선수**는 화성의 대표적인 직종이다. 운동은 천부적인 재능도 있어야 하지만, 신체능력이 필수다. 인간의 신체능력은 보통 고등학교에 들어가는 17세 무렵부터 최대 35세까지 뛰어나다. 그 후로는 젊은 선수들에 비해 체력적인 한계에 부딛힌다. 불혹을 넘긴 운동선수들이 드문 이유다.

하지만 40대 50대라도 **운동을 가르치는 선생님**이나, **코치, 감독**의 경우에는 화성의 직업으로 인정해야 한다. 단, 선생님이나 코치는 화성 외에 수성도 활용되어야 하며, 감독은 통제과 관리의 행성인 토성도 함께 작용해야 가능하다. 또한 그 분야에서 연봉이 높고 유명해지려면 목성의 힘도 중요하다.

운동업의 목적은 '승리'다. 물론 헬스, 요가, 필라테스 등 경쟁보다 건강을 위한 운동도 화성의 업에 속하지만, 화성은 전쟁의 행성답게 경쟁을 통한 승리를 해야 한다. E스포츠선수라 불리는 **프로게이머** 혹은 **경매입찰업**이 경쟁을 통한 승리가 목적인 직업이다.

전쟁의 신 아레스만 화성인 것은 아니다. 아프로디테의 남편이자 무엇이든 만들 수 있는 대장장이의 신 헤파이스토스도 화성이다. 그래서 화성은 **손재주를 활용한 모든 기술자, 뾰족한 도구나 쇠붙이를 활용하는 모든 공예가**가 될 수 있다.

'매듭공예, 금속공예, 천공예, 마크라메 등의 전문가'가 이에 해당한다. 심지어 펜과 붓을 활용하여 글씨나 그림을 손재주로 탄생시키는 '서

---

37) 외과, 내과, 화상전문피부과, 소아과, 정신과, 이비인후과, 정형외과, 의료 목적 성형외과, 수의학과, 한의학, 약학 등 모든 의학적 활인 계통이 화성의 직업이다.

예가, 켈리그라퍼, 화가'도 화성의 직업에 속한다. 화가의 경우에는 예술가로서 금성이 주(主)행성이지만, 손재주가 필요하기 때문에 화성도 강해야만 한다.

금성을 연예인으로 활용하는 이들이 화성까지 활용하면 코미디언이 될 수 있다. 코미디언들이 마치 군인들처럼 소속과 기수를 따지거나, 선후배 간에 상명하복 문화인 것, 유난히 폭력, 범죄 등에 연결되는 것은 모두 화성을 쓰는 이들이기 때문이다.

화성은 금성을 도와 '외국어를 말로 활용하는 업'도 가능하게 한다. '외국어말하기능력은 뇌가 기억하는 것이 아니라 혀가 기억하는 것이다'라는 말이 있다. 몸으로 익히는 화성의 재능은 외국어강사, 통역사, 여행가이드 등으로 활동하는데 도움을 준다. 화성의 직업군인 운동선수, 댄서, 힙합가수, 개그맨들이 외국어 실력이 뛰어난 이유다.

토성(땅과 농노의 행성)과 함께 작용하면 몸을 쓰는 **농업**도 화성의 업이며, 예술가처럼 보이지만 실제로는 몸을 쓰는 업에 속하는 **댄서**도 화성의 직업군이다. 그리고 전쟁과 무기에 초점을 잡아 무언가를 살생한다는 개념으로 적용하면 **어업**도 해당한다.

◆ 토성

노예, 농노의 신분인 토성은 주로 고된 일을 맡고 있다. 현실에서 이것은 '육신 혹은 정신이 힘든 일', '부득이하게 관계문제가 발생하는 일'을 말한다.

토성은 일곱 행성들 중 가장 비관적이고 비판적이며, 완벽한 자신의 시각을 통해 세상 모든 부분의 잘못을 찾아내는 행성이다. 참으로 까다로운

이 성향을 직업으로 잘 활용한다면 **남을 힘들게 하는 일과 욕먹는 일**로 이어진다. 그런 일들은 관계성도 힘들고 정신적으로 피로도가 높기 때문에, 토성의 업무에 적합하다.

남이 잘 만들어 놓은 영화, 음악, 책 등을 **평론**이라는 개념에 숨어 트집 잡는 일, 글씨의 오타를 찾아내 수정하는 일, 검열, 검수, 감사 등 무언가를 **제동거는 일**이다. 공무원을 하더라도 주차딱지를 떼어 세금을 착취하는 일, 자영업자들이 세워 놓은 간판이 규칙에 어긋난다며 벌금을 물리는 일, 세상 무엇이든 **통제**하고 틀에 옭아매는 등 타인을 힘들게 하는 모든 업이 토성의 직종이다.

하지만 이런 통제가 남을 피곤하게 만드는 것만은 아니다. 합창이나 오케스트라에서 개개인이 함부로 날뛰지 못하게 바로잡는 지휘자도 여기에 해당하기 때문이다.

우리는 난해하고 복잡한 학문연구를 통해, 두뇌의 한계를 체험하기도 하고 깊은 고뇌에 빠진다. 엉덩이가 무거운 토성은 일반인들이 함부로 다가가지 못하는 **어려운 전문지식 분야의 학자**가 되어 정신적 고통을 스스로 자처한다.

수리영역을 마스터하는 수학자, 양자역학과 특수상대성이론을 연구하는 물리학자, 별의 생성과 소멸 그리고 우주의 기원을 연구하는 천문학자, 고차원적인 개념을 사상으로 정립하는 철학자, 오랫동안 갇혀 연구하는 연구소 직원 등이 모두 토성의 영역에 해당하는 고난의 업이다.

토성은 홀로 있는 것을 선호한다. 완벽하지 않은 타인들과 떨어져 홀로 있을 때, 비로소 완벽해질 수 있기 때문이다. 홀로 있는 과정을 통해 내적 수양을 하고 세상의 유혹을 멀리하며, 조용히 자신의 업적을 달성한다. 토성의 그런 특성이 활용되면 '수련원, 단식원, 기도원, 템플스테이' 등과 긴밀한 **수행자**로서의 인생으로 이어진다.

때로는 골방에서 홀로 작품을 남기는 **작가**로 살아간다. 물론 달이 함께 뛰어나야 좋은 작가가 될 수 있다.

토성은 공전주기가 너무 길어 움직이지 않는 것을 상징한다. 대표적으로 **부동산**이 예가 될 수 있다.

풍요의 행성인 목성과 함께 발현하는 토성은 건물주나 땅주인이 된다. 그리고 화성과 함께하면 건축업이나 농업, 식물원을 한다. 수성과 함께하면 부동산중개업, 모델하우스 영업 등에 종사한다.

토성은 **전통**을 중시하고 과거를 지키는 옛스러운 행성이다. 그래서 예술을 하더라도 추억을 저장하여 남기는 사진작가가 된다. 또한 글씨를 쓰더라도 서예를 하며, 옷은 한복을 만든다. 요식업을 하더라도 한정식이나 전통차를 판다.

골동품을 팔기도 하며 유적지에서 일을 하고, 문화재를 관리하는 등, AI 시대임에도 전통을 고수한다.

4. 열두 하우스의 직업군

열두 하우스가 직업론에 작용하는 역할은 별자리나 행성보다 좀 더 우위에 있다. 그렇다고 앞서 소개한 별자리와 행성들의 직업군을 완전히 깨부실 만큼의 효력이 있는 것은 아니다. 하지만 '직업으로 가능한 수많은 방향을 요약하고 결정'하는데 매우 중요한 역할을 하는 것이 바로 하우스다.

예를 들어, 1하우스에 위치한 화성을 직업으로 활용한다고 하자. 그럴 때 5하우스 주인 화성은 운동업에 종사한다. 6하우스 주인 화성은 미용이나 의학의 길로 간다. 7하우스 주인 화성은 경찰이나 형사가 될 수 있다. 3하우스 주인 화성은 운전이나 통신 관련 업으로 간다.

이와 같이 하우스는 직업의 여러 가지 방향에서 구체적인 길로 안내하는 역할을 하기 때문에, 하우스에 대한 모든 내용을 필수로 공부해야 한다. 그리고 직업성으로 뽑힌 행성이 어떤 하우스 주인행성인지에 따라 달리 작용하기 때문에 심도있게 접근해야 한다.

실전에서 발현되는 열두 하우스의 직업군을 알아보자.

◆ **1하우스**

1하우스는 나의 방이며 **수성**이 즐거워하는 영역[38]이다.

1하우스를 활용하면 **영업**이나 **교육** 등 말하는 업에 종사할 확률이 높다. 영업이란 **모든 소규모 자영업**까지 포함하므로, 과연 상인의 행성인 수성

---

[38] 어떤 행성이 특정 하우스에서 즐거워 한다는 개념은 후에 <6.직업성의 선택과 직업 판단>에서 다룬다. 조이(Joy)한다고 표현한다.

이 즐거워하는 방답다.

한편, 1하우스는 특히 나를 내세우기 때문에 나를 중심으로 활동할 수 있는 업을 택한다. 어떤 프랜차이즈에 소속되어 나무의 가지 역할을 하는 것이 아니라, 내가 **본사**가 되어 나무의 뿌리와 기둥이 되어야만 한다. 그리고 **나의 이름**이나 **닉네임을 간판에 걸고 운영**하는 모든 업종에 위치한다.

◆ 2하우스

전쟁의 시대에 2하우스는 1하우스를 도와주는 지원국이나 동맹국 역할이었으며, 물자와 병력을 제공하는 영역이었다.

2하우스에는 특히 **물적자산** 관련 일들이 많다. 그래서 모든 금융업, 자산컨설턴트, 귀금속 및 보석류와 관련된 일 그리고 경리에 포진되어 있다. 병력을 보내 후원하는 입장으로 발현한다면, 기업에서 **인사(人事)**를 담당한다.

누군가를 혹은 어떤 단체를 승리하도록 잘 지원해준다는 개념을 확실하게 사용한다면, **매니저**나 **지배인** 역할도 잘 해낸다.

◆ 3하우스

달이 즐거워 하는 3하우스는 **역마**의 방으로써, 교통 관련 업과 운수업에 종사한다. 역마의 수단은 자동차뿐 아니라 비행기와 배까지 포함하고, 전동차, 리어카, 오토바이, 킥보드, 자전거, 말까지 확장할 수 있다. 개인택시 기사, 레이싱카선수, 배달기사, 개인용달트럭 사업가, 야구르트아줌마 등이 전부 여기에 속한다.

역마라는 단어에서 파생된 **정보전달**이 사용되면, 말로 전달하는 강사, 책으로 전달하는 작가, 컴퓨터나 TV로 전달하는 방송인을 한다. 그리고 통신, 미디어, 각종 어플과 유튜브, SNS 등을 활용하는 업이 포함된다. 정보전달기기와 연결된 전자계통도 이곳에 속한다.

3하우스는 9하우스와 달리, 개인 부동산을 상징하는 4하우스 옆에 붙어 있다. 그래서 **개인 사무실에서 강의하는 교육업**을 말한다. 학교보다는 학원, 유치원보다는 어린이집이다.

◆ 4하우스

4하우스는 천궁도에서 가장 아래에 위치한 영역으로 모든 **부동산**을 의미한다. 건축업이나 공인중개사와 같이 부동산을 주된 도구와 업무로 활용하는 일들이 첫 번째다.

나의 부동산이라는 개념이 활용되면 **자신의 매장**을 차린다. 4하우스를 활용하는 이들은 주도권있게 활동할 수 있는 나의 무대가 중요하기 때문에, 크기와 지역에 상관없이 나만의 샵, 나의 아카데미를 운영하고, 재택근무를 한다.

4하우스는 가문의 방으로써, **가족사업**을 하거나 조상의 것을 물려받아 **가업**을 잇는다. 4하우스가 쓰이는 차트주인공에게는 부모님이나 형제, 친척 어른의 직업이 무엇인지 확인하고 연결고리를 찾을 필요도 있다.

한편 10하우스(국가, 수도권, 중심의 하우스) 반대편에 위치한 4하우스는 **지방**이나 **지자체** 등을 의미한다. 그래서 각종 지방은행, 지방행사, 지역특산물 관련 일과 긴밀하다.

또한 중심이 되는 다수에서 벗어나 **소수자를 위한 업**을 하기도 한다. 예를 들어 미혼모, 소년소녀가장, 이민자, 노동자들을 위한 연합과 그들에게 도움을 주는 일이다.

4하우스는 열두 하우스 중에서 가장 보수적인 영역이다. 이곳은 **전통을 중시하고 과거를 지키는 업**에 종사하기 때문에 마치 토성의 이야기와 비슷하다. 토성의 직업군 후반부로 돌아가 복습도 하고 4하우스의 직업군을 새롭게 이해하자.

◆ **5하우스**

대다수 5하우스 직업은 평균연봉이 높고, **사치**와 긴밀하다. '세상에서 모두 사라져도 인간이 살아가는데 아무 이상 없는 일들'이 전부 이곳에 속한다.

각종 명품, 사치품, **패션용품** 관련된 모든 일, **연예인**과 방송인, **문화예술 분야**의 종사자(**예술가**), ***각종 운동업***[39] 종사자(**선수, 감독, 코치** 등)가 5하우스의 업이다.

또한 5하우스는 도박을 즐기고 **모험자산**에 투자하는 방이다. 주식과 코인전문투자자, 그리고 돈을 관리해주는 ***자산컨설턴트***로 활동한다.

의학을 하더라도 미용 목적의 성형외과 혹은 피부과로 방향을 잡고, 음식점을 하더라로 와플이나 아이스크림을 판다. 그 밖에 꽃집, 가발집 등 ***유희와 즐거움을 위한 분야***가 모두 이곳에 해당한다.

한편 ***어린이***는 5하우스 직업으로 활용될 좋은 키워드다. 소아과 혹은 산후조리원에서 근무하며, 각종 어린이 용품이나 장난감을 판매한다. 또한 동화책을 쓰고(SEX 키워드가 발동되어 에로소설을 쓰기도 한다), 유아교육, 양육 관련 업을 한다.

때로는 좋은 양육을 하듯, 인생을 **조언**해주는 **상담과 교육업**에 종사한다. 그런 의미에서 변호사로도 이어진다.

◆ **6하우스**

6하우스의 직업군을 이해하는 가장 좋은 단어는 '노예'다.

주인님의 머리칼을 어루만져주고 얼굴에 분칠을 해주며, 손발톱을 다듬어줘야 하고, 옷에 바느질을 해야 한다. 그리고 하루 세 번 주인님이 드실

---

[39] 오래전 운동은 귀족이 즐기는 사치에 해당했으며, 현대에는 팬심으로 엄청난 인기를 누릴 뿐, 일상생활과 아무 관련 없다는 것이 점성학의 관점이다.

음식을 만들어야 하며, 때로는 약을 구하고 치료를 해드려야만 한다.

헤어디자이너, 메이크업아티스트, 네일아트, 각종 공예가, 모든 요식업, 모든 의학 종사자, 모든 활인업이 6하우스의 직업이다.

미용 관련 업을 5하우스로 생각하는 이들이 있다. 그러나 실전에서는 6하우스가 주로 활용되는 분야이며, 사치를 상징하는 5하우스는 부차적인 역할을 한다.

노예는 주인님이 키우시는 동물을 돌봐줘야만 했다. 6하우스는 여러 가지 **동물 관련 업**을 한다. 여기서 말하는 동물이란 야생동물이 아닌, 우리가 흔히 키우는 애완동물이다. 야생동물 관련 업은 12하우스가 합당하다.

◆ 7하우스

예로부터 적국에 가기 위한 목적은 크게 두 가지다. '적국의 왕을 죽이든지, 왕의 사인을 받아 외교를 하든지.' 이 두 가지는 적국을 의미하는 7하우스의 직업군에 많은 영향을 준다.

적국의 왕을 죽이기 위한 전쟁에 목적에 둔 업은, 경쟁을 하고 싸움을 해야만 하는 일들을 말한다. **격투 관련 운동선수, 프로게이머, 경매업, 싸움과 긴밀한 직종인 경찰, 형사**가 이에 해당한다.

적국의 왕과 외교를 펼치기 위해 사인을 받아내는 업은, 테이블을 두고 마주 앉아 고객의 도장을 받아내거나 마주보고 이야기하는 일들을 말한다. **고객을 가입시키고 계약서에 도장을 찍게 하는 모든 업과, 각종 상담업무**가 이에 해당한다. 주로 1:1로 만나 협상을 하거나 서비스를 제공하는 직종이다.

그리고 외교를 잘하기 위해서는 외국어에 유창해야 한다. 7하우스는 각국의 언어능력을 활용하는 일과도 연결된다.

적으로부터 자신을 지키기 위해 성벽을 쌓는 업도 7하우스다. 벽을 쌓는 행위는 이곳과 저곳을 나눠 구분하기 위한 목적이며, 현대에 **실내인테리어와 수납인테리어** 등으로 발전하게 된다.

일반적으로 4하우스와 5하우스 업으로 잘못 알려진 이 직종은, 수많은 인테리어전문가를 상담하고 난 후 발견한 필자의 이론이다. 칸막이를 나누고 구역을 구분하는 일은 '적'이라는 단어에서 파생된 '벽'에서 나오는 직종이다. 그래서 7하우스와 12하우스가 주된 역할을 맡고 4하우스와 5하우스는 부수적인 역할에 불과하다.

◆ 8하우스

8하우스는 수입을 의미하는 2하우스의 반대편으로, 지출과 손실의 방이다. 손실은 육신의 손실, 내면의 손실, 물질의 손실로 구분되며, **그 손실된 사람들을 만나는 업**이 바로 8하우스의 직종이다.

육신이 손실된 사람은 병이 있거나 부상을 당한 환자며, 그들을 만나는 직업은 **의료업**이다. 몸을 고치고 치료한다면 모든 의학 분야가 해당된다[40]. 그리고 육신의 아픔과 죽음 이야기가 나올 수 있는 **보험업과 장례업**도 여기에 속한다.

내면이 손실된 사람은 우울증, 트라우마, 공황장애, 애정결핍, 자살하려는 마음, 남을 헤치려는 마음, 조현병, 각종 정신질환이 있는 사람이며, 그들을 만나는 직업은 **활인업**이다.

보통 의사라 인정되는 정신과전문의부터 아동심리나 범죄심리 등을 연구하는 **심리학자**가 대표적이다. 그리고 타로마스터, 점성가, 자살예방센터, 종교인, 무속인 등 **치유 목적의 직업** 또는 프로파일러나 형사 등 **범죄 관련 업**도 여기에 속한다.

물질이 손실된 사람은 파산하는 사람, 대출이 필요한 사람, 큰 투자와 관련된 사람이며, 그들을 만나는 직업은 **금융업과 대부업**이다.

보통 2하우스는 금융업이고 8하우스는 대부업이라고 알려져 있지만, 8하우스는 대부업 외에 1금융권에서도 일할 수 있다. 대신 2하우스는 입출

---

[40] 약사, 재활전문가, 물리치료사, 수의사, 나무의사 등도 포함된다.

금 업무를 맡는 반면, 8하우스는 대출, 펀드, 카드 등 위험 관련 업무를 담당한다.

8하우스는 비록 흉한 하우스이지만 위와 같이 할 수 있는 일들이 상당히 많다. 그러나 8하우스를 사용하는 이들 중 80% 이상은 사회적 직업을 갖지 않고 **주부**에 머문다. 8하우스는 세상에 대한 두려움의 방이며, 그로 인해 재능을 낭비하는 영역이기 때문이다.

◆ 9하우스

9하우스는 3하우스에 소개된 많은 내용과 동일하다. 역마성을 살려 **이동과 관련된 직업**, 그리고 말, 글, 통신매체를 활용해 **정보를 전달하는 모든 업**이다. 3하우스로 돌아가 다시 읽고 복습도 하며 9하우스의 직종을 습득하자. 9하우스가 3하우스와 다른 점은 **종교, 철학, 해외**(*3하우스보다 더 높은 가능성*), **공공의 영역**이다.

9하우스는 3하우스처럼 학업의 방이지만, 하우스 위치상 하늘에 닿아있기 때문에 신의 학문을 의미한다. 그래서 기독교, 불교, 천주교 등의 종교인과 점성술, 사주, 관상, 풍수, 타로 등 **운명학으로 신의 뜻을 알고자 하는 이**들이 많다.

9하우스는 해외운이 상당히 강하다. 3하우스로도 비행 관련 업을 할 수 있지만 보통은 9하우스를 활용해야 **해외 관련 업**을 한다. 심지어 역사보다 세계사, 한국문화보다 세계 곳곳의 문화에 관심을 쏟는다. 이민이나 외교 관련 공직도 여기에 속한다.

4하우스 옆에 있는 3하우스는 자기 사무실을 차리기 위한 자격증과 공부에 힘쓰는 반면, 10하우스 옆에 있는 9하우스는 **국가 소속** 혹은 **대기업**에 들어가기 위한 자격증과 공부를 통해 공공의 위치로 간다.

직업의 차이, 공부의 목적, 문서의 방향	
3하우스	9하우스
학원, 사립교육, 어린이집, 바리스타자격증, 타로수료증, 제빵자격증, 공인중개사 공부, 개인협회가 발급한 증서	학교, 공립학교, 국립학교, 유치원, 대학교, 공무원 공부, 대기업이나 종합병원에서 일하기 위한 서류나 증서

◆ 10하우스

천궁도에서 가장 꼭대기에 위치한 10하우스는, 명예를 추구하고 중심이 되려는 하우스다. 조선시대였다면 과거시험에 합격해 나랏일을 하거나, 시험에 떨어질 경우 가난한 선비로 남는 곳이다.

오늘날 **공직**으로 가는 하우스이며, 명예만 올리는 **바지사장**의 영역이고, 공무원이 아니라도 국가가 인정하는 **공공센터**에서 일하는 방이다.

만약 국가와 관련 없는 사적인 일을 한다면, 명예를 지키기 위해 **대기업**에 취직하며, **각종 분야에서 중심이 되고 가장 유명한 곳**에서 일하려 한다. 무엇을 하더라도 가장 위에 올라가려고 하니, 운동을 할 경우 감독이 되어야 하며, 음식점을 차려도 이름난 1등 맛집이 되어야 한다. 그리고 교육자 입장이라면 자기분야만큼은 가장 유명하고 실력있는 선생이 되려고 한다.

10하우스는 수준있는 소규모 자영업이 어울리며, 큰 사업을 추천하지는 않는다. 심지어 사장님으로서의 자질이 부족하다. 자신만이 최고라 생각하고 실속보다 명예를 더 가치있게 여기며, 누구에게도 고개를 숙이지 못하기 때문이다.

◆ 11하우스

　기업의 사장님으로서 가장 뛰어난 힘을 보여주는 영역이 바로 11하우스다. 긍정적인 시각과 폭넓은 사고로 자신과 타인의 장점을 찾아내고, 적당한 시기에 과감히 도전을 하며, 인재를 알아보고 그들을 품는다. 더욱이 명예보다는 실속을 우선시 하는 성향으로 인해, 내게 풍요를 주는 사람이라면 거리낌 없이 고개를 숙여 이득을 얻어내는 하우스다. 11하우스의 가장 좋은 직업군은 **개인사업**이다.

　혹 사업이 아닐지라도 **대기업**이나 **조직체계가 다양하고 확실한 곳**, 그리고 **국가기관** 혹은 **공공센터**에서 일한다.

　본래 11하우스는 **국가자산, 국가서비스, 공급**의 하우스이기 때문에 각종 국가행사나 문화센터와 인연이 있고, 8하우스와 함께 세무 관련 업에 종사하기도 한다.

　또한 자신을 찾아온 모든 이들에게 동기부여를 해주기 때문에, 올바른 **교육자**의 삶을 살아간다.

◆ 12하우스

　12하우스의 1순위 직업군은 **전업주부**다. 왜냐하면 정신적인 불안정과 나태함으로 인해, 재능발휘에 문제를 겪기 때문이다.

　12하우스는 육신의 질병을 의미하는 6하우스로부터 반대에 위치한 영역으로 '정신질환'의 방이다. 그래서 **정신의학**이나 **심리학**을 연구하는 이들이 많다. 실제 의학이 아니더라도 내적 질병을 치유하는 활인업에 종사하며, 운명학 상담가로서 내담자를 힐링하고 개선시키는 역할을 한다. 8하우스에서 소개한 '내면이 손실된 사람을 상대하는 업'과 모든 내용이 일치하니 참고하자. 실전에서는 육신이든 정신이든 구분하지 않고 **모든 의학**을 할 수 있는 영역이다.

　한편 12하우스는 유배를 떠나 다시 고국으로 돌아올 수 없는 곳을 의미하기 때문에 **해외업**으로 향한다. 9하우스처럼 해외로 나가서 일을 하고 외국물품을 가져다 팔며, 외국기업에 취직한다. 유학원이나 외교부 등 외국과 연결된다면 무엇이든 좋다.

또한, 떠도는 여행객과 방랑자를 잠시 가둬 머무르게 하고 내보내는 **모든 숙박업**을 한다.

12하우스는 고독하게 **갇혀있는 공간**이다. 그래서 단식원, 수련원, 기도원, 사찰, 교도소, 정신병원, 갱(坑)[41], 연구소 등에서 일을 한다. 수능 출제자도 여기에 속한다.

뿐만 아니라 **시간개념이 없어 세상 돌아가는 것을 알 수 없는 곳**까지 의미한다. 그래서 시계와 창문이 없는 카지노, 백화점, 지하주차장에서 일한다.

무인도를 상징하는 곳이기 때문에 **야생동물과 식물 관련 업**에 종사하기도 한다. 동물원과 식물원은 12하우스를 활용하는 일터다.

7하우스에서 언급했듯, 숨겨진 적을 의미하는 12하우스도 벽의 개념이 적용되어 **각종 인테리어**로 공간을 구분하는 인생이다.

---

41) '캔다, 채굴한다'는 개념을 적용하는 코인도 12하우스에 속한 단어다. 코인전문투자자는 12하우스와 5하우스 그리고 8하우스가 동시에 활용되는 직업이다.

5. 별자리, 행성, 하우스의 직업 키워드 모음

별자리	직업 키워드
양자리	불, 동물, 양, 표현, 소리, 악기, 탈 것, 운전, 기술, 육체노동, 경쟁, 폭력, 격투, 힘, 불법, 요리, 칼, 피, 위험, 보험, 전류, 도시가스, 얼굴, 머리, 액세서리, 메이크업, 헤어, 어린이, 창의력, 놀기, 게임, 영혼
황소자리	흙, 동물, 소, 돈, 금융, 은행, 경리, 땅, 부동산, 탈 것, 모든 디자인, 색채, 예술, 감각, 후각, 향기, 작가, 편안함, 약, 도파민, 쾌락, 유흥, 목, 목소리, 아름다움, 자연, 힐링, 치유, 게으름, 한량, 경영
쌍둥이자리	공기, 전자, 컴퓨터, 공대, 정보전달, 강의, 교사, 웹, 어플, 방송, 언론, 기자, MC, 마이크, 사회자, 소통, 무역, 거래, 장사, 의료업, 1+1, 양팔, 양손, 장갑, 손가락, 손톱, 현혹, 속임수
게자리	물, 게, 해산물, 바다, 해외, 안경, 도자기, 인터넷, 홍보, 미성숙한 자들의 교육, 아이, 보호, 양육, 보육, 돌봄, 케어, 경호, 교도관, 치유, 상담, 의식주에 필요한 자원, 가정물품, 가슴, 건강, 생활체육, 주고 받는 운동, 전통
사자자리	불, 통치, 법, 정의, 진리, 옳고 그름, 자문, 컨설팅, 정치, 권력, 사장, 빙의, 무속, 영성, 연기, 배우, 연예인, 성우, 꾸밈, 예술, 표현, 유행, 과시, 사치, 브랜드, 도박, 주식, 코인
처녀자리	흙, 싱글, 연구, 분석, 조사, 설계, 정리, 공무원, 도서관, 책, 글, 편집, 공부, 문헌, 역사, 건강, 건강운동, 위생, 청소, 봉사, 희생, 헌신, 장기(臟器), 제빵, 밀가루, 영양, 무기, 휘두르는 물건, 건반

별자리	직업 키워드
천칭자리	공기, 저울, 측량, 계산, 회계, 거래, 상담, 계약, 소개, 외교, 해외, 언어, 국어, 외국어, 칼, 심판, 법률, 판단, 교정, 재활, 비평, 비판, 검열, 디자인, 패션, 포장지, 꾸밈, 사진, 경영
전갈자리	물, 랍스터, 해산물, 독, 중독, SEX, 생식기, 썩은 물, 술, 화류계, 커피, 물장사, 발효식품, 발효화장품, 타투, 심리, 귀신, 오컬트, 위험, 범죄, 죽음, 수술, 의학, 수학, 과학, 화학, 물리학, 생명공학, 문학, 테라피스트, 건반, 편집, 출판
사수자리	불, 교육, 설득, 세뇌, 지시, 설교, 종교, 철학, 운명학(사주, 점성학, 성명학 등), 공무원, 정치, 관리자, 주사기, 의학, 치료, 운동, 마사지, 말(horse), 역마, 다리, 근육, 모델, 사냥, 낚시, 바늘, 붓, 펜, 경제, 법학
염소자리	흙, 사장, 경영관리, 인간관리, 홍보, 홈페이지, 인터넷, SNS, 시공, 건설, 건축, 광물, 원석, 보석, 석유, 지하자원, 피부, 뼈, 치아, 옷, 돈, 금융, 운수업, 활인사업
물병자리	공기, 물병, 물장사, 목욕탕, 숙박업, 타투, 피어싱, 그래프, 주식, 코인, 파동, 소리, 라디오, 음악, 헤어, 예술, 혁명, 사상, 전파, 평등권, 소수, 약자, 개선, 경찰, 교도관, 고대지식(사주, 점성학, 풍수 등), 역사, 전통, 첨단기술, 신소재
물고기자리	물, 어류, 해외, 여행, 자연, 동물, 음악, 종합예술, 공감, 상담, 봉사, 희생, 영성, 치유, 명상, 종교, 철학, 발, 댄스, 운동, 생태계, 세계, 지구, 우주, 유기농, 경제, 법학, 가상세계, 코인, 도자기, 전통

별자리	직업 키워드
달	양육자, 어린이 관련 업, 초중고 교육, 보육교사, 특수교육, 심리상담, 애견유치원, 원예사, 여행업, 이동업, 운수업, 기장, 승무원, 작가, 홍보업, 소규모 자영업, 자연 관련 업
태양	공직, 공무원, 바지사장, 명예직, 특정 분야의 달인, 영성연구, 정신세계연구
수성	말하는 업, 각종 영업, 고객상담, 서비스센터, 변호사, 강사, 모방사업, 전략가, 계산이 필요한 일, 이과적 학문, 방송인, 소규모 자영업
금성	연예인, 배우, 가수, 화류계, 유튜버, 방송인, 각종 예술가, 무속인, 서비스업, 심리상담, 어린이 관련 업, 초중고 교육, 주부, 경영, 여성이 고객인 업, 언어, 외국어
목성	공직, 공무원, 정치인, 시장, 도지사, 군수, 면장, 경찰공무원, 소방공무원, 판검사, 법조계, 일타강사, 학원장, 대학교수, 모든 교직, 대기업, 큰 사업, 종교지도자, 유명 철학자, 투자 & 자산컨설팅, 경제학, 허가하는 업
화성	군인, 경찰, 소방관, 요리사, 요식업, 기장, 승무원, 위험물질(도시가스, 전기, 방사능, 수은, 세균, 바이러스) 관련 업, 모든 분야의 양의사, 간호사, 약사, 수의사, 한의사, 운동업, 프로게이머, 경매입찰, 손재주를 활용하는 업, 모든 공예, 글씨를 쓰거나 그림을 그리는 등 도구를 활용하는 업, 외국어, 코미디언, 농업, 어업, 댄서
토성	각종 평론가, 검열, 검수, 감사 등 무언가를 제동거는 일, 서민을 힘들게 하는 일, 통제하고 감독하는 일, 고치고 수정하는 일, 어려운 전문지식 분야의 학자, 수학자, 물리학자, 천문학자, 철학자, 연구소 직원, 수련원, 단식원, 기도원, 템플스테이 등 갇히는 업, 작가, 접대하는 업, 건물주, 부동산업, 건축업, 농업, 식물원, 전통 관련업(서예, 한복, 한정식, 전통찻집, 골동품, 문화재, 유적지)

하우스	직업 키워드
1하우스	말하는 업, 영업, 교육업, 소규모 자영업, 자신의 이름을 걸고 하는 개인사업, 프리랜서
2하우스	금융업, 자산컨설팅, 귀금속 및 보석류와 관련된 업, 경리, 인사담당, 매니저, 지배인
3하우스	교통, 운수업, 택시운전, 레이싱카, 트럭사업, 야구르트 전동차, 강의, 작가, 방송, 통신, 미디어, 어플, 유튜브, SNS, 개인학원
4하우스	땅과 부동산업, 건축업, 공인중개사, 자신의 매장, 재택근무, 가족사업, 가업, 지방이나 지자체 관련 일, 지역 특산물, 소수자를 상대하는 업, 전통을 지키는 업(서예, 한복, 한정식, 전통찻집, 골동품, 문화재, 유적지)
5하우스	명품, 사치품, 패션용품 관련 업, 연예인, 방송인, 문화예술, 예술가, 예체능, 운동, 도박, 주식, 코인, 미용업, 유희와 즐거움이 목적인 업, 게임 관련 업, 어린이 관련 업, 양육 & 보육 관련 업, 자문, 컨설팅, 변호사, 교육업
6하우스	헤어디자이너, 메이크업아티스트, 네일아트, 각종 공예가, 모든 요식업, 모든 의학 종사자, 모든 활인업, 동물 관련 업, 농업, 어업

하우스	직업 키워드
7하우스	격투 운동, 경찰, 형사, 테이블을 두고 마주 앉는 일, 상담업, 계약시키고 가입시키는 업, 협상과 서비스업, 각종 인테리어, 언어, 외국어
8하우스	모든 의학, 물리치료, 수의학, 나무의사, 정신과의사, 심리학자, 타로마스터, 점성가, 자살예방센터, 종교인, 무속인, 프로파일러, 형사, 금융업, 대부업, 세무사, 카드사, 보험업, 장례업, 주부
9하우스	교통, 운수업, 택시운전, 레이싱카, 트럭사업, 야구르트 전동차, 강의, 작가, 방송, 통신, 미디어, 어플, 유튜브, SNS, 모든 운명학(점성술, 사주, 관상, 풍수, 타로 등), 종교인, 무속인, 변호사, 해외 관련 업, 외교부, 유학원, 국가나 공공기관 관련 교직
10하우스	공직, 공무원, 바지사장, 공공센터, 대기업, 종합병원, 각 분야에서 가장 유명한 곳, 총 관리자
11하우스	개인사업, 큰 사업, 교육자, 대기업, 국가나 공공센터 관련 분야, 국가자산이나 국가서비스 관련 업, 공금, 세무 관련 업
12하우스	주부, 모든 의학, 정신의학, 심리학자, 해외 관련 업, 유학원, 외교부, 타로마스터, 점성가, 자살예방센터, 종교인, 무속인, 단식원, 수련원, 기도원, 템플스테이, 교도관, 탄광, 연구소 직원, 카지노, 백화점, 코인투자자, 동물원, 식물원, 농업, 어업, 각종 인테리어, 숙박업

6. 직업성의 선택과 직업 판단

직업성(星)을 찾는 법, 직업성이 된 행성의 직업 판단을 내리는 관법은 점성가들마다 모두 다르다. 직업론의 관법에 있어서는 춘추전국시대와 같다고 볼 수 있으며, 각자 나름의 논리로 근거를 대며 직업을 찾아가고 있다.

그래서 필자도 오랜 학문적 수련과 임상 끝에 나만의 흔들리지 않는 관법을 찾았으며, 변함없이 유지하고 있는 상태다. 그 실전관법을 모두 소개한다.

◆ 직업성을 찾는 법

① 상승점 기준 직업의 방은?

출생차트에 열두 구역으로 나눠진 하우스들 중에서, '직업, 사회생활, 성공, 출세'라는 키워드를 유일하게 지닌 곳이 있다. 바로 10하우스다.

10하우스에 위치한 행성은 직업으로 활용되거나 사회생활의 분위기를 좌우하는 행성이며, 이는 누구라도 예외가 없다. 주의해야 할 점은 10하우스 주인행성이 아니라, 10하우스에 배치되어 있는 행성을 봐야 한다는 것이다.

10하우스에 있는 행성은 홀사인으로 앵글하우스에 있기 때문에 기회성과 가능성은 보장되어 있다. 하지만 직업성으로 확신을 갖기 위해서는 포피리우스로도 앵글하우스에 위치하여 지속성까지 높아야 한다. 만약 홀사인으로 10하우스에 있더라도 포피리우스로 9하우스가 된다면, 직업성의 우선권에서 제외되고 후보로 전락한다.

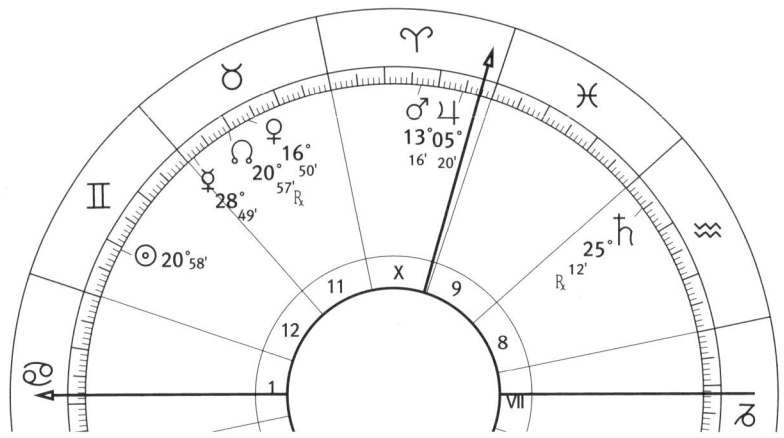

차트를 보면 홀사인으로 10하우스에 화성과 목성이 있다. 화성과 목성은 포피리우스로도 앵글하우스에 위치하여 기회성, 가능성, 지속성이 모두 강한 행성들이다. 직업성으로 뽑기에 충분하다.

포피리우스시스템은 직업론에서 진가를 발휘한다. 하나의 직업을 오랫동안 할 수 있는지 결정하기 때문이다. 직업성의 후보가 된 행성은 포피리우스로 앵글하우스에 있어야 평생직업으로 가능하며, 석시던트하우스에 있으면 적당히 유지할 수 있고, 케이던트하우스에 있으면 몇 년 하다가 그만두는 직업이다. 그러나 직업의 종류에 따라 융통성있게 판단해야 한다. 작가와 같이 활동의 기복이 있는 직업을 위한 행성은 포피리우스로 앵글하우스에 있을 필요는 없다.

한편, 홀사인으로 10하우스에 위치한 행성이 포피리우스로 케이던트하우스에 있더라도 직업성으로서 우선권이 생길 때가 있다. 앵글포인트에 4° 미만으로 붙어 있거나 애스펙트할 경우 혹은 앵글포인트와 안티시아, 컨트라안티시아를 하는 경우다.

② **포르투나와 스피릿을 기준으로 살피자!**
포르투나(LOF)와 스피릿(LOS)은 주로 사회적인 부분을 판단할 때 활용

되는 가상의 지점이다. 그래서 풍요론이나 직업론에서 상당한 의미가 있다. '포르투나 혹은 스피릿 기준으로 1, 10, 11하우스'에 위치한 행성은 바로 직업성의 '후보'가 된다.

1, 10, 11하우스 중 더 우월하게 작용하는 하우스는 굳이 따질 필요 없다. 이 세 곳에 위치한 행성은 모두 '직업성이 될 유전자를 지닌 행성'이라 판단해도 좋다.

단, 포르투나 혹은 스피릿 기준 1, 10, 11하우스에 있다고 조건 없이 직업성이 되는 것은 아니다. 아무리 황제의 유전자를 지닌 자녀라도 병들고 나약하다면 세자로 책봉될 수 없듯이, 의미있는 곳에 위치한 행성이라도 출생차트에서 힘이 강하고 영향력이 있어야만 한다.

그래서 **포르투나 혹은 스피릿 기준 1, 10, 11하우스에 있으면서 + 동시에 포피리우스로 앵글하우스에 위치하거나, 앵글포인트와 연계성**[42]**이 있는 행성**이어야만 한다.

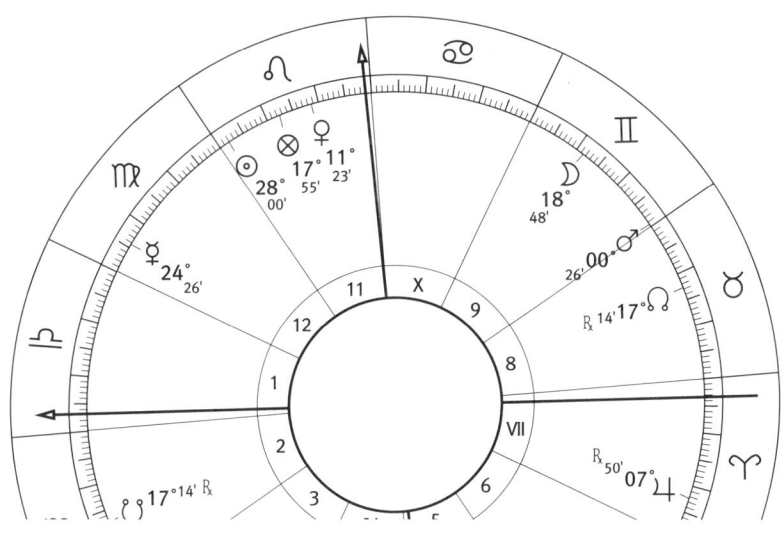

---

42) 앵글포인트에 4°미만으로 붙어 있거나 애스펙트할 경우 혹은 앵글포인트와 안티시아, 컨트라안티시아를 이루는 구조를 말한다.

포르투나 기준 1, 10, 11하우스에는 태양, 금성, 달, 화성이 위치하고 있다. 그중 금성은 포피리우스로도 앵글하우스에 위치하여 지속성이 강하고, 태양은 앵글포인트(ASC)에 4°미만으로 애스펙트를 이뤄 힘이 강하며, 화성은 앵글포인트(MC)에 4°미만으로 애스펙트를 하여 힘이 강하다. 하지만 달은 홀사인으로도 포피리우스로도 앵글하우스가 아니라 기회성과 가능성, 지속성 모두 어중간하며, 앵글포인트와 연계성도 없기 때문에 힘이 강하지도 않다. 이렇게 금성, 태양, 화성이 모두 직업성이 된다.

한편 포르투나 기준 1, 10, 11하우스에 있는 행성과 스피릿 기준 1, 10, 11하우스에 있는 행성은, 영향력에서 차이가 없지만 시기적인 차이는 있다. 보통 포르투나 기준으로 판단된 직업성은 중년 이전까지, 스피릿 기준으로 판단된 직업성은 중년 이후에 발현될 가능성이 높다. 하지만 이 역시 절대적이진 않으니 가능성만 열여두고 모두 봐야 한다.

③ 앵글포인트에서 차트를 지배하는 행성

앵글포인트(ASC, DSC, MC, IC)는 모든 장르에서 끊임없이 언급되는 중요한 위치다. ①번과 ②번 구조에 해당하지 않더라도, **앵글포인트에 4°미만으로 붙어 있는 행성**은 차트 전체를 지배하고, 성향을 넘어 직업까지 강한 영향을 준다. 네 개의 앵글포인트를 모두 봐야 하지만, 그중에서 직업과 출세의 의미가 있는 MC에 붙어있는 행성이 직업으로 사용하기에 가장 좋다.

앵글포인트에 붙어 있지 않더라도, 4°미만으로 애스펙트하거나, 안티시아 하는 행성을 직업성으로 인정해줘야 할 때가 있다. 앵글포인트에 빛을 주는 동시에 + 홀사인으로 상승점 기준 앵글하우스에 있거나, 가장 긴 11하우스에 있는 경우다.

즉 *(4°미만으로) 앵글포인트에 붙어 있는 행성은 조건 없이 직업성으로서의 가치가 있지만, 앵글포인트에 애스펙트하는 행성은 강한 곳에 위치해야만 한다.*

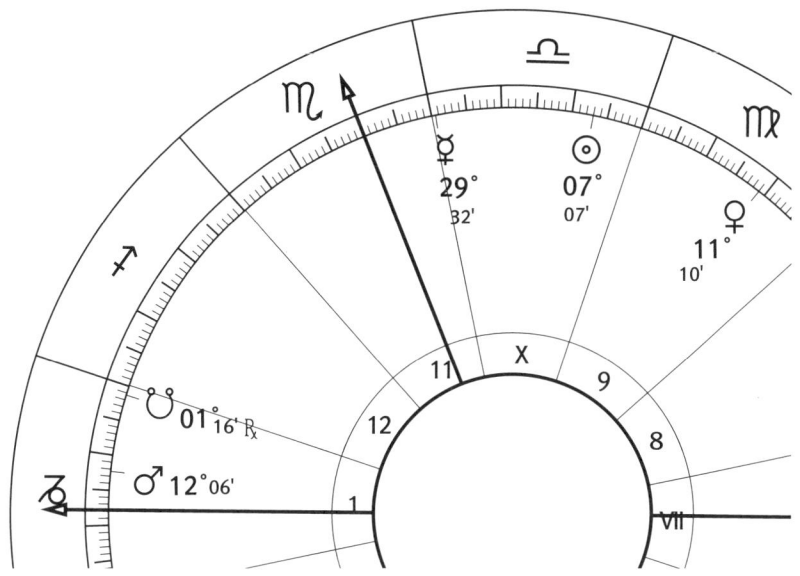

위 차트에서 남중점(MC)은 전갈자리 10°경에 위치한다. 그리고 앵글포인트 중 하나인 이곳에 화성과 금성이 4°미만으로 각각 섹스타일 애스펙트를 이뤄, 두 행성 모두 힘이 강해졌다.

하지만 화성은 홀사인으로 앵글하우스(1H)에 있는 반면, 금성은 케이던트하우스(9H)에 있다. 그래서 화성과 금성 중에서는 화성이 직업성으로 선택되어야 한다.

④ **그 밖에 고려해야 할 중요 구조이론**

지금까지의 내용에 해당하는 행성이 없을 경우, 그 밖의 여러 가지 구조를 종합적으로 보고, 중첩되는 것이 많으면서 좋은 위치에 있는 행성을 골라내야 한다.

Ⓐ 홀사인시스템으로 상승점 기준 10하우스가 아닌 나머지 앵글하우스, 그리고 11하우스에 위치한 행성.

10하우스에 위치한 행성은 직업성 판단에서 우선권이 있다고 했다. 그

외 앵글하우스인 1, 4, 7하우스에 있는 행성을 눈여겨 봐야 한다. 홀사인으로 앵글하우스는 기회성과 가능성이 가장 높은 영역이기 때문이다. 이 중에서도 나의 방인 1하우스에 위치한 행성이 직업성으로 좀 더 가치가 있다.

하지만 홀사인으로 1, 4, 7하우스에 있더라도, 포피리우스로도 앵글하우스에 위치해야 추천할 만한 직업성이 된다.

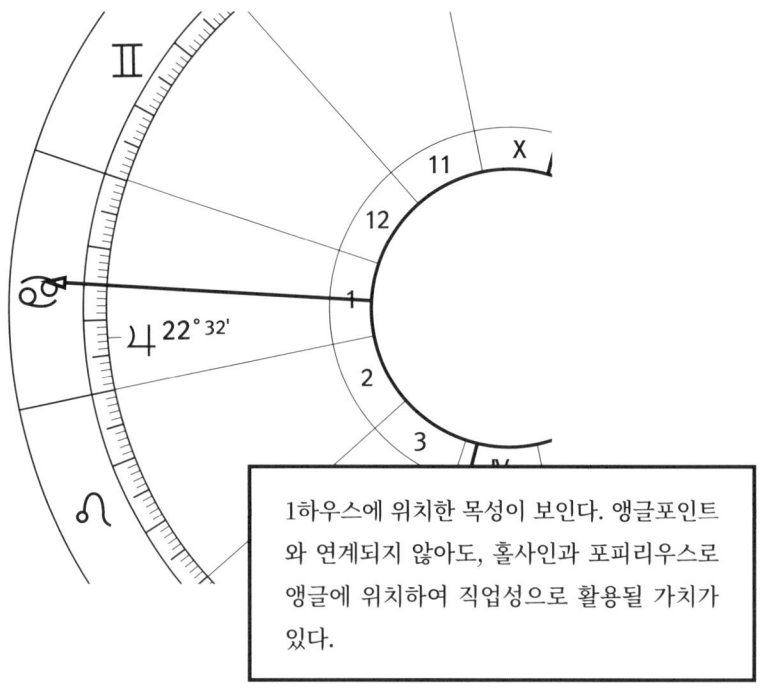

1하우스에 위치한 목성이 보인다. 앵글포인트와 연계되지 않아도, 홀사인과 포피리우스로 앵글에 위치하여 직업성으로 활용될 가치가 있다.

그 다음으로 좋은 위치는 11하우스다. 11하우스는 앵글하우스에 준하는 힘이 있고, 가장 길한 하우스면서, 인복과 사회성의 힘이 많은 영역이라 직업성으로 고르기에 좋은 위치다.

Ⓑ 달이 가장 먼저 접근하는 행성, 달이 가장 최근에 분리된 행성.

정말 많이 나오는 이론이다. 성향, 풍요, 재능, 인생의 분위기, 관계 등을 넘어서 직업성을 선택하는데 가산점까지 붙는다.

단, 달이 가장 먼저 접근하는 행성이라도 상승점 기준 앵글하우스와 11

하우스, 혹은 포르투나 또는 스피릿 기준으로 의미있는 하우스에 있어야만 한다.

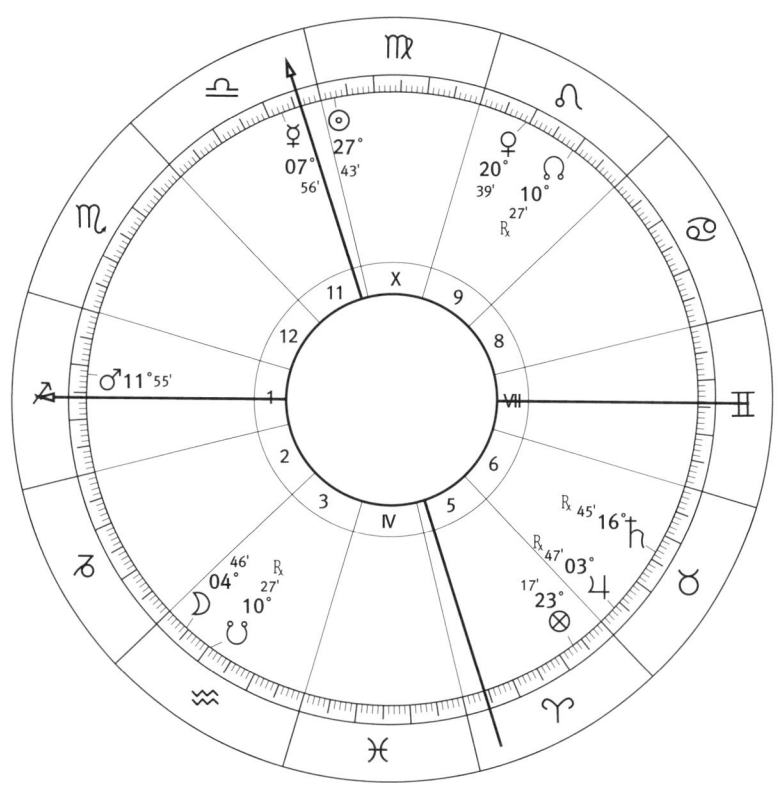

위 차트에서 달이 가장 먼저 접근하는 행성은 수성이다. 수성은 홀사인으로 가장 길한 11하우스에 위치하며, 포피리우스로 앵글하우스에 있고, 앵글포인트(MC)에 4°미만으로 붙어 있어 직업성으로 쓰기에 충분하다.

ⓒ 포르투나 혹은 스피릿 기준 4, 7하우스에 있는 행성.

이 부분에 대해서는 논란이 있다. 포르투나 혹은 스피릿 기준 1, 10, 11 하우스는 누구나 인정하는 의미있는 하우스다. 하지만 '포르투나 혹은 스피릿 기준 앵글하우스도 의미가 있나'에 대해서는 점성가들 간에 의견이 다르다. 즉 상승점 기준 앵글하우스의 중요성에 대해서는 누구나 알고 있는데, 이 논리를 포르투나 혹은 스피릿 기준으로도 적용 가능할까에 대한 논점이다.

포르투나 혹은 스피릿 기준 1하우스와 10하우스는 앵글하우스이지만 애초에 의미있는 하우스(1, 10, 11)에 포함되어 논점이 아니다. 하지만 나머지 앵글하우스인 4하우스나 7하우스도 직업성을 판단할 때 중요한 하우스로 취급해야 할까?

필자의 임상 판단으로 이는 차선책이다. 즉 상승점 기준으로 앵글하우스나 11하우스에 행성들이 없는데, 포르투나 혹은 스피릿 기준 1, 10, 11 하우스에도 행성들이 없다면 참고해 볼 수는 있다.

Ⓓ 포르투나 혹은 스피릿과 4°미만으로 애스펙트를 맺는 행성.

포르투나 혹은 스피릿 기준 1, 10, 11하우스는 매우 의미 있고, 차선책으로 4, 7하우스까지 눈여겨 보자고 했다.

하지만 포르투나 혹은 스피릿 기준 3, 5, 9하우스는 의미 없는 지역이지만 포르투나 혹은 스피릿과 애스펙트를 맺는 위치다. 이럴 때, 4°미만의 근 도수로 애스펙트를 이룬다면 참고해 볼만한 행성이 된다.

단, 그 구조만으로 행성의 권위를 높이 평가할 수는 없다. 포르투나 혹은 스피릿과 긴밀한 애스펙트를 맺는 그 행성이, 애초에 상승점 기준 홀사인으로 앵글하우스 혹은 5, 11하우스에 있어야 한다.

Ⓔ 파시스(Phasis)하는 행성.

파시스는 '어떤 행성이 태양에게 접근하는 중에 태양빛 근처에서 마지막으로 관측된 시점, 혹은 태양빛 속에 숨어 있다가 태양과 분리가 되며 처음으로 관측된 시점'을 의미한다.

쉽게 말해서, 파시스란 태양의 오브인 14°59'에서 바로 벗어나, **태양과 15°차이로 좌우에 떨어져 있는 행성**이다.

고서에는 출생 당일에 태양과 15°차이를 둔 행성뿐 아니라, 태어나기 전후 7일간 관측해 보고 그동안 태양과 15°차이가 된다면 파시스로 인정하는 오차범위까지 두고 있다. 심지어 태양과 15°~20°차이까지는 모두 파시스로 인정하는 이들도 있다.

하지만 좀 더 천문학적으로 접근하는 점성가들도 있다. 그들은 태양과 15° 떨어진 행성을 파시스로 인정하지 않고, 행성의 광도와 공전주기, 관측지역의 위도 등을 고려하여, 파시스를 계산하는 특정 프로그램을 활용해 정밀 분석한다. 게다가 7일간이 아닌, 행성의 공전주기에 따라 각기 다른 일수로 오차범위를 둔다. 즉 파시스는 점성가들마다 적용하는 방법이 다르며, 중요하게 생각하는 정도도 다르다.

파시스에 대해 여러 가지 관법을 적용하여 임상해 본 필자는, 가장 유치하게 접근하기로 했다. 태양은 너무나 강력하게 빛나는 왕이다. 그 주위에 있는 여섯 행성들은 태양의 눈치를 보고 자신의 목소리를 드러내지 못한 채 주눅들어 살아간다.

그런 상황을 만드는 태양의 손아귀는 태양의 오브인 14°59′이다. 그 오브를 갓 벗어난 행성은 왕권에서 벗어나 자유를 찾은 행성이 된다. 즉 자신의 목소리를 자신 있게 표출하며, 자신의 성품을 길하게 드러내고, 그로 인해 직업성으로 가치를 얻는 것이다.

요약하면, **태양과 15°~15°59′차이로 좌우에 있는 행성**은 자유롭게 자신의 성질을 드러내, 차트주인공의 성향과 재능이 되며 직업성으로 사용 가능하다. 이제 허용오차에 대한 문제다. 필자는 모리누스프로그램에서 Charts ⇨ Elections를 활용해, *"Day +버튼"만을 6번 클릭하는 동안*(당일 포함 7일 이내이기 때문에, 클릭은 총 6번까지 할 수 있다), **태양과 15°~15°59′ 차이로 좌우에 있는 행성**까지 파시스로 인정한다.

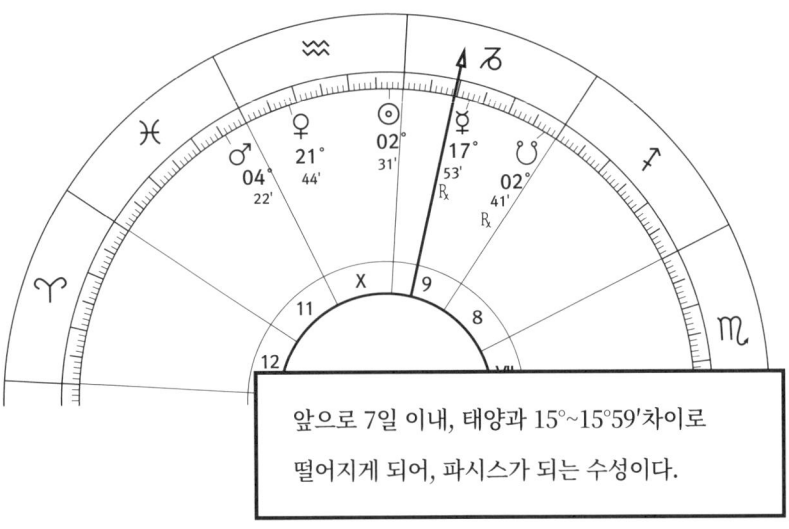

앞으로 7일 이내, 태양과 15°~15°59′차이로 떨어지게 되어, 파시스가 되는 수성이다.

Ⓕ 도데카테모리아(Dodecatemoria)

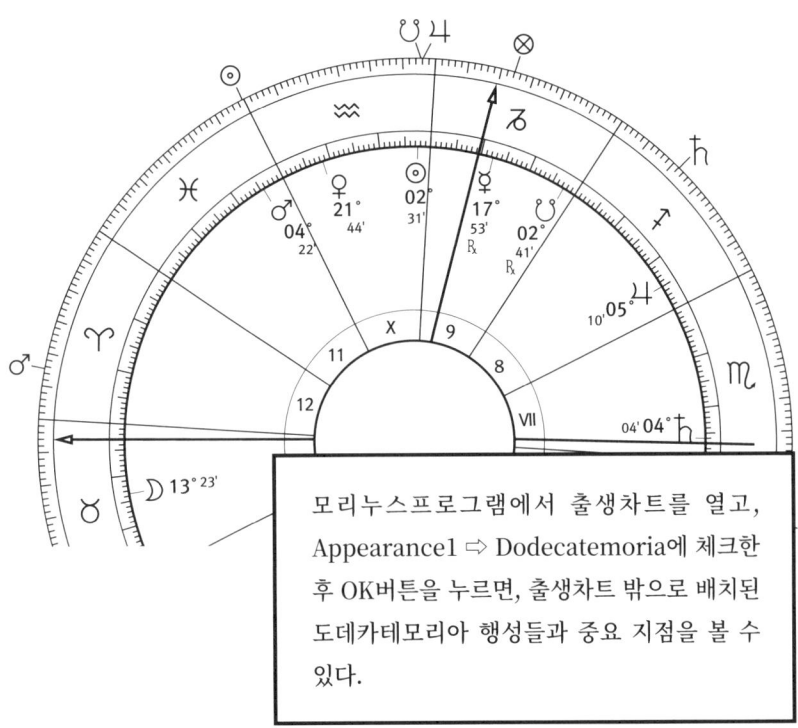

모리누스프로그램에서 출생차트를 열고, Appearance1 ⇨ Dodecatemoria에 체크한 후 OK버튼을 누르면, 출생차트 밖으로 배치된 도데카테모리아 행성들과 중요 지점을 볼 수 있다.

도데카테모리아는 출생차트 하나의 별자리마다 2°30′씩 다시 열두 개의 별자리로 분할[43]한 후, 그곳에 배치된 일곱 행성과 중요 지점[44]을 출생차트에 환산하여 재배치한 것이다.

예를 들어, 물병자리를 열두 개의 사인으로 분할할 때, 첫 시작은 물병자리다. 즉 물병자리의 30° 안에서 다시 0°~2°29′까지 물병자리, 2°30′~4°59′까지 물고기자리, 5°~7°29′까지 양자리가 배치된다. 그 후로도 조디악 순서로 2°30′씩 나뉘어 배치되어 있다.

한편, 위 출생차트에서 태양은 물병자리 2°31′에 있다. 즉 물병자리를 열두 개로 나눈 구역 중에서 물고기자리 구간(2°30′~4°59′)의 초반에 위치하고 있다. 그래서 도데카테모리아의 태양은 출생차트에서 물고기자리 초반에 배치되어 있는 것이다.

도데카테모리아 행성 혹은 중요 지점은 출생차트에 환산된 그 '위치'에 영향을 준다. 하지만 출생차트의 행성에게 영향을 줄 수는 없으며, 도데카테모리아 행성끼리도 서로 영향을 줄 수 없다.

출생차트에서 상당히 흉하다고 판단된 행성이나 그 디스포지터에게 도데카테모리아의 길성이 영향을 준다한들, 애초에 출생차트에서 단정한 흉한 판단을 뒤바꿀 수 없다. 마찬가지로 출생차트에서 상당히 길하다고 판단된 행성이나 그 디스포지터에게 도데카테모리아의 흉성이 영향을 준다 해도 길흉이 달라지지 않는다.

도데카테모리아 행성이 이미 출생차트에 배치된 행성에게 영향을 준다는 것은, 탄생과 함께 결정된 출생차트를 무시하는 이론에 불과하다.

---

43) 하나의 별자리를 열두 별자리로 나눌 때는, 그 별자리부터 시작하여 조디악 순서로 분할한다. 즉 황소자리를 분할하는 순서는 황소자리, 쌍둥이자리, 게자리, 사자자리, 처녀자리, 천칭자리, 전갈자리, 사수자리, 염소자리, 물병자리, 물고기자리, 양자리다. 똑같은 방법으로 쌍둥이자리는 쌍둥이자리부터 시작하며, 게자리는 게자리부터 시작하여 열두 별자리로 나눈다.
44) 중요 지점이란 앵글포인트와 포르투나를 말한다.

도데카테모리아에도 상승점(A), 남중점(M), 포르투나가 있다. 하지만 도데카테모리아의 상승점 혹은 포르투나 기준으로 하우스를 재배치할 수는 없다. 도데카테모리아로 배치된 상승점과 남중점은 긴밀하게 합을 이루는 경우도 있으며, 남중점이 상승점의 반시계방향에 배치된 경우도 있기 때문에, 하우스를 재배치한다면 태어난 지역의 위경도를 무시하는 꼴이다.

게다가 재배치된 하우스로 인해 전혀 다른 차트를 새롭게 생성하여, 두 개의 출생차트를 판단해야 하는 모순이 생긴다.

혹 쌍둥이를 출생한 경우, 한 명은 출생차트대로 살고 다른 한 명은 도데카테모리아 차트로 살게 된다는 의견이 있다. 그러나 임상에 의한 이론이 아니며, 세 쌍둥이의 경우에는 적용할 수도 없다.

그럼 도데카테모리아로 배치된 행성과 중요지표성은 실전에서 어떤 역할을 하며, 출생차트에 어떤 영향을 줄까?

출생차트의 앵글포인트와 포르투나, 그리고 도데카테모리아로 배치된 앵글포인트와 포르투나에 집중해야 한다. 이 모든 지점에 4°미만으로 합(컨정션)을 이룬 행성은 자신의 재능이 되며 직업성으로 뽑힐 가산점이 주어지고, 그로 인해 인생의 분위기에 영향을 미친다.

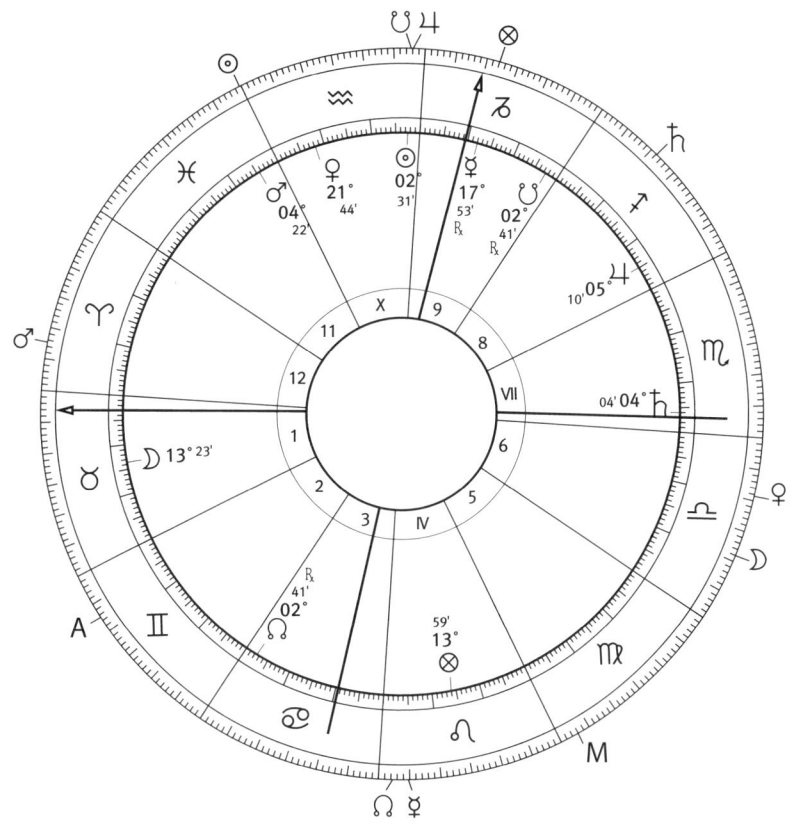

　9하우스에는 도데카테모리아 포르투나가 위치하며, 출생차트 수성과 4°미만으로 합을 이루고 있다. 수성이 재능이 되며, 수성이 직업성이 될 가산점이 주어진다. 또한 수성의 인생의 분위기가 함께 할 것이다.

　하지만 도데카테모리아의 상승점(A)과 남중점(M)에는 어떤 행성도 합을 이루지 않는다. 또한 출생차트의 모든 앵글포인트와 포르투나에도 도데카테모리아 행성이 합을 이루지 않는다.

　이렇게 의미없는 구조는 무시하면 그만이며, 그곳에 행성이 애스펙트하는 구조를 따로 계산할 수는 없다.

ⓖ 상승로드의 디스포지터, 시간의 주인

디스포지터는 행성이 위치한 별자리의 주인행성이다.

예를 들어 상승로드인 금성이 쌍둥이자리에 있는 경우, 상승로드의 디스포지터는 수성이다.

나를 의미하는 행성은 상승로드이지만, 실전에서는 상승로드보다 상승로드의 디스포지터가 성향과 재능, 직업성의 후보로 더 우월하다.

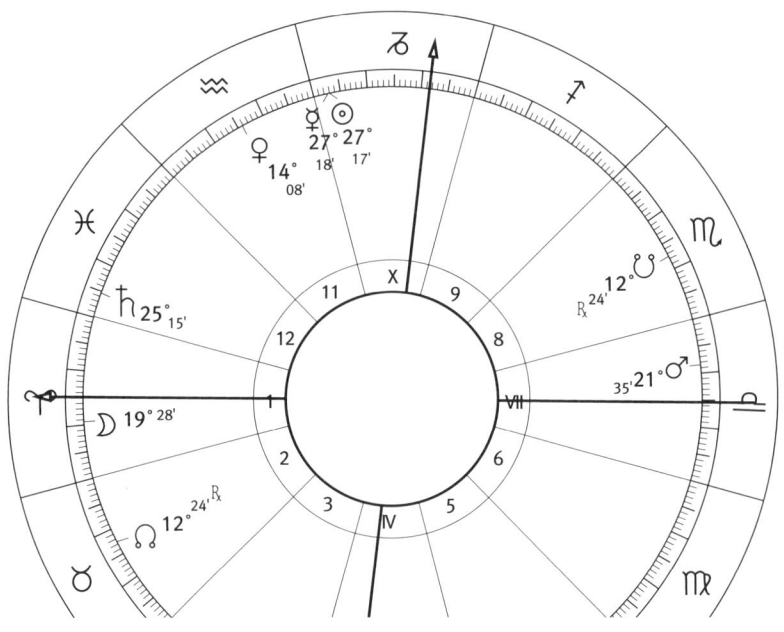

상승궁은 양자리, 상승로드는 화성이다. 그리고 상승로드인 화성은 천칭자리에 위치하기 때문에, 상승로드의 디스포지터는 '금성'이다. 이 차트에서 금성은 직업성에 지분이 생긴다.

한편 모리누스프로그램을 통한 출생차트에서 가운데 프로필을 보면, *hour*라는 글자 옆에 행성 하나가 표기되어 있는 것을 발견할 수 있다. 그것은 바로 **시간의 주인**, 줄여서 **시주**(時主)라고 부른다.

시주는 나의 성향이나 인생의 분위기에도 영향을 주지만, '나의 재능이나 직업성에 가산점'을 준다.

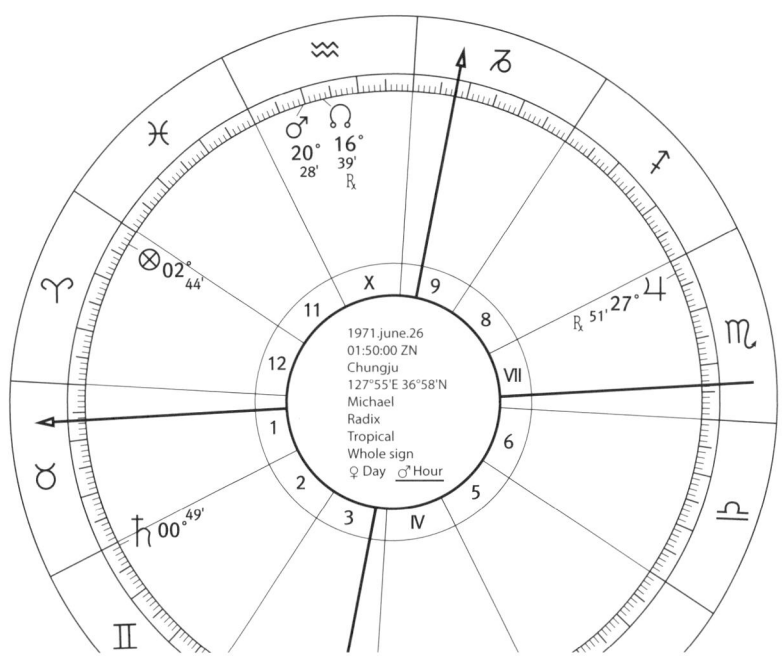

위 차트에서 시간의 주인 화성은 나의 재능과 직업성에 가산점을 주는 행성이다. 게다가 상승점 기준 10하우스에 위치하며, 포르투나 기준 11하우스에 위치하고, 시공간의 섹트를 모두 얻어 직업성으로서 가치가 높은 상태다.

Ⓗ 조이(Joy)하는 행성

조이하는 행성은 점성술을 처음 접하는 이들이 쉽게 배우는 내용인데 반해, 활용범위와 적용의 무지로 인해 방황하는 이론이다.

일곱 행성은 각각 특정 하우스에 위치하는 것만으로 조이한다고 말하며, 뜻 그대로 행성이 어떤 곳에서 즐거워 한다는 것이다.

주의해야 할 점은 조이한다고 해서 그 행성이 길해진다거나, 차트 내에서 우월하다거나, 성향으로 많이 드러난다거나, 인생의 분위기에 영향을 미치는 것은 아니다.

조이하는 행성은 그저 '직업성으로 활용되기에 가산점'을 약간 얻는 정도다.

다음은 행성이 특정 하우스에서 조이하는 위치를 그린 표다.

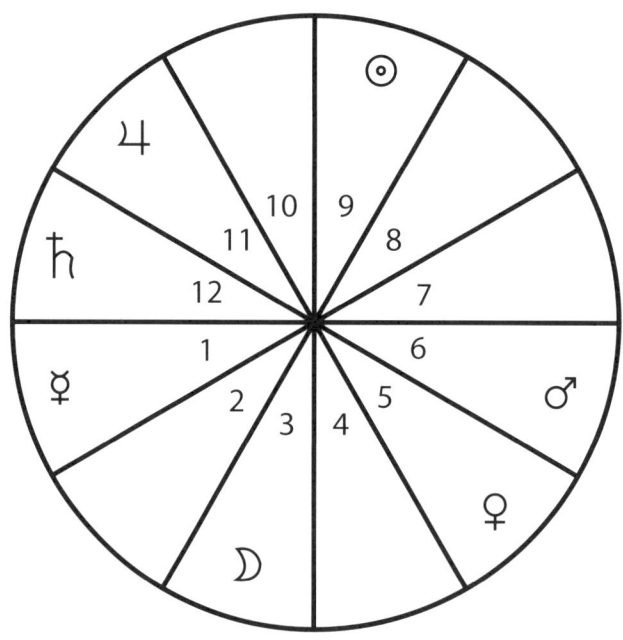

일곱 행성이 특정 하우스에서 조이하는 이유는 다음과 같다.

인간은 자신의 이야기를 할 때 가장 즐거워 한다. 그래서 수성은 나의 방인 1하우스에서 조이한다.

일곱 행성 중 가장 길한 행성인 목성은, 열두 하우스 중 가장 길한 영역인 11하우스에서 조이한다.

일곱 행성 중 두 번째로 길한 행성인 금성은, 열두 하우스 중 두 번째로 길한 영역인 5하우스에서 조이한다.

일곱 행성 중 가장 흉한 행성인 토성은, 열두 하우스 중 가장 흉한 영역인 12하우스에서 조이한다.

일곱 행성 중 두 번째로 흉한 행성인 화성은, 열두 하우스 중 두 번째로 흉한 영역인 6하우스에서 조이한다.

일곱 행성 중 가장 빠른 행성인 달은, 열두 하우스 중 가장 빠르게 역마가 진행되는 영역인 3하우스에서 조이한다.

영혼의 행성이자 자신이 유일한 능력자라고 생각하는 태양은, 종교성이 강하고 신의 은총을 받은 영역인 9하우스에서 조이한다.

한편, 조이 이론은 하우스의 직업군과 하우스 성향을 만드는 근거가 된다. 1하우스의 직업군을 살펴보면 수성의 이야기가 많고, 6하우스의 직업군을 살펴보면 화성의 이야기가 많다. 다른 하우스들도 마찬가지다. 또한 12하우스 성향을 쓰는 이는 토성의 성향이 느껴지며, 9하우스 성향을 쓰는 이에게는 태양의 성향을 발견할 수 있다.

ⓘ ASC 로드와 ASC 텀 로드 / MC 로드와 MC 텀 로드

ASC 로드란 ASC가 위치한 별자리의 주인(상승로드)을 말하며, ASC 텀 로드란 ASC가 위치한 텀을 말한다. MC 로드와 MC 텀 로드도 마찬가지다.

실전에서 상승로드는 나의 성향에 영향을 미치며 사회적 이미지를 보여준다. 추가로 나의 재능과 직업 판단에 도움을 준다. 하지만 ASC 텀 로드는 나의 재능과 직업 판단에만 영향을 주는 행성으로, 직업론에 있어서는 상승로드와 비등한 권한이 있다.

MC 로드와 MC 텀 로드 또한 마찬가지다. MC가 위치한 별자리의 주인(MC 로드)과 MC가 위치한 텀은 재능과 직업 판단에 참고할 수 있다. 여기에 포르투나의 주인행성과 스피릿의 주인행성도 참고하자.

ⓙ 카지미(Cazimi)

카지미는 하나의 사인에서 태양과 어떤 행성이 정확히 합을 이루는 구

조를 말한다. 점성가들은 헬레니즘문헌의 관점이나 중세문헌의 관점을 참고하며, 카지미는 "태양과 1°미만으로 합을 이룬 행성이다." 혹은 "태양과 17′이하로 합을 이룬 행성이다." 등 각기 다른 이론을 주장하고 있다. 태양이 이론을 만드는 주체이기 때문에, 컴버스트나 언더선빔처럼 태양은 카지미가 될 수 없다.

그렇게 어떤 행성이 태양과 매우 긴밀하게 합을 이뤄 붙어 있을 경우, 그 행성이 의미하는 일에 있어서 긍정적이고 길한 사건이 발생한다고 한다. 따라서 그 행성은 직업에 있어서도 뛰어난 능력을 발휘하게 된다.

왕을 상징하는 태양과 1°내로 너무 긴밀하게 합을 이룬 행성은, 태양이 자신의 무릎 위에 그 행성을 앉혀 왕의 권한을 줬다는 논리다.

카지미는 출생차트에서 흔한 구조는 아니지만, 필자는 다행히 많은 수강생들의 차트를 통해 임상을 할 수 있었다. 결론적으로 그다지 효용성이 있다고 보지 않는다. 카지미가 된 행성 이야기에서 길한 내용이 나오거나 좋은 이벤트가 나오질 않으니, 문헌만을 의존하여 카지미를 인정할 수는 없었다. 카지미라고 불리는 행성은 태양빛으로부터 9°미만에 들어 있어, 오히려 컴버스트로 판단하고 있는 상황이다.

◆ 직업성 판단하기

지금까지의 내용을 모두 적용하여, 직업성을 골라보자.

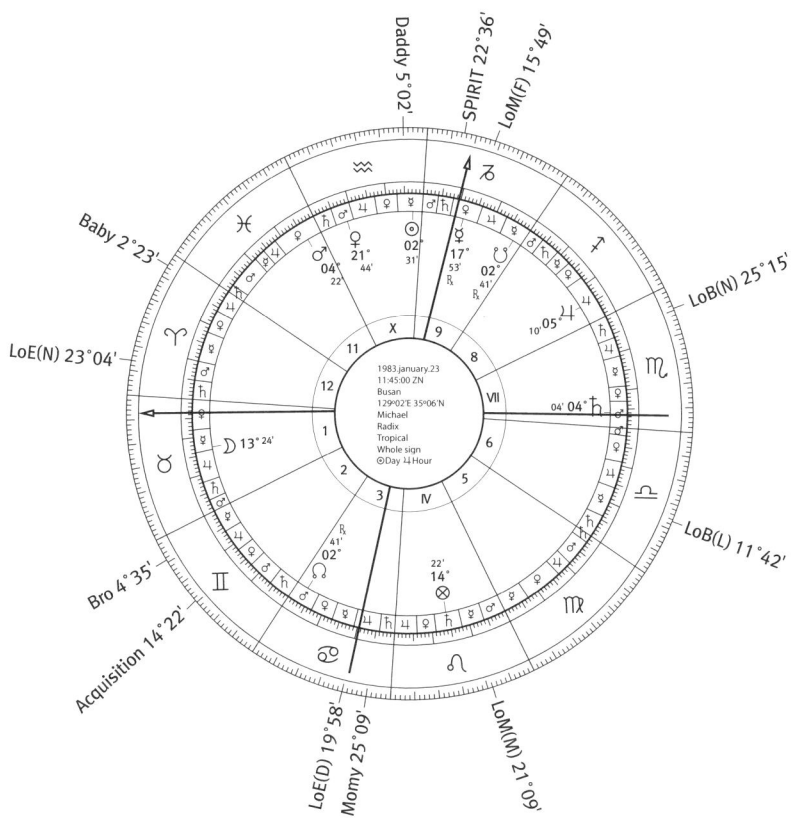

① 포르투나 기준 10하우스에 위치해 권한을 얻은 **달**은, 상승점 기준 1하우스(앵글)에 위치하며, 포피리우스로도 앵글하우스에 있다. 기회성과 가능성, 지속성까지 모두 얻은 상태다. 더욱이 포르투나와 1°내로 긴밀한 애스펙트까지 이루고 있다. 달은 직업성으로 손색이 없다.

② 스피릿 기준 1하우스에 위치해 권한을 얻은 **수성**은, 남중점(MC)에 4°미만으로 붙어 있어 매우 강한 힘을 지녔다. 또한 달이 가장 먼저 접근하

는 행성이며, 태양으로부터 곧 15° 떨어지게 되어 파시스 상태다. 수성도 직업성으로 활용하기에 상당히 좋다.

③ 스피릿 기준 11하우스에 위치해 권한을 얻은 **토성**은, 하강점(DSC)에 4°미만으로 붙어 있어 매우 강한 힘을 지녔다. 또한 상승로드의 디스포지터이며, 스피릿의 주인행성이다. 게다가 상승점 기준으로 홀사인 & 포피리우스 모두 앵글에 위치하고, 포르투나 기준으로도 앵글에 있다. 토성도 직업성으로 충분히 활용될 수 있다.

④ 한편, 홀사인으로 상승점 기준 10하우스에 있는 **금성과 태양**이 눈에 띈다. 이 둘 모두 포피리우스로 앵글하우스에 위치하여 기회성, 가능성, 지속성 모두 최고의 상태다. 금성은 상승로드이며, ASC와 MC의 텀 로드다. 태양은 앵글포인트(ASC)에 4°미만으로 애스펙트를 이뤄 힘이 강하고, 포르투나의 주인행성이다. 금성과 태양도 직업성으로 충분하다.

이렇게 하나의 차트에서 여러 개의 직업성이 나올 수도 있다. 하지만 이렇다 할 구조가 눈에 띄지 않아 직업성을 도무지 찾을 수 없는 차트도 있다. 점성가의 입장에서는 두 경우 모두 난감하다. 전자는 말할 수 있는 직업군이 너무 많아지고, 후자는 말할 수 있는 직업군이 없기 때문이다. 가장 판단하기 좋은 경우는 한두 가지의 행성만 매우 의미있는 곳에서 눈에 띄게 강한 상태의 차트다.

그럼 이렇게 찾아낸 직업성을 어떤식으로 적용하여 직업군을 판단할 수 있을까? 필자의 독자적인 실전관법을 배워보자.

◆ 직업성을 결정한 후, 직업 판단을 내리는 법

> 1. 직업성으로 선정된 행성은 자신이 룰러쉽 & 엑절테이션하는 하우스 키워드를 활용하여 직업의 분야를 발동한다.
> 2. 분야의 방향은 자신이 위치한 하우스로 정한다.
> 3. 행성 자신의 색깔에 맞는 직업군으로 선정한다.

상당히 어려운 이론이다. 예시 차트를 보며, 몇 가지 직업성을 통해 직업을 찾아가는 순서를 천천히 이해하도록 하자.

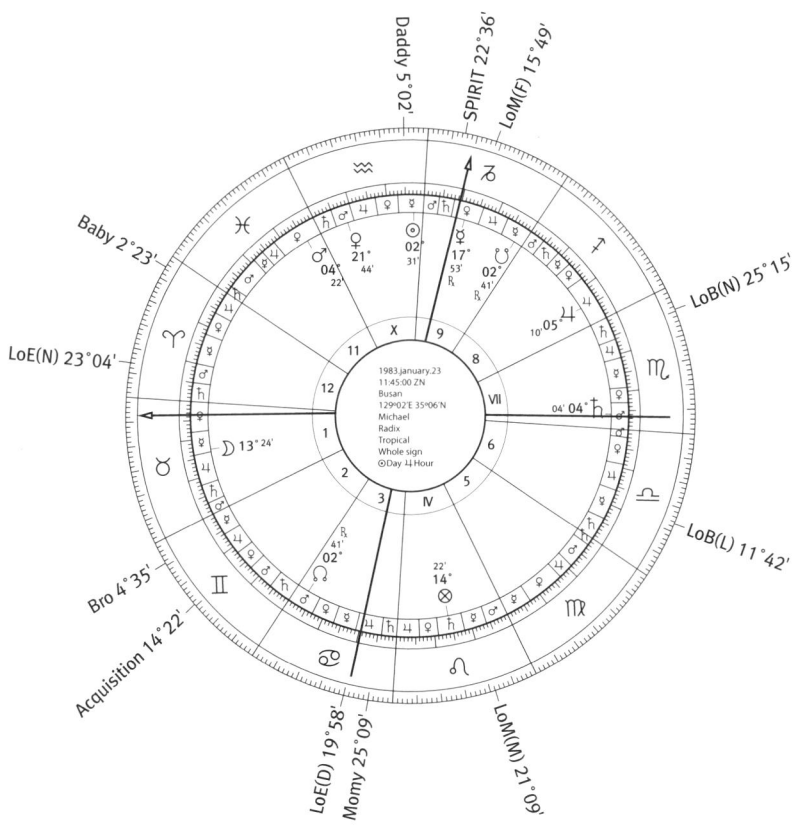

달을 직업성으로 선정하여 분석하자.
1. 달은 게자리에서 룰러쉽, 황소자리에서 엑절테이션을 한다.
2. 게자리는 3하우스에 있으며, 황소자리는 1하우스에 있다.
3. 즉 달은 3하우스, 1하우스의 키워드를 지닌 채, 1하우스에 배치되어 있다.
4. 그래서 3하우스 혹은 1하우스의 키워드를 활용하는 달이 1하우스의 방향으로 직업을 펼쳐나간다.
5. 단, 달 자신의 특성대로 발현하며 활용하는 하우스들 중 자신과 가장 닮은 하우스를 선정한다.
6. 달은 작가의 행성이고, 3하우스는 작가의 하우스다. 달은 자신과 공통 키워드인 3하우스의 '작가'라는 키워드를 활용해 직업을 펼쳐나간다. 그리고 1하우스의 방향이기 때문에 **'자신의 이름이 들어간' 책의 작가**가 될 것이다.

수성을 직업성으로 선정하여 똑같은 방법으로 분석하자.
1. 수성은 쌍둥이자리에서 룰러쉽, 처녀자리에서 엑절테이션을 한다.
2. 쌍둥이자리는 2하우스에 있으며, 처녀자리는 5하우스에 있다.
3. 즉 수성은 2하우스와 5하우스의 키워드를 지닌 채, 9하우스에 배치되어 있다.
4. 그래서 2하우스 혹은 5하우스의 키워드를 활용하는 수성이 9하우스의 방향으로 직업을 펼쳐나간다.
5. 단, 수성 자신의 특성대로 발현하며 활용하는 하우스들 중 자신과 가장 닮은 하우스를 선정한다.
6. 수성은 정보전달과 교육의 행성이고 5하우스는 자문, 컨설팅, 교육의 하우스다. 수성은 자신과 분위기가 흡사한 5하우스의 '컨설팅, 교육'이라는 키워드를 활용하여 직업을 펼쳐나간다. 그리고 9하우스의 '**종교, 철학, 운명학**'을 교육과 컨설팅을 위한 분야로 선정한다.

타 행성에 비해 직업성으로 자격이 부족하지만, 화성을 같은 방법으로 분석해보자.

1. 화성은 양자리와 전갈자리에서 룰러쉽, 염소자리에서 엑절테이션을 한다.
2. 양자리는 12하우스, 전갈자리는 7하우스, 염소자리는 9하우스에 위치하고 있다.
3. 즉 화성은 12하우스, 7하우스, 9하우스의 키워드를 지닌 채, 11하우스에 배치되어 있다.
4. 그래서 12, 7, 9하우스의 키워드를 활용하는 화성이 11하우스 방향으로 직업을 펼쳐나간다.
5. 단, 화성 자신의 특성대로 발현하며 활용하는 하우스들 중 자신과 가장 닮은 하우스를 선정한다.
6. 화성은 전쟁과 싸움의 행성이며, 7하우스는 전쟁과 싸움의 하우스다. 화성은 자신과 공통 키워드인 7하우스의 '전쟁과 싸움'이라는 키워드를 활용하여 직업을 펼쳐나가되, 11하우스에 있는 '국가서비스'로 향할 것이다. 무력을 통한 국가서비스와 긴밀한 직업은 **경찰**이다.

직업성 분석을 통해 발견된 직업군은 다음의 단계를 거쳐 결론을 내려야 한다.

1. 주인공의 지향점인 '상승로드가 위치한 하우스'에 대한 내용이 직업 이야기와 합당해야 한다.
2. 별자리의 직업군이 동일하게 적용되는지 확인해야 한다.
3. 성향 분석을 통해 성향과 직업이 맞는지도 판단해야 한다.

① 상승로드가 위치한 하우스는 10하우스다. 차트주인공은 명예중심적이며, 리더의 삶이 인생의 지향점이다. 작가로서의 삶에도, 종교철학 분야의 선생으로서도, 경찰로서도 합당하다. 모두 명예가 중요한 직종이기 때문이다.

② 별자리의 직업군을 보자. 포르투나는 사자자리에 있으며, 상승로드와 포르투나 로드가 모두 물병자리에 있다. 그 디스포지터인 토성은 전갈자리에 있다.

사자자리	불, 통치, 법, 정의, 진리, 옳고 그름, 자문, 컨설팅, 정치, 권력, 사장, 빙의, 무속, 영성, 연기, 배우, 연예인, 꾸밈, 예술, 표현, 유행, 과시, 사치, 브랜드, 도박, 주식, 코인
물병자리	공기, 물병, 물장사, 목욕탕, 숙박업, 타투, 피어싱, 그래프, 주식, 코인, 파동, 소리, 라디오, 음악, 헤어, 예술, 혁명, 사상, 전파, 평등권, 소수, 약자, 개선, 경찰, 교도관, 고대지식(점성, 사주, 성명학 등), 역사, 전통, 첨단기술, 신소재
전갈자리	물, 랍스터, 해산물, 독, 중독, 썩은 물, SEX, 생식기, 술, 화류계, 커피, 물장사, 발효식품, 발효화장품, 심리, 귀신, 오컬트, 위험, 범죄, 죽음, 수술, 의학, 수학, 과학, 화학, 물리학, 생명공학, 문학, 편집, 출판, 테라피스트, 건반

사자자리(예술, 표현), 물병자리(예술, 사상, 전파), 전갈자리(문학, 출판)의 키워드는 작가가 될 수 있다.

사자자리(자문, 컨설팅, 무속, 영성), 물병자리(고대지식), 전갈자리(심리, 귀신, 오컬트, 테라피스트)의 키워드는 종교철학 분야의 선생이 가능하다.

사자자리(통치, 법, 정의, 옳고 그름, 권력), 물병자리(약자, 개선), 전갈자리(위험, 범죄)의 키워드는 경찰과 합당하다.

③ 그럼 차트주인공의 성향 분석을 통해, 직업을 유지하기에 잘 맞거나 결함이 있는지 판단하자.

상승로드는 사회적 통념을 깨려 노력하는 물병자리에 위치하여 토성의 지위 아래 있다. 영혼을 상징하는 태양은 토성의 영향을 받고 있다. 게다가 토성은 앵글포인트(DSC)에 긴밀하게 근접하기 때문에, 차트의 전체 분위기와 성향에 상당한 영향을 준다. 더욱이 앵글하우스에 있는 태양도 상승점에 빛을 주기 때문에 매우 강하다. 그리고 공공의 영역으로 이끄는 목성은 이렇다 할 입지가 없다.

목성이 두드러지지 않은 채, 태양과 토성, 물병자리가 동시에 발달한 차트는 조직세계를 견디는데 한계가 있다. 즉 자신만의 능력으로 독립적인 생활을 추구한다.

자신의 깨어있는 가치관에 위배가 된다면 다수설이라 해도 거부하며, 자신의 수많은 경험과 깊이 있는 사고가 윗사람 말보다 우월하다고 생각한다.

7하우스에 위치한 강력한 토성은 틀과 통제에 관하여 심한 거부감을 표출한다. 또한 관계의 영역인 7, 11하우스에 위치한 두 흉성으로 인해, '좋은 게 좋은거다'라는 식의 둥글둥글한 관계를 맺지도 못한다.

조직과 계급의 상징인 경찰이 되기에는 문제가 많은 성향이다. 차라리 자유롭게 자신만의 작품활동을 묵묵히 해내는 작가가 되거나, 학문과 영성으로 세상과 타협하지 않는 종교, 철학, 운명학 분야의 스승이 되기를 추천한다.

7. 직업론을 마치며

점성술의 올바른 지식만 가지고 직업을 판단할 수는 없다. 내담자의 인성과 내면를 파악하기 위해 많은 책을 읽고 많은 사람을 경험하며, 성향과 심리에 대한 경험치를 높여야 한다.

그리고 수많은 직업에 대한 이해와 세상의 흐름까지 예측해야 한다. 앞으로 쇠퇴할 가능성이 높은 직업을 추천할 수는 없으며, 내담자가 원하는 특수 직종이 있을 경우 그 일이 무엇인지도 모르면 안 되기 때문이다.

심지어 내담자의 트라우마나 각종 두려움을 발견해, 특정 직업에서 일하는데 방해가 되는지도 분석해야 한다. 어렸을 때 부모에게 학대를 받은 이에게, 출생차트에서 유아교육이 발견된다고 해서 우선으로 추천해 줄 수는 없는 노릇 아닌가?

또한 직업에 대해 열린 가치관을 지녀야 한다. AV배우를 꿈꾸는 여성의 차트에서, AV배우로 직업이 발견된다면 추천해 줄 수 있어야 한다. 자신의 보수적인 관점 때문에 차트에 선명하게 나오는 것을 함부로 막을 수는 없다.

한편, 대다수 직업은 혼자 작업하는 몇몇 직종 외에 사람들과 함께하며 부딪히는 과정이다. 인간관계의 길흉을 차트에서 읽어야 하며, 인문학과 행동심리학을 참고해 좋은 직업상담을 완성해야 한다.

처음에는 직업이 확실한 이들의 차트를 통해, 그 직업을 하게 된 행성을 찾아보고 여러 가지 근거를 발견하는 연습을 하자. 그렇게 수많은 임상을 하다 보면, 직업이 정해지지 않은 청소년 & 어린이들의 차트까지 유추할 수 있을 것이다.

5
루미너리론

1. 인생의 뿌리, 루미너리

　점성술 상담을 받는 이들의 질문은 대부분 풍요와 성공, 직업, 결혼이다. 그런 질문을 받는 대다수 점성가들은 '돈이 많은 차트와 없는 차트'를 간단히 구분해 출생차트의 격을 따진다.
　하지만 자기가 원하는 인생의 방향을 고민하거나 자기객관화를 통해 성향을 개선하려는 이들, 우주가 결정한 삶을 극복해 주체적인 인생을 살고자 하는 이들에게는 물질이 다가 아니다. 그런 이들은 좀 더 깊고 넓은 시각으로 출생차트를 봐야하며, 그 해석의 중심은 달과 태양이다.

　점성술에서 달은 만인에게 육신과 감정을 의미하며, 태양은 영혼을 의미한다. 관상에서도 두 눈은 달과 태양이며, 두 눈동자에서 그 사람의 심상과 영혼의 기세를 볼 수 있으니, 운명학은 하나로 이어져 있다는 것을 다시금 느낀다.
　'몸이 1,000냥이면 눈은 그중 900냥'이라는 말이 있다. 그만큼 사람의 얼굴 중에 눈이 가장 중요하다는 의미다. 점성술을 오랫동안 깊게 연구하다 보면 이 말의 뜻을 더욱 실감하게 된다. 출생차트에서 진정으로 중요한 것은 두 눈을 의미하는 달과 태양, 즉 루미너리다.
　루미너리가 강하고 길해야 삶의 전반이 흔들리지 않는다. 반면, 루미너리가 약하고 흉하면 갖가지 결핍이 함께 한다.

◆ 몸과 마음, 정신의 강인함

육신을 의미하는 **달**은 몸의 건강뿐 아니라 기본체력을 담당한다. 이는 ***몸이 고난을 버텨낼 수 있는 힘***이다. 또한 감정을 의미하기 때문에 감정의 문제[45]를 극복하는 ***내면의 단단함***을 판단할 수 있다.

태양은 영혼과 정신의 기세다. 육신에 담겨 보이지 않는 영혼을 논하기 때문에, 이과 성향이 강한 점성가들은 거부할 수 있는 이론이다. 하지만 얼굴에서는 눈동자로, 천궁도에서는 태양으로 깊은 ***영혼의 기세***를 측정할 수 있다. 그래서 세상을 살아갈 때나 인간관계 속에서 짓눌리지 않는 ***정신적 강인함***을 판단할 수도 있다.

루미너리가 홀사인시스템으로 앵글하우스 혹은 11하우스에 위치해야, 마음과 영혼의 기세가 강한 인물이다.

루미너리가 모두 홀사인으로 1, 4, 7, 10, 11하우스에 있지 않아도 괜찮다. 하나라도 그곳에 있다면 주도권 있는 인생을 살아갈 수 있다. 우주가 어떤 역경을 주더라도 "내가 무너지나 보자!"하고 다시 일어서는 힘은 이곳에 위치한 것만으로도 가능하다. 하지만 금성 혹은 목성의 도움까지 받는다면, 슬기로움이 더해 고난도 쉽게 헤쳐나가게 된다.

반면, 루미너리가 모두 홀사인으로 케이던트하우스(3, 6, 9, 12)에 있다면 해석은 정반대가 된다. 평범하거나 안락한 삶일 때는 아무 문제 없지만, 극심한 고난과 역경이 찾아올 때는 나약한 내면과 흐트러지는 영혼 때문에 좋지 않은 선택을 하는 경우가 있다.

그중 가장 흉한 구조는 루미너리가 모두 6하우스와 12하우스에 배치되어 있는 경우다. 실전에서 이 두 곳에 있는 루미너리는 흉성들의 흉이 없다

---

45) 우울증, 감정기복, 트라우마, 공황장애, 각종 두려움, 애정결핍 등

할지라도 상당히 흉하다고 평가한다. 육신과 감정이 손상되고, 어릴적 받은 육아문제로 인해 애정결핍이 있으며, 세상 무언가에 대한 두려움이 내면 깊숙이 자리잡는다.

  게다가 기백(氣魄)이 약해지기 때문에, 나의 약한 영혼이 다른 영혼에게 침투[46]당하지 않도록 주의해야 한다.

---

46) 빙의를 말한다.

2. 부모, 가정, 양육 그 이상의 이야기

　루미너리는 부모와 배우자를 동시에 의미한다. 부모에게 사랑받지 못한 이들이 자신에게 맞지 않는 이성을 선택하는 것을 보면, 루미너리가 의미하는 바를 이해할 수 있다. 달이 손상되어 어머니의 사랑[47]을 받지 못한 아들이 아내 선택에 문제를 겪고, 태양이 손상되어 아버지의 사랑을 받지 못한 딸이 남편을 고르는 데 문제가 있다는 것이다. 게다가 부모의 안 좋은 영향은 자신이 자식을 낳고 부모가 되었을 때, 자신에게 주어진 부모의 역할에도 문제를 일으킨다.
　부모의 양육방식과 교감이 자녀가 꾸릴 가정에 어떤 영향을 미치는지, 루미너리 구조와 함께 자세히 배워보자.

◆ 달과 태양은 나의 부모이자 내가 받은 양육이다.

　모든 이들에게 달은 어머니, 태양은 아버지를 의미하는 행성이다.
　달의 공전주기인 27.3일은 여성의 배란주기이며, 소수점을 뺀 273일은 평균 임신기간이다. 즉 '생명의 탄생과 임신의 상징'이기 때문에 달은 어머니를 의미하게 되었다.
　한편 태양은 식물, 동물, 인간 등 만물을 살아 숨쉬게 하는 힘이다. 즉 '생명을 만드는 원동력'을 상징하기 때문에 태양은 아버지를 의미하게 되었다.
　그래서 출생차트에서 달 또는 태양이 흉하면, 어머니복 또는 아버지복이 없다고 말한다. 하지만 실전에서 루미너리가 의미하는 부모복에 관해

---
[47] '사랑이라는 감정의 공유와 그 마음의 진실된 표현'을 말한다. 예쁨 받았다고 해서 사랑 받았다고 단정지을 수 없다.

서는 좀 더 구체적인 해석이 필요하다.

부모복이 없다는 것은 과연 무엇이 흉하다는 것일까? 일반적으로 생각하는 복의 기준은 '돈, 후원 그리고 명(命)'이다. 그래서 부모가 부유하거나 건강하다면, 관계가 좋지 않거나 양육을 받지 못했어도 부모복이 있다고 생각한다.

실전에서 **루미너리가 흉할 경우**의 판단은 <**나의 인생에 미치는 그들의 영향이 좋지 않다**>고 해야 옳다.

아래의 내용이 부정적인 영향에 해당하는 경우다.

1. 부모가 단명한 경우
2. 부모가 직접 키우지 않은 경우
3. 부모와 정서교감이 전혀 되지 않은 경우
4. 부모가 경제력이 없는 경우
5. 부모의 고질병으로 인한 오랜 병간호
6. 부모가 남들과 비교하며 훈계로 키운 경우
7. 부모의 극심한 통제와 압박이 있었던 경우
8. 부모가 남들과 비교하며 과잉으로 예뻐한 경우
9. 부모가 자식의 성향과 반대의 양육방식을 택한 경우

부모로부터 받은 영향은 일시적이지 않다. 긍정적인 영향은 일평생 소중한 자산이 되지만, 부정적인 영향은 평생 옥죄는 감옥이 될 수 있기 때문에 스스로 마음공부와 깨우침을 통해 극복해야만 한다.

1, 2, 3번은 평생 '애정결핍'으로 남아 자기중심적으로 사람들을 대한다. 그리고 배우자나 애인에게는 자신만 바라봐야 하는 편향적인 애정관계를 요구한다.

조부모에게 양육을 받았다 해도 달라질 건 없다. 엄마와 교감없이 자랐거나 엄마가 일찍 돌아가신 경우, 훗날 엄마 역할을 해줄 연상의 여자와 만

나는 경우도 이 때문이다.

  특히 3번은 대인관계에서 공감능력 단절을 발생시키고, 반사회적 인격장애가 형성될 수 있어 소시오패스의 길까지 열려 있게 된다.

  4번은 돈을 굴리고 활용하는데 있어서 부정적인 영향을 받는다. 평생 '가난의 길을 걷게 만드는 경제관념'을 배운다. 또한 '물질적 인색함'으로 인해 인간관계에서도 문제가 발생한다. 이는 어른이 되어 사회활동을 통해 개선할 수 있다.

  5번도 부정적인 경제관념을 배울 가능성이 있지만, 더 큰 문제는 따로 있다. 5번을 겪은 사람은 부모가 돌아가실 때까지 나의 삶을 버리고 시간이 소비되기 때문에 높은 확률로 결혼이 늦어진다.

  설령 아픈 부모로부터 벗어난다 해도 그 후에는 아픈 배우자 혹은 평생 챙겨줘야 하는 배우자를 선택한다. 부모에게 배운 것이 '타인에게 희생과 봉사하는 법' 밖에 없기 때문이다.

  또한 '극심한 건강염려증과 세균공포증'으로 인해 편치 않은 마음으로 일생을 살아가게 되니 더욱 안타깝다.

  6, 7, 8번은 '자기능력개발에 한계'를 주고, '도전정신의 감소와 재능낭비', 그로 인해 사회적으로 도태되는 인생을 안겨준다.

  6, 7번의 경우는 자신감의 큰 상실과 비관주의적 가치관으로 인해 공정한 경쟁조차 하지 않으려는 마음을 갖는다. 또한 분노조절장애로 인한 대인관계 문제를 안겨준다. 심지어 자신의 자녀에게 똑같이 통제하고 압박을 가하여 대물림이 될 수 있다.

  8번의 경우에는 과도한 자기애로 인해 1등이 아니면 무엇도 하려고 하지 않는다. 그래서 1등이 되기 위해 과도한 경쟁심을 보여준다. 때로는 윗사람을 배신하려 하고 승리를 위해서라면 인간을 도구로 활용하려는 가치관도 형성될 수 있다.

9번의 경우는 부모와의 갈등이 극심해진다. 이런 상황은 보통 '자신이 싫어하는 부모를 닮은 자녀를 낳은 경우' 혹은 '자녀가 배우자의 단점을 물려받은 경우'가 많다.

아이의 타고난 성향을 억압하기 때문에 갈등의 골은 깊어지고, 그렇게 양육을 받은 아이는 성장하면서 부모와 마음의 벽을 쌓는다.

출생차트에서 발현되는 구조는 아래와 같다.

1. 달 혹은 태양이 6, 12하우스에 있을 때
2. 달 혹은 태양이 흉한 하우스에서 흉성들에게 영향을 받을 때
3. 달 혹은 태양이 앵글포인트에 4°미만으로 붙어 있는 흉성과 애스펙트를 맺을 때
4. 부모와 유년기의 방인 4하우스에 흉성이 있을 때
5. 4하우스 주인행성이 위 루미너리 구조와 같을 때
6. 부모의 랏과 그 주인행성이 위 루미너리 구조와 같을 때

루미너리는 모두 안정되어야 부모로부터 온전한 양육을 받는다. 그래야만 나의 초년운이 올바르고 편안하게 흘러갈 수 있다. 한 사람에게 초년이란 부모가 주는 혜택이기 때문에 당연한 결과다.

◆ 부모를 보고 배우자를 고른다.

초등학교부터 대학교까지 약 16년 간의 교육과정에 <내게 맞는 올바른 배우자를 선택하는 법>이라는 과목은 없다. 그래서 우리는 이성인 부모에게 그 과목을 오랫동안 습득한다.

아들은 어머니를 보고 '아내가 남편에게 어떻게 대하는지, 집안일은 어떻게 하는지, 내조를 하는 모습과 재능을 발휘하는 모습, 양쪽 부모들에게 어떻게 하는지' 등을 학습하여, 훗날 그 모습과 다르지 않은 아내를 고른다.

그리고 딸은 아버지를 보고 '남편이 아내에게 어떻게 대하는지, 집안일

을 도와주는지, 사회생활을 어떻게 하는지, 남자란 어떤 인생으로 살아가야 하는지, 양쪽 부모들에게 어떻게 하는지' 등을 습득하여, 어른이 되었을 때 그 모습과 크게 다르지 않은 남편을 고른다.

간혹 부모님의 결점으로 인해 정반대의 사람을 선택하는 이들이 있다. 그러나 대다수는 무의식에 저장된 부모님의 모습에 큰 영향을 받는다. 항상 봐왔던 부모가 익숙하고, 그 모습과 비슷한 사람을 친근하다고 착각하기 때문이다.

이런 심리로 인해, 달과 태양은 부모운을 넘어서 내가 만나는 이성과 결혼할 배우자까지 영향을 미친다.

◆ 엄마가 겪은 인생을 딸이 그대로 살아가는 이유

간혹 무능력한 아버지를 둔 딸이 있다. 아버지는 일을 하지 않고 가사도 돌보지 않으면서 집에서 뒹굴고 있다. 그런 남편을 둔 아내는 매우 높은 확률로 열심히 일하는 여성이다. 건강에 이상이 생길 정도의 과업을 이겨내며, 가족을 먹여살리고 백수 남편을 부양한다. 그런 아버지와 어머니를 보고 자란 딸은, 아버지가 지긋지긋하고 불쌍한 어머니처럼 살기 싫어서, 훗날 능력 있는 남자를 선택해야 하지 않을까?

하지만 왜 아버지와 비슷한 남자를 선택해서, 어머니의 전철을 밟는 것일까?

이것 또한 양육방식과 어머니의 가르침 때문이다. 어머니가 딸에게 가르쳐야 하는 올바른 내용은 "능력 있는 남자, 자신의 커리어를 위해 노력하는 남자를 만나라"다. 하지만 현실은 그렇지 않다.

내 딸은 저 꼴보기 싫은 백수 남편의 유전자를 절반이나 갖고 있지 않은가? 그래서 그 유전자를 짓누르기 위해, 어릴 때부터 성실하게 사는 자세, 시간을 쪼개 열심히 활동하는 법, 자신의 재능을 살리고 커리어를 위해 노력하는 법, 남은 시간으로 희생하는 법과 봉사하는 법을 주입시킨다. 즉, 자신과 똑같은 인생의 캐릭터를 만들어 버리는 것이다.

이는 보통 **달의 성향이 상당히 강하면서, 달이나 상승로드가 6하우스에 위치**한 이들에게 많이 나타나는 현상이다. 게다가 **4하우스에 흉성까지 위치**하면 고난은 더욱 가중될 수 있다.

◆ 부모를 보고 육아를 배운다.

우리는 결혼하고 출산하기까지 <올바른 부모가 되는 법, 아기인 자녀를 이해하고 소통하는 법>을 배운 적이 없다. 그래서 나의 동성인 부모에게 그것을 오랫동안 습득하고, 모든 육아방식과 부모 역할을 전수받는다.

아들은 아빠에게서, 딸은 엄마에게서 각각 아버지가 되는 법과 어머니가 되는 법을 배운다. 나의 동성인 부모가 '내게 어떻게 양육을 하는지, 무엇을 가르치는지, 인생에서 무엇이 중요하다고 전하는지, 정서 교류를 어떻게 하는지, 자신에게 어떤 말투를 사용하고 어떤 생활습관을 보여주는지, 어떤 경제관념을 알려주는지' 등을 보고 들으며 익힌다. 그리고 자신이 부모가 된 후, 자식에게 똑같이 한다.

그래서 동성인 부모복이 상당히 결핍된 이들은, 결혼 후 자식을 낳고 나서 부모 역할을 전혀 하지 못하는 자신의 모습에 큰 충격에 빠진다. 심하면 결혼생활에 문제를 일으킬 만큼 방황을 하기도 한다.

음식과 장소 외에도 모든 선택을 아기인 자녀를 위해 해야만 하는 이타적 인생을 전혀 받아들이지 못하는 부모가 된다.

남성의 차트에서 아버지를 상징하는 태양, 여성의 차트에서 어머니를 상징하는 달은, 미래의 부모 역할을 하는 나의 모습과 같다.

운명학을 공부하는 우리는 부모에게 받은 부정적인 영향을 끊어내야만 한다. 내가 받지 못한 육아의 기억을 지우고, 육아책, 육아방송, 육아전문가의 조언 등을 통해 열심히 배워야 한다. 그렇게 쌓인 올바른 지식을 통해 자녀를 가르치며, 우주가 결정한 자신의 방식을 개척해야 한다.

다음 남성의 차트를 보고, 루미너리와 4하우스의 상태로 부모, 가정, 양육을 판단해보자.[48]

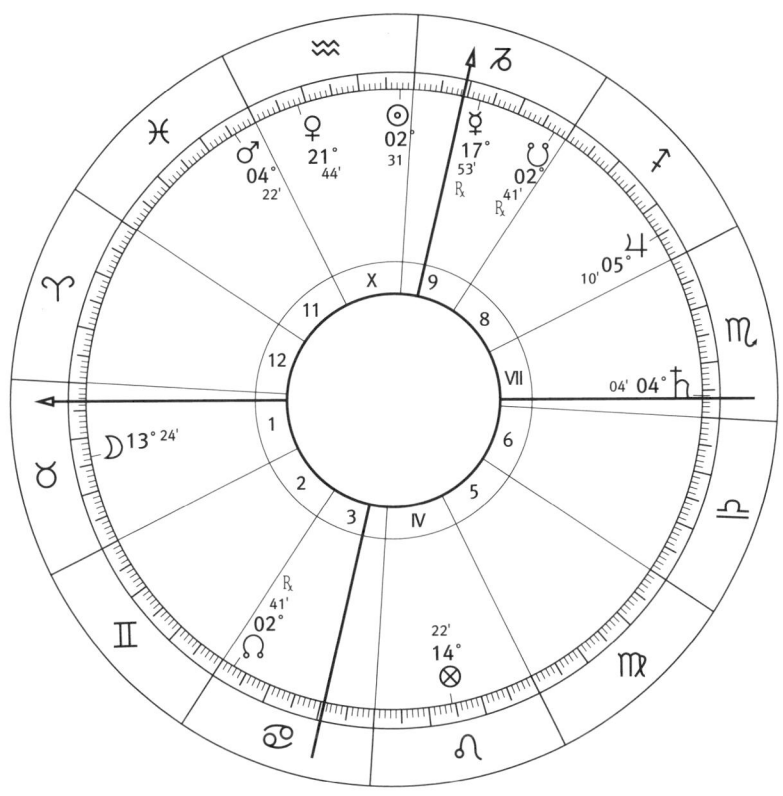

부모로부터 받은 양육과 어머니복, 초년기를 의미하는 달은 강하고 길한 1하우스에 위치한다. 하지만 두 길성의 유효한 도움없이 토성에게 오브내로 대립각을 받고 있어 안타깝다.

한편 4하우스 주인이자 아버지복을 의미하는 태양은 강하고 길한 10하우스에 위치하며 목성의 육각을 받고 있다. 그러나 토성에게 도미네이션

---

48) 더욱 확실한 판단을 위해서는 아버지의 랏과 어머니의 랏, 그 주인행성들의 상태까지 파악해야 한다. 하지만 루미너리와 4하우스의 상태만으로도 확률 높은 해석이 가능하다.

을 받고 있어 상당히 흉하다.

두 루미너리에게 영향을 주는 토성은 홀사인과 포피리우스로 모두 앵글에 있으며, 앵글포인트에 4°미만으로 붙어있기 때문에 인생의 분위기를 지배할 만큼 매우 강력한 힘을 얻었다. 루미너리들이 받는 흉이 결코 가볍지 않다고 판단된다.

양육과정에서 부모와의 교감문제, 아버지복의 감소가 예상된다. 그로 인해 애정결핍과 공감능력 상실이 우려된다. 또한 자식에게 아버지 역할을 하는데 있어 많은 노력이 필요할 것으로 보인다.

3. 건강에 대한 이야기

점성술에서 루미너리가 상징하는 가장 중요한 것은 '육신과 감정의 건강'이다. 그중에서도 외부로 드러나는 육신의 건강문제는 결코 소홀히 할 수 없다. 길흉의 가장 큰 지분은 몸을 의미하는 '달'에게 있고, 그 밖에 여러 가지 구조를 복합적으로 봐야한다.

천궁도에서 질병이나 수술 등으로 인해 몸의 건강문제가 생길 수 있는 이론은 다음과 같다.

> 1. 달 혹은 상승로드가 6, 8, 12하우스에 있을 때
> 2. 달 혹은 상승로드가 흉성에게 큰 손상을 받을 때
> 3. 6하우스에 흉성이 있을 때
> 4. 6하우스 주인이 흉성에게 큰 손상을 받을 때
> 5. 6하우스 주인이 흉성이면서 상승궁에 있을 때
> 6. 상승점에 4°미만으로 흉성이 붙어 있을 때
> 7. 힐렉[49]으로 지정받은 태양 혹은 포르투나가 흉성에게 큰 손상을 받을 때

출생차트에서 달은 누구에게나 '육신'을 의미하는 본질적 지표성이다. 그리고 상승로드는 '나 자신'을 의미하는 비본질적 지표성이다. 달과 상승로드가 흉한 하우스 중 질병의 의미가 있는 6, 8, 12하우스에 위치하면 건강에 이상이 생길 수 있다. 만약 그곳에서 흉성들의 애스펙트까지 받는다면 흉이 더욱 심해진다.

또한 '육신의 질병'이라는 단어가 있는 6하우스에 흉성이 위치할 때, 6

---

49) 힐렉(Hyleg) : 생명을 수여 받은 자. 아페타(Apheta)라고도 하며, 차트주인공의 생명과 건강을 담당한다. 수명론에서 자세히 다룬다.

하우스 주인이 흉성에게 손상을 받을 때도 질병과 사고를 조심해야 한다. 6하우스의 흉은 우리 몸에 확실히 영향을 미친다.

그리고 6하우스 주인이 흉성인 신분으로 상승궁에 있을 때 질병에 걸릴 수 있다. 하지만 이 부분은 어디까지나 가능성에 불과하며, 확신하기에는 이르다.

상승점은 영혼을 상징하는 태양이 떠오르며 개개인에게 생명력을 불어넣어주는 지점으로 '나의 육신'을 의미한다. 이곳에 흉성이 매우 근접하게 (4°미만) 붙어 있는 경우에도 건강문제가 생길 확률이 높다. 당신이 때어난 시간 동쪽지평선에, 흉성이 얼굴을 들이밀고 있는 모습을 상상하면 쉽게 이해될 것이다.

힐렉이란 생명을 수여받은 행성이나 특정 지점이다. 어떤 조건에 의해 힐렉으로 지정받은 태양 혹은 포르투나는 달처럼 육신을 의미한다. 그저 영혼을 의미하는 줄만 알았던 태양, 성공이나 직업에 초점을 잡았던 포르투나도 누군가에게는 건강과 생명을 상징하는 것이다. 이 지표성도 흉성에게 손상받지 않아야 한다.

위 이론에서 영향을 준 화성과 토성은 그 성질대로 육신에 손상을 일으킨다. 화성은 수술과 사고, 토성은 질병으로 알려져 있지만 실전에서는 조금 다르다. 화성과 토성 모두 육신의 질병과 그로 인한 수술을 의미한다. 추가로 화성은 사고수와 갑작스럽게 발견된 질병까지 의미하며, 토성은 유전병과 고질병이 추가된다.

다음 여성의 차트를 보고 건강운을 판단하자.

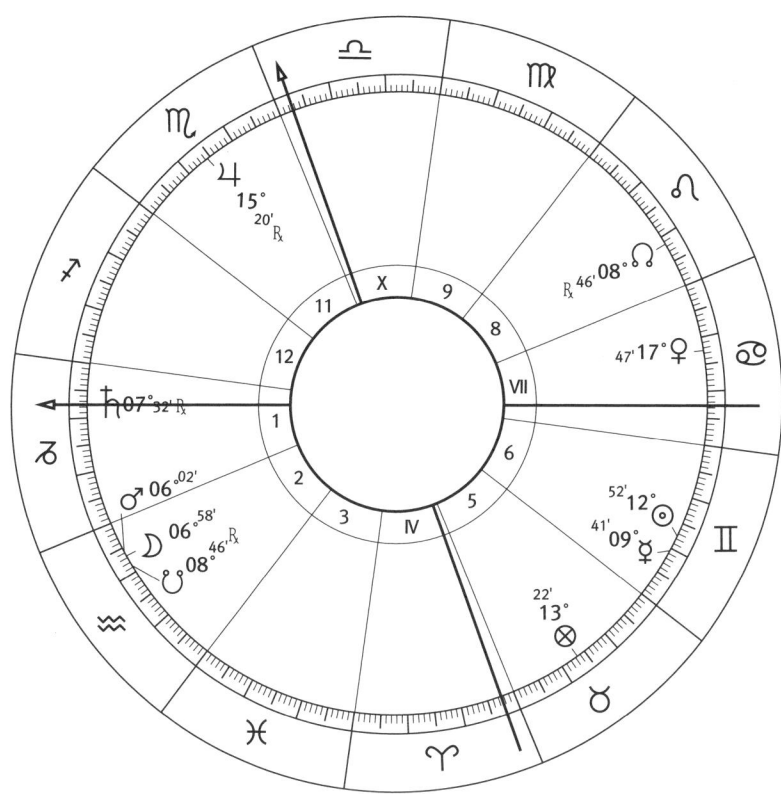

상승점에는 토성이 파틸로 붙어 있어, 강력한 힘으로 나의 몸에 영향을 미치고 있다.

육신을 의미하면서 힐렉으로 선정된 달은 흉한 2하우스에서 남쪽 노드에게 손상을 받고, 화성과 너무 강한 컨정션을 이루고 있기 때문에 상당히 흉하다.

6하우스 로드 수성은 흉한 6하우스에 위치한 채, 화성에게 4°미만으로 삼각을 받고 있어 매우 흉하다.

육신의 아픔이 예상되는 여러 가지 구조이기 때문에 건강에 꾸준히 신경을 써야 한다.

6
수명론

1. 수명론의 진실

수명(壽命) - 생명이 살아있는 기간.

다양한 종교에서 전하는 각기 다른 사후(死後)에 대한 탐구심은 인간의 본성이다. 그래서 사후세계로 들어가는 출발점인 죽음과 그 시기에 대해 당연히 궁금할 수밖에 없다. 운명학자들은 이러한 궁금증을 해결하기 위해 오랫동안 수명을 연구해왔고, 그것을 통해 예언의 마침표를 찍고자 노력하고 있다.

그러나 수명은 함부로 단정지을 수 없다. 인간이 만들어낸 간단한 공식으로 감히 수명을 유추하고 판단하는 것은, 신의 영역에 도전장을 내밀며 까부는 것과 별반 다르지 않다.

우리는 여러 분야를 연구하고 예측하되, 정도를 지키며 실력을 키워나가야만 한다. 자신의 수명도 예측하지 못하면서, 감히 타인의 수명을 예언하는 것 자체가 모순이며 선을 넘은 행위다.

이번 시간만큼은 이론을 전하면서도 활용성에 대해 의문의 여지는 남겨두겠다. 그럼에도 점성술의 실전 교과서를 쓰고 있는 학자로서 최선을 다해 수명론에 대한 이론을 전할까 하니, '이런 방식이 있구나'라고 참고만 하길 바란다.

자신의 차트에서 수명을 예측하는 어리석은 짓은 하지 않았으면 한다.

2. 힐렉의 선정

아페타(Apheta)라고도 불리는 힐렉(Hyleg)은 '생명을 수여받은 자'로서, 출생차트에서 생명과 건강의 운을 보는 행성 혹은 지점이다. 또한 그 위치로부터 생명의 길을 계산하여 천수(天壽)를 예측한다.

수명을 계산하기 위해 힐렉을 선정하려면, 하우스시스템은 반드시 **포피리우스(Porphyrius)시스템**으로 판단해야 한다.

힐렉을 선정하는 이론은 명확히 정해져 있다. 하지만 고서에 적힌 예측 불가의 무작위 후보들이 있어 자신만의 관법을 확실히 정해야만 한다. 하나하나 천천히 알아보자.

> **힐렉의 조건과 자격 1**
> - 섹트를 얻은 루미너리가 힐렉이다. 즉 낮의 차트에서는 태양이 힐렉이며, 밤의 차트에서는 달이 힐렉이다.
> - 하지만 포피리우스시스템으로 케이던트하우스[50]에 위치한 루미너리는 제외된다. 만약 섹트를 얻은 루미너리가 케이던트에 위치할 경우, 섹트를 잃은 루미너리로 힐렉의 자격이 넘어간다.
> - 루미너리가 모두 케이던트하우스에 위치할 경우에는, 상승점(ASC) 혹은 포르투나(LOF)가 힐렉이 된다.

매우 단순한 논리다. 하우스시스템을 포피리우스시스템으로 설정한 상태에서, 케이던트하우스(3, 6, 9, 12H)에 있지 않는 한, 낮의 차트일 경우

---

[50] 케이던트하우스에 있는 루미너리는 지속성을 잃은 상태이기 때문에 힐렉에서 제외시킨다. 하지만, 케이던트에 위치하더라도 앵글포인트에 4°미만으로 붙어 있는 루미너리는 힘이 강해지므로 힐렉으로 인정해야 한다.

태양이 힐렉이며, 밤의 차트일 경우 달이 힐렉이다.

만약 낮의 차트에서 태양이 케이던트하우스에 있다면, 섹트를 잃은 루미너리인 달이 힐렉이 된다. 마찬가지로 밤의 차트에서 달이 케이던트하우스에 있다면, 섹트를 잃은 루미너리인 태양이 힐렉이 된다.

하지만 둘 다 케이던트하우스에 있을 경우, 상승점이나 포르투나가 선택되어 힐렉의 역할을 한다. 그러나 상승점이 힐렉이 될지, 포르투나가 힐렉이 될지는 정해져 있지 않다. 필자는 위 루미너리의 경우처럼 케이던트하우스에 있는 포르투나는 제외하는 것이 합당하다고 본다.

> **힐렉의 조건과 자격 2**
> - 천칭자리에 위치한 태양과 전갈자리에 위치한 달은 힐렉에서 제외된다.
> - 그러나 그 루미너리가 상승점(ASC)에 파틸로 애스펙트 한다면, 힐렉의 자격을 다시 얻는다.
> - 컴버스트되는 달은 힐렉에서 제외된다.

힐렉의 자격에 반전을 주는 특별한 이론이다. 낮의 차트에 태양이 앵글하우스나 석시던트하우스에 있더라도, 천칭자리에서 추락(fall)하는 상태라면 힐렉에서 제외된다. 달도 마찬가지로 전갈자리에 위치하여 추락하고 있다면 힐렉에서 제외된다. 힐렉이라는 칭호를 얻으려면, 질적으로도 품격이 좋아야 한다는 이론이다.

그러나 상승점에 똑같은 도수(파틸)로 애스펙트하는 루미너리라면, 추락하더라도 힐렉으로 다시 인정하는 관용을 베푼다. 몸을 의미하는 상승점과 강력하게 연계되었기 때문이다.

또한 컴버스트되는 달은 구조상 힐렉의 자격이 있더라도 태양에게 권한을 양보한다. 태양빛에 감추어져 온전한 힘을 낼 수 없기 때문이다.

'힐렉의 조건과 자격' 이론을 활용해, 다음 차트에서 힐렉을 판단해보자.

힐렉찾기 1

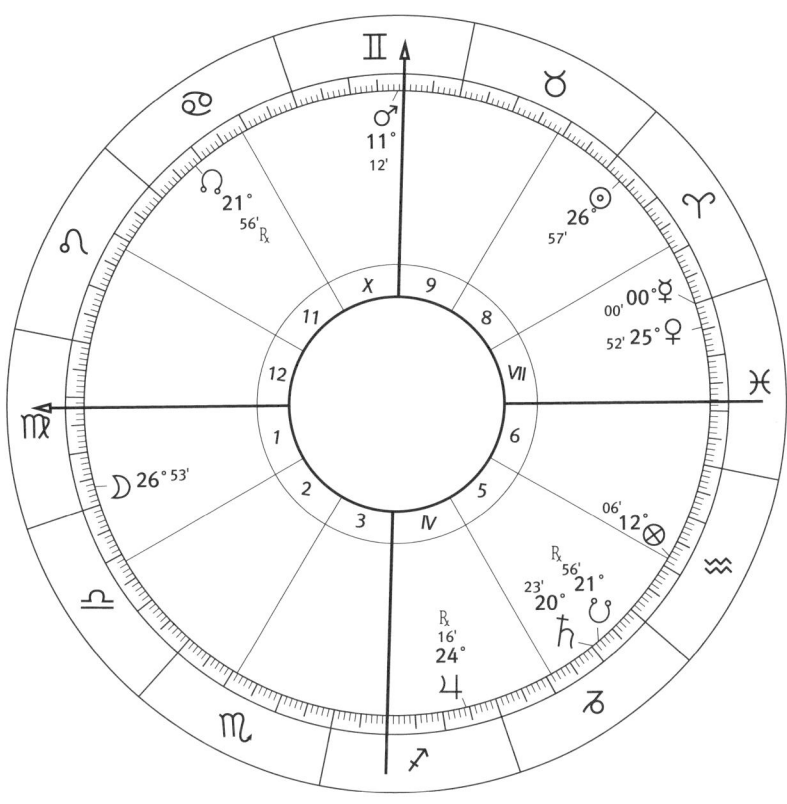

포피리우스시스템으로 설정한 상태다.

낮의 차트이기 때문에 힐렉의 우선권은 태양에 있다. 태양은 석시던트하우스에 있으며 달은 앵글하우스에 있다. 비록 달이 위치한 앵글하우스가 태양이 위치한 석시던트하우스보다 지속성이 강한 하우스라 해도 달라지지 않는다. 케이던트하우스에만 위치하지 않는다면, 낮의 차트에서는 태양이 힐렉이 된다.

이 차트에서 힐렉은 태양이다.

다음의 차트를 보고 힐렉을 한번 더 찾아보자.

힐렉의 선정　　235

힐렉찾기 2

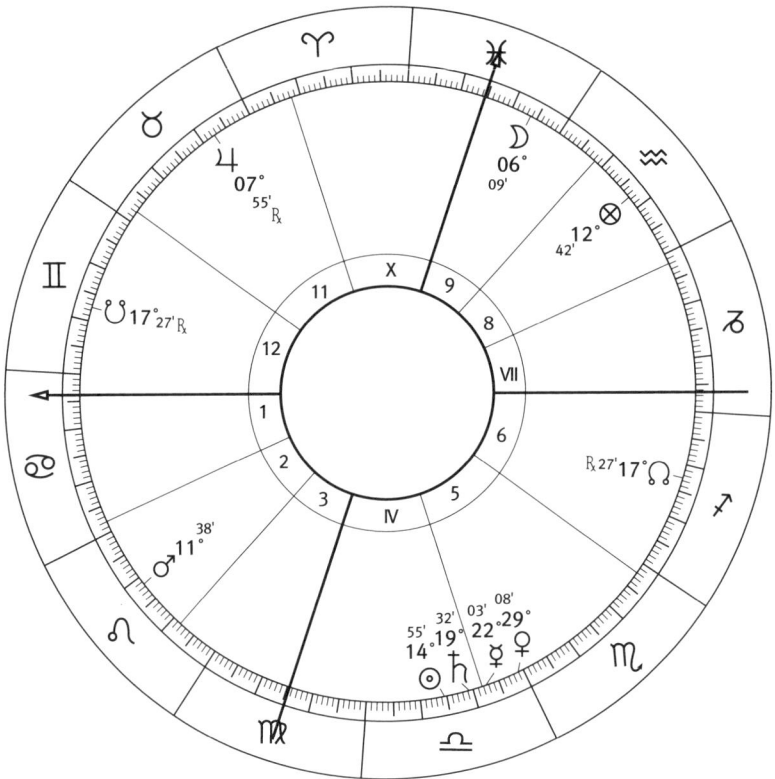

포피리우스시스템으로 설정한 상태다.

밤의 차트에서는 달이 힐렉이 될 수 있는 우선권을 부여받는다. 하지만 달은 케이던트하우스에 위치하기 때문에, 힐렉의 자격을 앵글하우스의 태양에게 넘겨줄 수밖에 없다.

그러나 태양은 천칭자리에서 추락하는 상태다. 추락하는 루미너리는 상승점에 파틸로 빛을 주지 않는 한 힐렉에서 제외된다. 이 태양은 상승점과 파틸로 연계되지 않기 때문에 힐렉이 될 수 없다.

루미너리가 힐렉이 될 수 없는 상황이라면, 상승점이나 포르투나 중에서 힐렉이 선택되어야 한다.

여기까지가 힐렉을 선정하기 위해 명확히 정해진 이론이다. 지금부터 소개할 내용은 고대점성가들이 언급한 예측불가 무작위 힐렉 후보들이다.

힐렉의 조건과 자격 3

- 때로는 남중점(MC)
- 때로는 태어나기 전 삭망월점(Syzyzy)
- 때로는 힐렉의 랏 1 : LoH 1 (ASC+Moon−Syzyzy)
- 때로는 힐렉의 랏 2 : LoH 2 (ASC+North Node−Syzyzy)
- 때로는 힐렉으로 선정된 루미너리가 위치한 텀
- 때로는 힐렉으로 선정된 루미너리의 디스포지터

이 모든 것들이 힐렉이 될 수 있으며 규칙도 존재하지 않는다.

필자는 현재 루미너리, 상승점, 포르투나 중에서만 힐렉을 선정하고 있으며 무작위의 후보들은 적용하지 않는다.

3. 천수(天數)의 계산

천수의 사전적 의미는 '타고난 수명, 하늘이 정한 운명'이다.

하지만 점성술에서 천수란, **어떤 외부적인 힘에 의한 사건사고 없이, 내적인 질병과 육신의 질병에 걸리지 않고 늙어 자연사하는 나이, 즉 하늘이 부여해 준 최장기간의 수명**을 말한다.

천수를 다하는 것은 복이다. 그러나 대개는 여러 가지 바이러스, 암을 포함한 각종 질병, 사건사고, 범죄, 내적 질병에 의한 어리석은 선택으로 천수를 다하지 못한다.

그래서 천수를 계산하는 것은 의미가 없다. 하지만 점성술이론을 모두 전한다는 목적으로, 인간이 임의로 만들어 낸 '출생차트 천수계산법'을 소개하겠다.

> 천수를 계산하기 위해서는 힐렉이 정해져 있어야만 한다. 힐렉의 위치가 바로 천수계산의 시작점이기 때문이다.
> 우선 Charts ⇨ Elections을 활용하여 힐렉의 위치를 ASC로 맞춘다. 그렇게 맞춘 ASC부터 반시계방향으로 90°지점이 천수의 끝지점이다.
> 이제 Elections의 Hour와 Min +버튼을 활용하여, 'ASC부터 반시계방향 90°지점까지' 몇 분이 걸려 도착하는지 수동으로 계산한다.
> 그렇게 나온 값(몇 분)에 '÷4'를 한 결과가 천수다.

이해가 어렵다면 그림으로 알아보자.

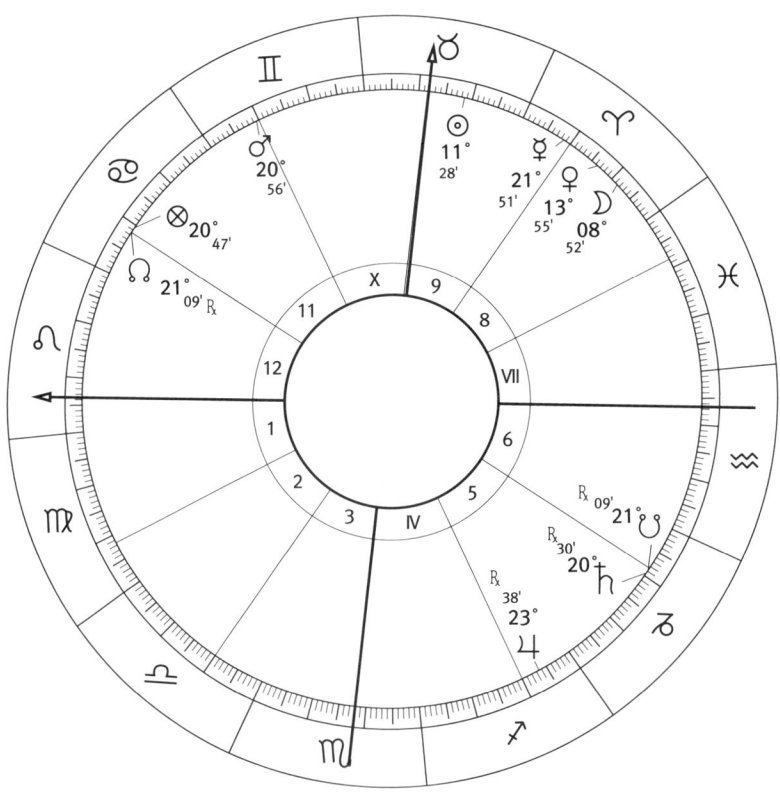

힐렉 선정을 위한 하우스시스템은 '포피리우스'다.

낮의 차트에서 태양은 힐렉의 우선권을 부여 받지만 케이던트하우스에 위치하기 때문에 달에게 힐렉을 양보한다. 달은 섹트를 잃은 루미너리이지만 석시던트하우스에 있기 때문에 힐렉의 자격이 있다.

포피리우스시스템으로 8하우스는 흉한 하우스가 아니라 석시던트하우스일 뿐이다. 힐렉 선정에서 케이던트하우스만 아니라면 앵글에 있든 석시던트에 있든 자격은 충분하다.

이로써 힐렉은 '양자리 8°경에 위치한 달'이다.

Charts ⇨ Elections로 들어가 힐렉으로 선정된 달의 위치를 ASC로 맞춰야 한다.

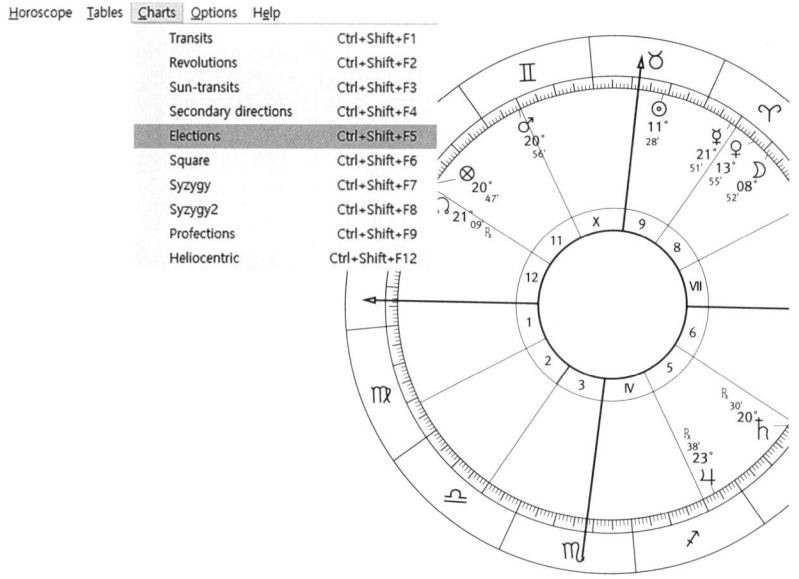

Hour버튼과 Min버튼을 활용하여, 상승점을 양자리 8°로 맞춘다.

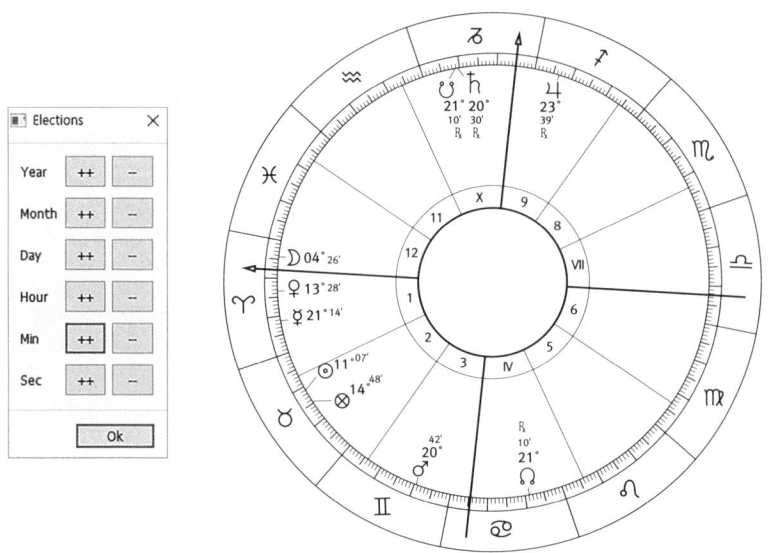

양자리 8°에서 반시계방향으로 90°위치는 게자리 8°이다.

⇨ Hour+버튼과 Min+버튼을 활용하여, 천수의 시작점인 양자리 8°에서 천수의 마지막 지점인 게자리 8°까지51) 총 몇 분이 걸리는지 수동으로 눌러 확인한다.

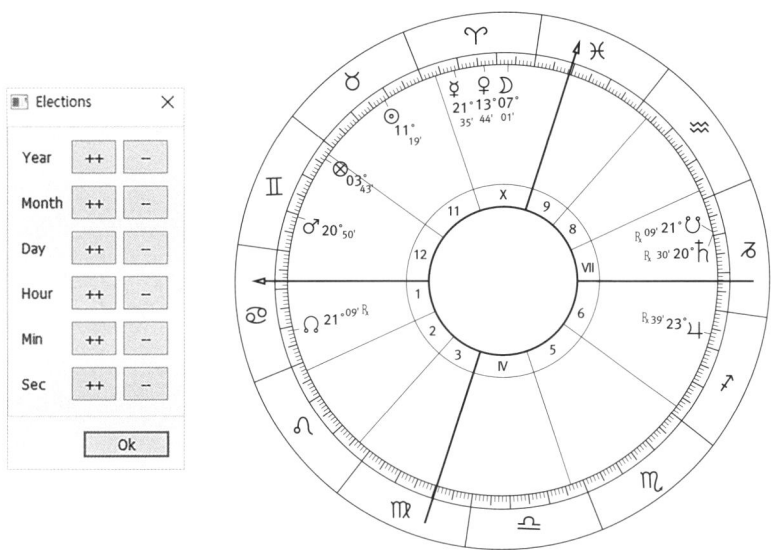

총 5시간 5분 만에 상승점이 게자리 8°에 도달했다.

5시간 5분을 분으로 환산하면 305분이며, 305÷4를 한 값이 천수가 된다. 76.25년이 나온다. 이 차트의 천수는 약 76세인 것이다.

힐렉이 달, 태양, 포르투나인 경우에는 이와 같이 반시계방향 90°만큼이 천수 계산의 거리가 된다. 만약 상승점이 힐렉이 된다면 반시계방향 90°가 아니라 'IC까지'가 천수계산의 거리가 된다.

이제 천수를 다하지 못하게 만드는 아나레타(Anareta)를 알아보자.

---

51) 전후 오차는 약 3°이다. 위 경우 천수계산의 마지막 지점은 게자리 5°가 될 수도 있고, 게자리 11°가 될 수도 있다.

4. 아나레타의 영향

아나레타(Anareta), 일명 '생명 파괴자'다. 천수를 다하지 못하도록 만드는 방해자로서, 어떤 행성이나 지점을 말한다.

아나레타는 크게 세 가지로 분류할 수 있다.

> **아나레타(Anareta)**
> 1. 흉성(화성, 토성)
> 2. 루미너리(달, 태양)
> 3. 앵글포인트(ASC, MC, DSC, IC)

두 흉성이 우리의 생명을 갉아먹는 아나레타라는 것은 누구나 예상할 수 있다. 하지만 루미너리와 앵글포인트가 아나레타에 포함된다는 것은 의외다. 우리에게 생명을 주는 힐렉(달과 태양)은 생명을 앗아갈 수 있는 권한도 있으며, 앵글포인트는 삶의 큰 변곡점으로 그것은 죽음이 될 수도 있다는 논리다.

그럼 천수라고 불리는 생명의 길(힐렉부터 반시계방향 90°위치까지)에 아나레타가 위치하고 있거나 애스펙트 하고 있다면, 그 지점이 위태로운 시기가 된다. 특히 아나레타의 영향이 중첩되는 지점을 조심해야 한다.

천수를 구하는 법과 마찬가지로, 힐렉부터 아나레타가 간섭하는 지점까지의 거리를 Elections로 총 몇 분이 걸렸는지 계산하고, 그 값에 '÷4'를 하면 조심해야 하는 나이가 나온다.

천수를 계산했던 차트로 다시 아나레타를 적용해 보자.

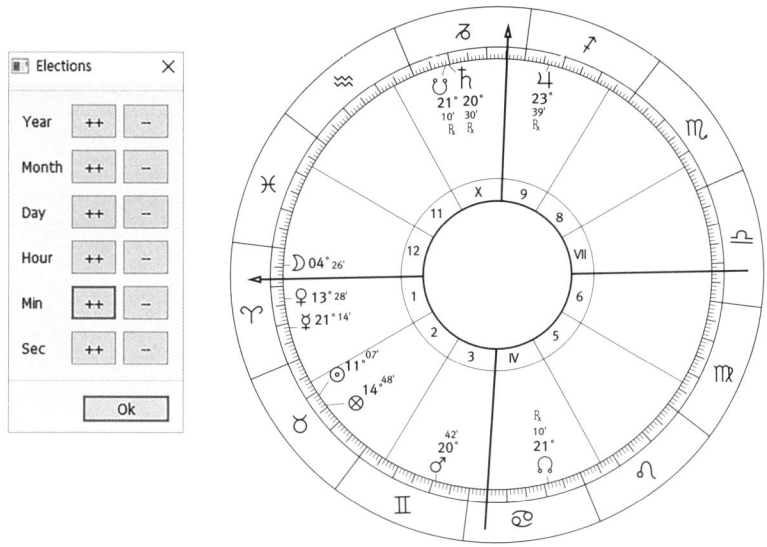

양자리 8°부터 게자리 8°까지가 생명의 길(천수)이었다. 하지만 게자리 8°에 도달하기 전, 쌍둥이자리 20°에 아나레타인 화성이 위치하여 인생의 순탄한 생명길을 방해하고 있다.

Hour버튼과 Min버튼을 활용하여, 천수의 시작점인 양자리 8°에서 아나레타가 위치한 쌍둥이자리 20°까지 총 몇 분이 걸리는지 수동으로 확인한다. 그리고 나온 값(몇 분)에 '÷4'를 하면 천수를 다하기 전 조심해야 하는 나이가 나올 것이다.

그 시기에는 '죽음, 육신의 질병, 내적 질병, 사건사고, 재산의 큰 손실, 이혼, 사랑하는 사람의 죽음' 등의 이야기가 나올 수 있다.

그러나 실전에 의하면 꼭 필연적인 것은 아니기 때문에, 아나레타의 시기라도 너무 두려워할 필요는 없다.

7

해외론

1. 시대변화에 따른 해외의 인식

역마살(殺)을 흉하기만 한 운명이라고 여기던 시절이 있었다. 고향땅에서 평생 머물러야 안정된 삶이요, 이동은 삶의 불안정이라 생각했다. 그러나 비행기의 등장과 가문 중심 사회의 붕괴로 인해, 시대가 흐를수록 많은 이들이 해외에서의 삶을 갈망하고 있다.

하지만 마음가짐만으로 모두 다 그곳에서 살 수 있는 것은 아니다. 그것은 역마살을 넘어서 더 확실한 해외 거주운이 있어야만 한다. 그리고 점성술의 출생차트에서 그 구조를 확인할 수 있다.

해외운에 관하여 반드시 논점이 되는 두 가지가 있다.

첫째. *몇일 동안 혹은 일주일간 떠나는 해외여행도 출생차트에서 말하는 해외운인가?*

현대의 해외여행은 서울에서 떠나는 강원도여행이나 부산여행과 다를 바 없다. 인천공항에서 비행기를 통해 일본으로 가는 시간은 자동차를 이용하여 부산으로 가는 시간보다 빠르다. 외국은 더 이상 특별한 장소가 아니다.

필자가 지금 소개할 해외운이란 며칠 여행을 떠나는 개념이 아니다. '이민, 해외 장기거주 등 외국을 거주지로 삼고 집을 계약하는 운'을 말한다. 즉 몇 년간 그곳에서 일을 할 수도 있고, 학교를 다니며 그 나라에 완전히 흡수되는 삶을 말하는 것이다.

둘째. *제주도와 그들이 말하는 육지(반도)를 해외의 개념에 넣을 수 있나?*

제주도에서 태어나 살다가 서울로 이사 온 경우, 혹은 서울에서 태어나 살다가 제주도로 이사간 경우를 말한다. 이것은 출생차트에서 말하는 해외운에 넣어야 한다.

　같은 나라라고 부정한다면, 김포공항에서 도쿄까지 2시간 반 가량 걸리는 것은 해외운이지만, LA에서 워싱턴 D.C.까지 비행기로 5시간 가량 걸리는 것은 해외운이 아닌 꼴이 된다.

　중요한 것은 그 역마를 통해 삶의 격변을 줄 만큼의 문화 차이, 분위기 차이, 언어 차이 그리고 직업과 인맥의 변수다.

　그럼 출생차트에서 해외운을 보는 법을 확실히 배워 보자.

2. 이민, 해외 장기거주운

출생차트의 열두 하우스 중에는 해외운을 일으키는 영역이 있다. 그리고 해외 거주운은, 그 역마의 하우스들과 '나' 혹은 '나의 거주지'의 연계성이 있어야만 한다.

◆ 해외의 하우스

출생차트에서 해외의 하우스는 7, 9, 12하우스다.

9하우스는 원거리 역마의 하우스로, 외국, 성지순례, 유학과 이민을 강하게 의미하는 곳이다.

7하우스나 12하우스는 직접적인 해외 키워드가 있는 것이 아니라, 특정 단어에 의해 오늘날 해외의 하우스가 되었다.

7하우스의 시작은 나와 반대편에 선 자, 즉 '적국'이다. 적국이라는 단어로 인해 7하우스는 '가면 안 되는 장소, 가면 위험한 장소'라는 개념이 생겼다. 이로써 해외운을 일으키는 중요한 하우스가 된다.

12하우스는 '유배와 추방'의 하우스다. 조선시대로 말하면 고향에서 추방되어 언제 돌아올지 모르는 섬에서 살게 되는 영역이다. 그로 인해 '가면 돌아 오지 못하는 장소'라는 개념이 생겼고, 이것이 오늘날 '해외, 이민, 해외 장기거주'의 키워드가 되었다.

◆ 나의 거주지를 의미하는 지점과 하우스, 행성

출생차트에서 부동산운을 볼 때는 4, 5하우스를 함께 살펴보지만, 해외운에서 적용되는 거주지의 하우스는 사람마다 다르다.

해외운을 볼 때 나의 거주지를 의미하는 지점은 *IC*며, 하우스는 *IC가 위*

치한 하우스다. 그러므로 나의 거주지를 의미하는 행성은 **IC가 위치한 하우스 주인행성**이 된다.

IC가 4하우스에 위치한다면 4하우스가 거주지의 하우스이지만, 그 외 (한국기준) 3하우스나 5하우스에 IC가 위치하고 있다면 그 하우스가 거주지의 하우스가 된다.

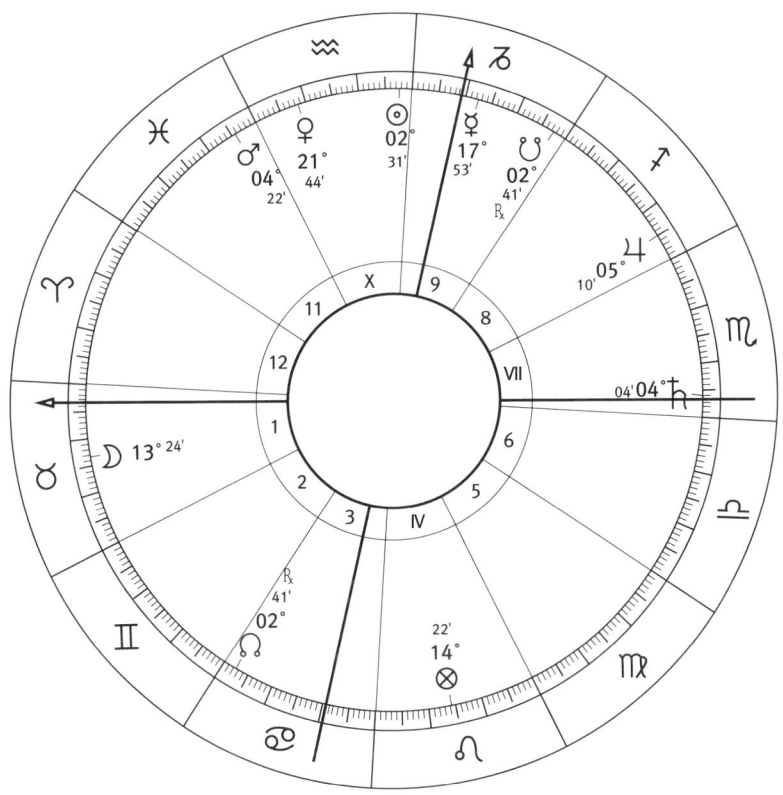

위 차트에서 IC는 3하우스에 있다. 그래서 해외운을 볼 때 거주지의 하우스는 3하우스이며, 거주지의 주인은 3하우스의 주인인 달이다.

◆ 이민, 해외 장기거주를 할 수 있는 구조

① 상승로드가 7, 9, 12하우스에 위치하면서 IC와 긴밀하게 연계되어 있을 때

나를 의미하는 행성인 상승로드가 해외의 방인 7, 9, 12하우스에 위치하는 구조다. 확실한 해외운이 있으려면, 상승로드가 거주지를 의미하는 IC에 6°미만으로 애스펙트까지 맺어서 힘을 얻어야 한다. 애스펙트 외에도 IC와 안티시아 혹은 컨트라안티시아하는 것까지 포함한다. 안티시아의 유효범위는 27°~32°59′이다.

② IC 로드가 7, 9, 12하우스에 위치하면서 IC와 긴밀하게 연계되어 있을 때

거주지를 의미하는 행성인 IC 로드가 해외의 방인 7, 9, 12하우스에 위치하는 구조다. 해외운을 자신있게 판단하기 위해서는, IC 로드가 IC에 6°미만으로 애스펙트까지 맺어야 한다. 역시 IC와 안티시아 혹은 컨트라안티시아하는 것까지 포함한다.

③ 중요지표성(달, 포르투나 로드, 스피릿 로드)이 7, 9, 12하우스에 위치하면서 IC와 긴밀하게 연계되어 있을 때

달, 포르투나 로드, 스피릿 로드는 모두 출생차트에서 가장 의미있는 행성이다. 이런 중요지표성이 해외의 방인 7, 9, 12하우스에 위치하는 구조다. 확실한 해외운을 판단하기 위해서는, 중요지표성이 IC에 6°미만으로 애스펙트까지 맺어야 한다. 마찬가지로 IC와 안티시아 혹은 컨트라안티시아하는 것까지 포함한다.

④ 7, 9, 12하우스 로드가 앵글하우스에 위치하면서 IC와 긴밀하게 연계되어 있을 때

해외의 방인 7, 9, 12하우스 로드가 강하고 중요한 하우스인 앵글하우스

(1, 4, 7, 10H)에 위치하는 구조다. 여기에 더하여 IC에 6°미만으로 붙어 있거나 애스펙트를 맺어야 확실한 해외운이 된다. 역시 IC와 안티시아 혹은 컨트라안티시아하는 것까지 포함한다.

해외 하우스 로드가 IC와 긴밀하게 연계된다면, 배치된 곳이 앵글하우스가 아니더라도 해외운이 가능하지만, 앵글하우스에 있어야만 확신할 수 있다.

⑤ **7, 9, 12하우스 로드가 IC하우스에 위치한 상태로 IC에 붙어 있을 때**

해외의 방인 7, 9, 12하우스 로드가 거주지인 IC하우스에 위치하는 구조다. 확신을 얻으려면 IC에 6°미만으로 붙어있음으로써, 해외운을 일으킬 만큼 힘을 얻어야 한다.

⑥ **7, 9, 12하우스 주인들이 서로 7, 9, 12하우스에 뒤바뀌어 배치되어 있을 때**

해외의 하우스인 7, 9, 12하우스 로드가 서로 엉켜 있는 구조다.

예를 들어 7하우스 로드가 12하우스에 있으면서, 12하우스 로드는 9하우스에 있고, 9하우스 로드는 12하우스에 배치되어 있는 구조를 말한다.

그중 하나가 IC에 빛을 준다면 더욱 좋겠지만, 그렇지 않아도 해외의 하우스 로드가 동시에 서로의 방에 있으면 해외운이 가능하다.

⑦ **천칭자리, 사수자리, 물고기자리가 유난히 발달했을 때**
조디악 순서는 열두 하우스의 상징이나 성향을 흡수한다.[52]

즉 조디악 순서로 양자리는 첫 번째 사인이기 때문에 1하우스의 상징과 성향을 흡수하며, 황소자리는 두 번째 사인이기 때문에 2하우스의 상징과 성향을 흡수한다는 것이다.

---

52) 열두 조디악 순서와 열두 하우스 내용의 연결은 문헌에 나와 있지 않다. 현대심리점성학에 의해 새롭게 만들어진 이론이다. 고전점성가인 필자는 이것의 가능성을 열어두기로 했다.

같은 이치로 천칭자리는 7하우스, 사수자리는 9하우스, 물고기자리는 12하우스의 상징과 성향을 흡수한다. 그래서 이들은 해외 하우스의 영향을 받아 이민, 해외 장기거주, 유학과 긴밀한 인생을 살아가는 사인이다.

이민, 해외 장기거주를 판단하는 이론을 통해, 아래 차트의 해외운을 읽어보자.

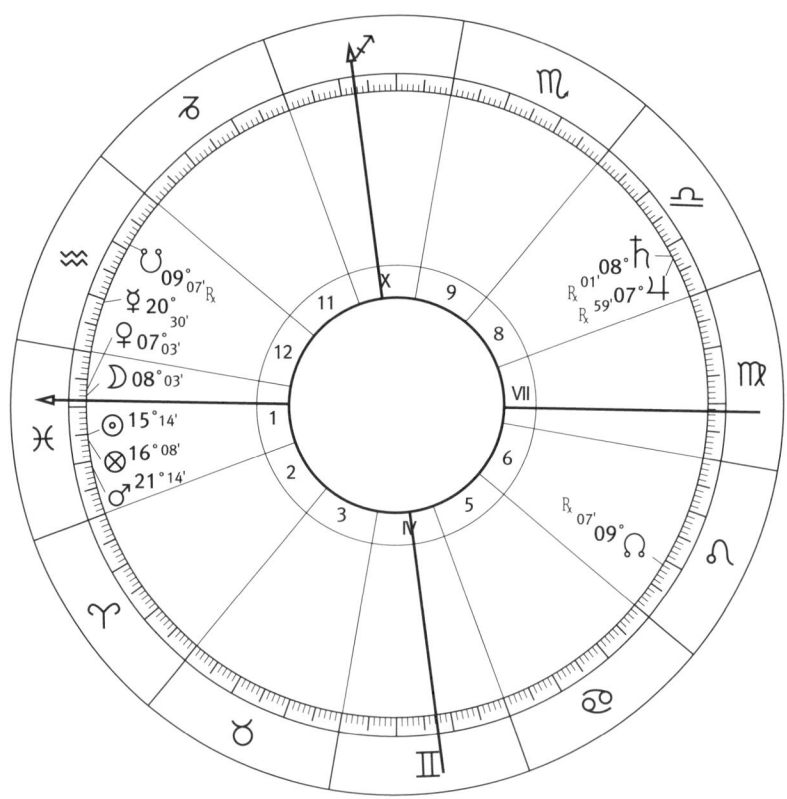

7하우스 주인이면서 거주지의 행성인 IC 로드 **수성**이 해외의 하우스인 12하우스에 위치한다. 그리고 IC에 6°미만으로 빛을 주고 있다.

해외의 하우스인 9하우스 로드 **화성**이 앵글하우스이자 나의 방인 1하우스에 위치한다. 그리고 IC에 6°미만으로 빛을 주고 있다.

상승점과 두 루미너리는 물고기자리에 있으며, 상승로드는 천칭자리에 있다. 열두 별자리 중 해외운을 일으키는 별자리가 매우 발달한 차트다.

역마의 상징인 달이 앵글포인트(ASC)와 긴밀하게 붙어 있어 해외운을 증폭시키고 있다.

이와 같은 구조로 인해 이민, 해외 장기거주, 유학 등이 가능하다고 판단된다.

3. 내가 가게 될 나라

나와 인연이 있는 외국은 www.astro.com 에서 확인을 한다. 앞서 본 차트처럼 해외운의 구조가 확실한 차트만 보도록 하자.

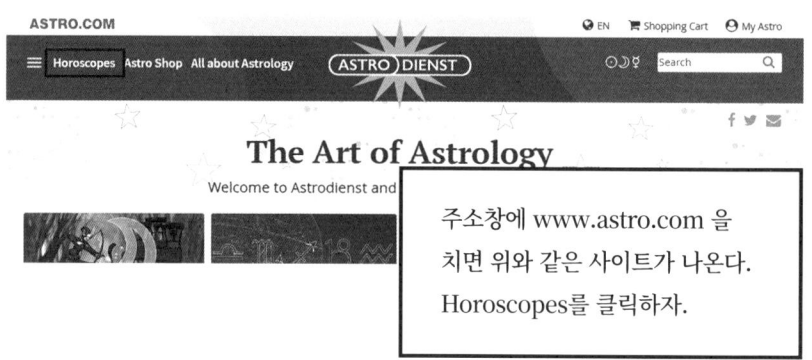

주소창에 www.astro.com 을 치면 위와 같은 사이트가 나온다. Horoscopes를 클릭하자.

상자로 표시한
AstroClick Travel을 클릭하자.

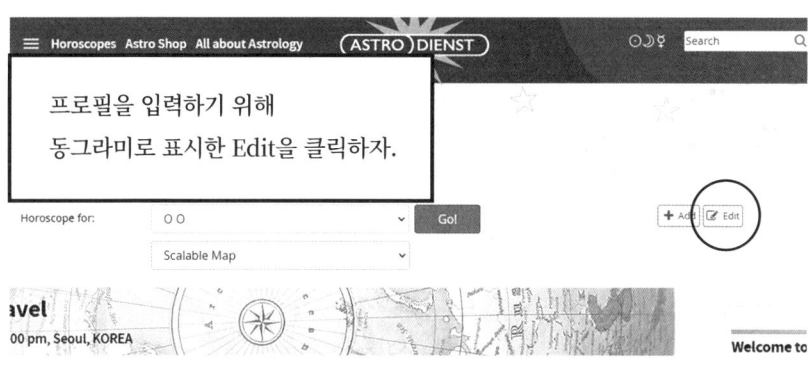

내가 가게 될 나라

> 나와 인연이 있는 외국이 표기된 세계지도를 볼 수 있다.

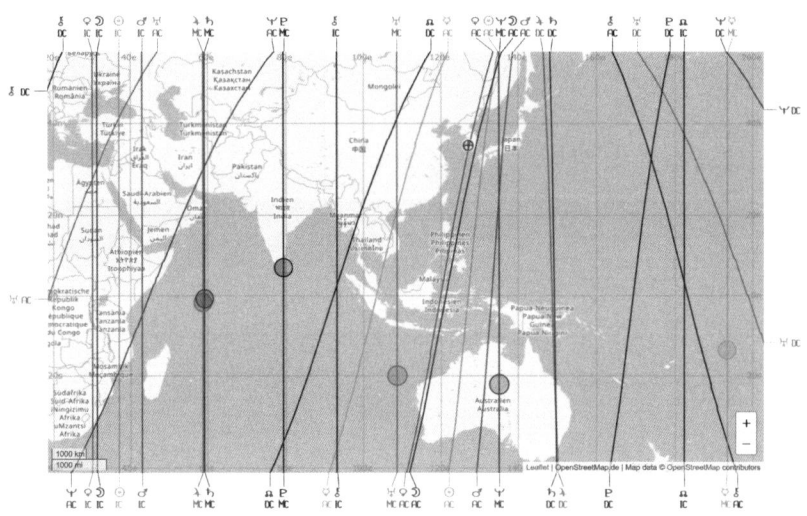

　앞서 본 해외운이 강한 차트의 지도다. 출생차트에서 해외운의 근거가 되는 행성이 있었기 때문에 나라를 확인한 것이다.
　그 행성에 IC 혹은 AC가 함께 표기된 지역을 찾아야 한다. 앞서 본 차트에서 수성과 화성이 해외운을 만들었기 때문에, 수성AC, 화성AC가 지나가는 나라를 찾아보았다. 물론 수성IC와 화성IC가 지나가는 길도 있지만, 이 차트주인공은 AC가 활용된 인생이다. 호주, 일본, 동남아시아의 여러 나라를 지나가는 것이 확인된다.
　차트주인공은 과거에 실제로 호주, 일본, 태국에서 거주했다.

8
운세론

1. 실전상담에서 빛을 발하는 최고의 기술

인생에 대한 궁금증의 방향은 크게 두 가지로 나뉜다.

첫째. 이번 생에 주어진 나의 직업, 풍요, 성공, 결혼, 인복 등 출생차트에서 읽을 수 있는 전체적인 틀이다.

둘째. 올해의 운세, 내년에 벌어질 일, 사업을 시작하는 시기, 배우자를 만나는 시기 등 멀지 않은 미래에 관한 호기심이다. 이것이 바로 우리가 자세히 배우게 될 운세론이다.

대다수는 단순하게 생각하는 것을 좋아하고, 눈 앞에 놓인 이득을 원한다. 아주 먼 미래에 대한 나의 이야기는 잘 와닿지 않을뿐더러, 계획을 언제 어떻게 세워야 할지도 모른다. 즉 10년, 20년 후의 나의 모습보다 내년과 내후년에 어떻게 될지를 더 궁금해 한다.

점성가들은 궁금증을 해결해줘야 하는 사명이 있다. 우주가 계획한 미래라는 벽에 구멍을 뚫어, 관측된 모든 것을 올바르게 전달해 줄 의무가 있다. 그 과정에서 길한 것은 더욱 잘 받을 수 있도록 시기를 알려줘야 하고, 흉한 것은 대체할 수 있는 방법도 함께 말해줘야 한다.

그러기 위해서는 운세를 보는 여러 가지 기법 중에서 '일어날 확률이 높고 시기적 오차가 적은 것'을 활용해야만 한다. 그리고 수많은 임상으로 정확성을 검증해 차트리딩에 흔들림이 없어야 한다.

2. 운세를 보는 여러 가지 기법

솔라리턴(Solar Return)

출생차트의 태양이 매년마다 같은 위치에 돌아온 날의 차트로 1년운을 예측하는 기법이다.

솔라리턴을 점성술의 하위기법이라 보는 시각이 있지만, 그것은 대면상담을 하지 않는 이들의 의견일 뿐이다. 솔라리턴은 약 1달의 오차 밖에 나지 않으며 사건의 적중률도 높은 상위기법이다.

운세가 바뀌는 시작점은 개개인의 '양력 생일'이다. 솔라리턴은 상당히 자세히 다룰 예정이며, 당신의 소중한 자산이 될 운세기법이다.

피르다리아(Firdaria)

메이저 로드와 마이너 로드로 나뉘며, 평생의 사건을 일으키는 행성들을 한번에 볼 수 있다.

출생차트만으로도 판단할 수 있으나, 보통 솔라리턴에 넣어 예측을 한다. 약 3달 가량의 전후 오차가 발생하며, 필자도 잘 활용하는 좋은 기법이다. 앞으로 우리가 배울 운세론에 포함되어 있다.

프로펙션(Profection)

'1년간의 주인 별자리'를 말한다.

출생차트에서 나의 주인 별자리는 상승궁이지만, 매년 운세를 볼 때는 그 해 나의 주인 별자리가 달라진다. 내가 태어난 연도에는 상승궁이 프로펙션이며, 다음 년도부터 반시계방향으로 선택된다.

프로펙션은 출생차트에 단독으로 볼 수 없으며, 반드시 출생차트와 솔라리턴에 동시에 넣어 판단해야 한다. 앞으로 자세히 배우게 될 것이다.

년주, 프로펙션 로드(Profection Lord)

프로펙션의 주인행성을 말하며 보통 '년주'라고 부른다.

'1년운을 일으키는 매우 중요한 행성'이다. 년주도 프로펙션처럼 출생차트와 솔라리턴에 동시에 넣어 판단한다.

세컨더리 디렉션(Secondary Direction)

태어난 후 달의 움직임을 보고, 인생의 변곡점과 큰 운을 빠르게 예측하는 기법이다.

점성술의 수많은 예측기법 중 난도가 가장 낮기 때문에, 초보자들이 단시간 내에 배울 수 있다. 이 기법은 적중률까지 높아 활용가치가 정말 많지만, 전후 오차가 평균 6개월 이상 벌어질 수 있다는 문제가 있다.

즉 세컨더리 디렉션으로 운이 발생할 확률은 높지만, 시기에서 오류가 크다는 것이다. 곧 자세히 배우도록 하자.

호라리(Horary)

질문도 탄생한다는 개념에서 시작된 단시점성술이다.

내담자가 질문을 한 후, 점성가가 질문을 이해한 날과 시간을 기입하여 차트를 작성한다. 출생점성술의 이론과 상당히 다르다.

호라리점성술은 상당히 적중률이 높지만 질문의 조건이 까다롭기 때문에 임상을 쌓는데 오래 걸릴 수밖에 없다.

텀 디렉션(Term Direction), 앵글 디렉션(Angle Direction)

대면상담을 하지 않는 점성가들이 많이 보는 기법이다. 사건이 발생할 가능성은 존재하지만, 전후 오차가 1년이나 발생할 수 있다. 대면상담을 할 때 내 앞에 있는 내담자는 내년 몇 월에 이사가는지 알고 싶어하기 때문에, 내년 아니면 내후년에 이사를 간다고 말하면 코웃음을 친다.

필자는 오차가 1년이나 발생하는 기법을 좋은 예측기법이라 인정할 수 없다. 예를 들어 텀 디렉션으로 2003년에 승진을 한 것으로 예측했지만 실제로 2002년에 승진을 했다면, 몇몇 점성가들은 맞췄다고 간주한다. 하지만 필자의 관점에서 그것은 틀린 예측이다.

조디악 릴리징(Zodiac releasing)

턴 디렉션과 마찬가지다. 사건이 발생할 가능성은 존재하지만, 전후 오차가 1년이나 발생하기 때문에, 실전상담에서 내담자들의 비판을 많이 받는 기법이다.

일어날 확률이 높은 것만으로 상위기법이라 할 수는 없다. 발생확률도 높으면서 시기적 오차도 최소한이어야 상위기법이다.

여행점성술(Travel Astrology)

이민을 가거나, 해외 장기거주를 할 때 갈 수 있는 나라를 보는 기법이다. 보통 www.astro.com 에서 확인하며, 해외론에 방법이 수록되어 있다.

필자도 상담에서 이것을 활용하여 가는 나라를 맞춘 경험이 있다. 하지만 나라와 도시명 그리고 가능성에서 오류가 있기 때문에 확실하게 인정하지 않는다.

수명(Length of Life)

수명을 보는 기법이다. 수명론에서 소개했지만, 우리는 신의 영역인 죽음을 이야기할 때 매우 신중해야 한다.

로드 오브 디 오브(Lord of the orb)

시간의 주인을 1년간의 주인행성으로 보는 기법이다. 이 역시 출생차트와 솔라리턴에 동시에 넣어 판단한다. 출생한 해의 시주(時主) 기준으로 '토성, 목성, 화성, 태양, 금성, 수성, 달' 순으로 배정된다.

필자는 이 기법에 대해 많은 임상을 했지만 굳이 볼 필요는 없다고 주장한다. 로드 오브 디 오브로 발생하는 운은, 프로펙년과 년주 혹은 피르다리아의 작용에 의한 솔라리턴으로 얼마든지 해석이 가능하다.

즉 로드 오브 디 오브만으로 작용된 운세가 아니었기 때문에 효용성에 대해 의문이다. 로드 오브 디 오브로 예측된 운은 모두 다른 기법으로 근거를 말할 수 있다.

트리플리시티(Triplicity)
초년, 중년, 노년 혹은 전반부, 후반부, 전체로 구분하여 명예운을 예측하는 기법이다. 전혀 맞지 않는다.

일렉션(Election)
어떤 일에 대해 운이 길하게 풀리도록, 시작하기 좋은 날을 선택하고 시간을 잡아주는 기법이다. 즉 택일이다.

출생차트가 필요 없으며, 특정 일의 하늘만을 보고 판단한다. 그러나 일렉션은 쇼일 뿐, 아무 의미가 없다.

인간의 운은 택일로 절대 개선할 수 없다. 이미 결정된 출생차트와 솔라리턴 외 운세차트로 인해 길한 운과 흉한 운이 작동할 뿐이다.

트랜짓(Transit)
일운을 보는 기법이다. 트랜짓만을 바로 볼 수는 없다. 솔리리턴을 보고 ⇨ 루나리턴을 보고 ⇨ 트랜짓을 보며 세세하게 적용해야 한다.

사주에서 재운이 들어온 날마다 돈이 들어오는 것이 아니듯, 트랜짓은 잘 맞지 않는다. 일까지 예측하고 싶은 필자의 욕심을 담아 정밀하게 많은 연구를 했지만, 잘 맞지 않는 것으로 결론을 내렸다.

소년수와 상승시간 기법
행성의 소년수와 별자리의 상승시간으로 운세를 예측하는 방법이지만, 없어져야 할 기법이다. 전혀 맞지 않기 때문이다.

몇몇 점성가들이 이 기법으로 유명인의 운세를 끼워 맞추곤 하지만, 신빙성은 없다. 실제로 유명인들을 상담해 봤을 때, 전혀 효용성이 없었다.

필자는 운세론에서 **세컨더리 디렉션, 피르다리아, 프로펙션과 년주를 활용한 솔라리턴**을 자세히 소개할 예정이다.

필자가 선택하여 임상을 끝낸 예측기법들은 사건이 벌어질 확률도 높지만 시기적 오차가 적은 것들이다. 잘 배우고 익힌다면 나의 미래를 엿볼 보물과 같은 지식을 얻게 될 것이다.

3. 세컨더리 디렉션(Secondary Direction)

　세컨더리 디렉션은 내가 태어난 직후부터 하우스와 행성 그리고 앵글포인트를 지나가는 달을 보며, 큰 사건발생과정을 예측하는 기법이다.

　문 프로그레션(Moon progression)이라고도 부르는 이것은 '달이 하루 이동하는 거리 = 인간에게 1년간의 인생'으로 추정해 연구되어 왔다. 난도가 상당히 낮은데도 불구하고 사건발생확률은 높아서 많은 점성가들이 애용하는 예측기법이다.

　하지만 운의 구체적인 방향은 확실하지 않고, 발생시기에서 평균 6개월(3개월 ~ 9개월)의 오차가 나는 단점 때문에, 솔라리턴기법과 함께 봐야 올바른 판단을 할 수 있다.

　우선 세컨더리 디렉션을 모리누스프로그램으로 여는 방법을 익히고, 그 다음에 기법을 배우자.

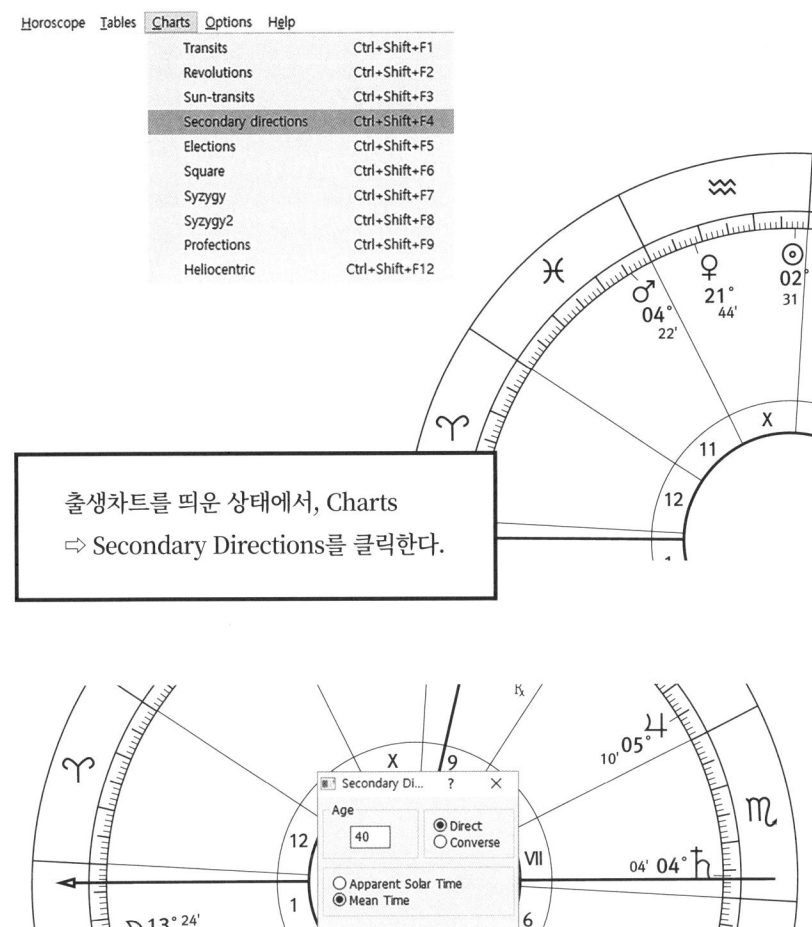

출생차트를 띄운 상태에서, Charts ⇨ Secondary Directions를 클릭한다.

Age에는 만 나이[53]로 입력하고, Mean Time을 반드시 클릭한 후, ok를 누르자.

---

53) 만(滿) 나이란, 한국 나이에서 생일이 지났다면 1살을 빼고, 생일이 지나지 않았다면 2살을 뺀 나이다.

세컨더리 디렉션(Secondary Direction) 265

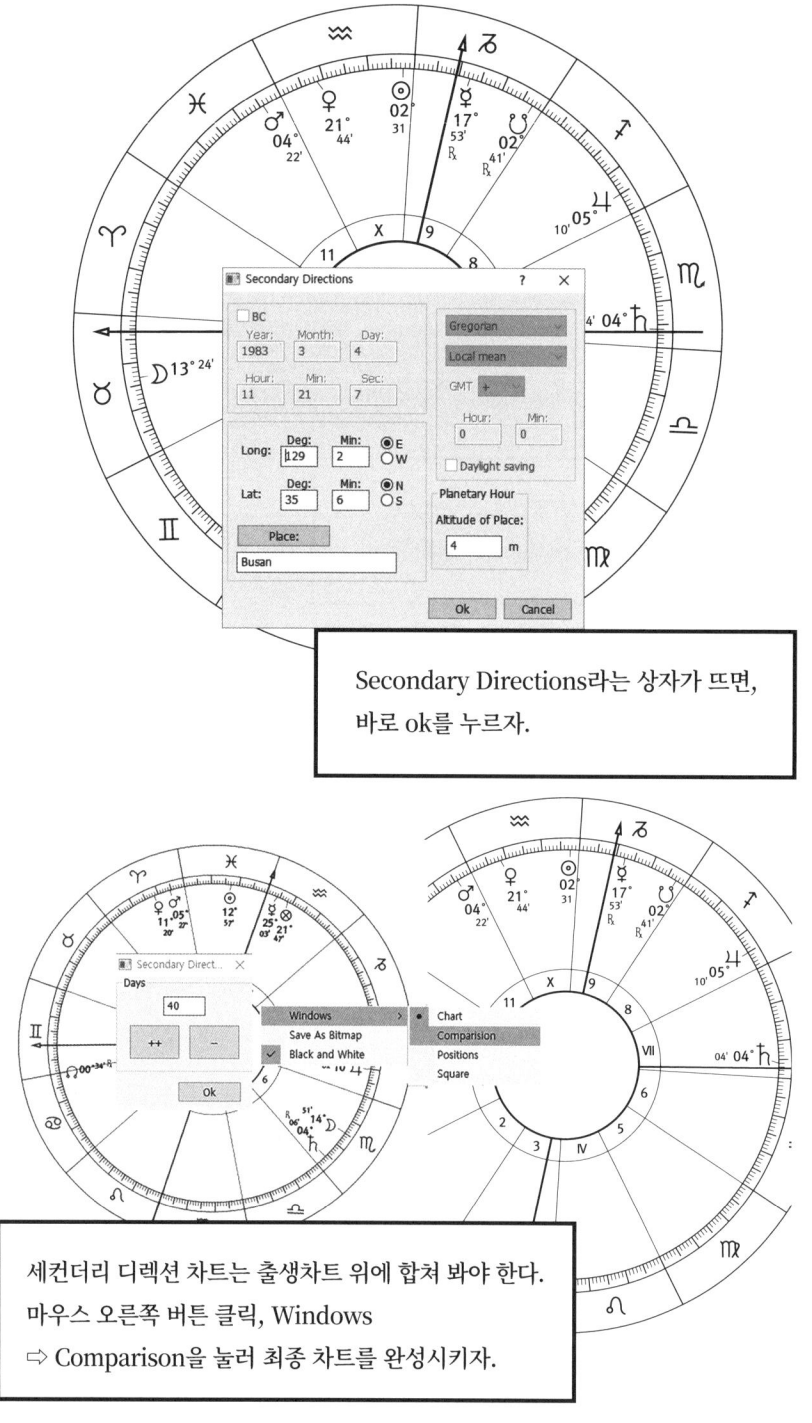

Secondary Directions라는 상자가 뜨면,
바로 ok를 누르자.

세컨더리 디렉션 차트는 출생차트 위에 합쳐 봐야 한다.
마우스 오른쪽 버튼 클릭, Windows
⇨ Comparison을 눌러 최종 차트를 완성시키자.

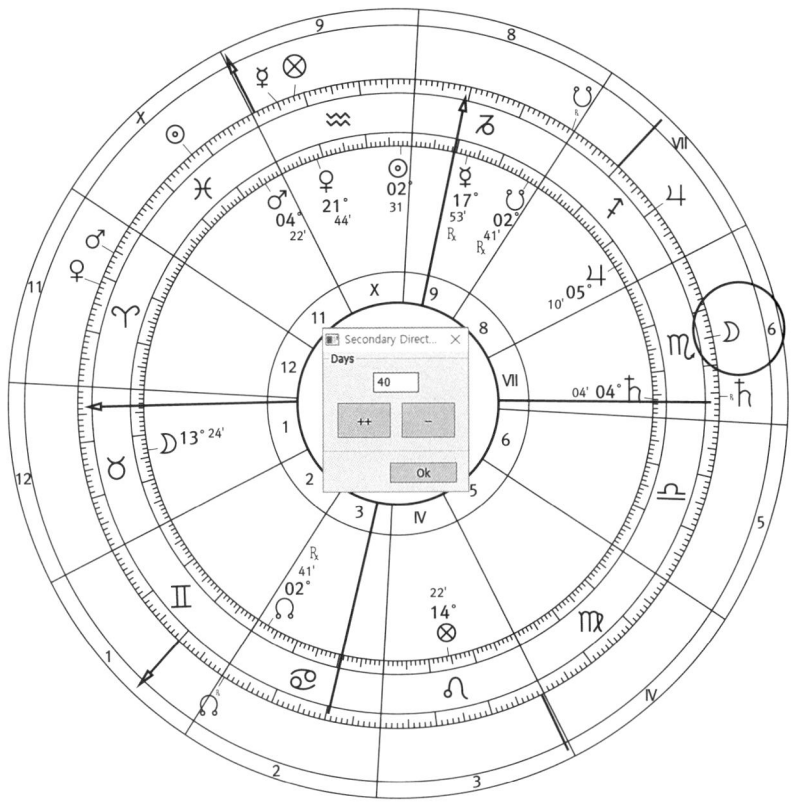

> 세컨더리 디렉션 차트다. 출생차트 위에 입혀진 모습이며, 밖에 있는 달의 위치를 보고 미래를 예측한다.
> 만 나이로 띄운 차트기에 밖에 있는 달의 위치는 '지난 생일'이다. 미래와 과거로 갈 수 있는 상자 속 ++ 혹은 -- 을 클릭할 때마다 1년 후, 1년 전 생일로 달이 이동한다.

세컨더리 디렉션에서 '달의 하루는 인간의 1년'이라고 했다.

달은 세컨더리 디렉션 차트를 한 바퀴를 도는데 약 27.3년이 걸린다. 그래서 달은 우리의 **1년 동안 평균 13°22′을 이동하고, 한 달 동안 평균 01° 07′을 이동**한다. 1년 동안 약 13°, 한 달 동안 약 1°가량 움직인다고 생각하면 편하다. (이동거리는 별자리마다 다르다.)

이렇게 반시계방향으로 이동하는 달이 행성과 컨정션(합)을 하거나 어포지션(180°)을 이루기도 하고 앵글포인트에 붙기도 하며, 하우스를 통과할 것이다. 그런 과정에서 우리의 인생에 각종 사건이 발생한다. 중요한 시기는 행성을 만날 때와 앵글포인트를 지나갈 때이며, 하우스를 통과할 때는 부차적이다. 자세한 내용을 알아보자.

◆ 밖의 달이 행성과 컨정션 혹은 대립각을 이룰 때

세컨더리 디렉션에서 밖의 달이 타 행성의 영향으로 사건이 발생하는 시기는 두 가지 경우다. **컨정션 혹은 어포지션(180°)**을 할 때다. 밖의 달이 타 행성과 섹스타일(60°), 스퀘어(90°), 트라인(120°)을 할 때는 취급하지 않는다.

컨정션과 어포지션 중에 이론상 더 큰 효과는 컨정션이지만, 실전에서는 차이를 체감할 수 없으니 동등하게 판단해도 무방하다.

또한, 달이 출생차트에 배치된 행성(차트 안에 위치한 행성)을 만날 때와 세컨더리 디렉션상 움직인 행성(차트 밖에 위치한 행성)을 만날 때, 이 중에서 이론상 더 큰 효과는 출생차트에 배치된 안쪽 행성을 만날 때다. 하지만 이것도 굳이 구분할 필요는 없다. 달이 안팎의 모든 행성과 컨정션 혹은 어포지션으로 만날 때를 동등하게 봐야 한다.

① 밖의 달이 안팎의 태양과 컨정션 혹은 어포지션할 때

세컨더리 디렉션으로 가장 복된 시기는 '삭과 망'이다. 삭은 달이 태양과 컨정션할 때, 망은 태양과 어포지션할 때를 말한다. 즉 달이 안팎의 태양과 컨정션 혹은 어포지션 관계를 맺으면 길한 운이 터진다. 점성가들은 이것을 **발복(發福)**의 시기라 부른다. 세컨더리 디렉션 운에서 가장 좋은 시기라 볼 수 있고, 대(大)길성이라 불리는 목성을 만날 때보다 들어오는 복의 범위가 다양하다.

발복의 시기에는 자신의 신분에서 원하는 바가 성취된다.
새롭게 사업을 시작하며, 학생은 합격, 취준생은 취업, 직장인은 진급을 한다. 또한 가임기 여성은 아이를 갖고, 가정주부는 배우자 혹은 자녀가 성공한다. 게다가 미혼자는 배우자 급의 이성을 만나 결혼운이 도래한 시기다. 그러나 기혼자도 이성을 만나 바람필 운이기도 하니 주의가 필요하다. 그 외 승소를 하기도 하고 큰 돈을 벌기도 하며, 좋은 집으로 이사를 가는 등 기억에 남을 만한 업적을 달성한다.
즉 대부분의 분야에서 명예를 획득하는 시기다.

② 밖의 달이 안쪽 달과 컨정션 혹은 어포지션할 때

①번 태양과 엮이는 구조와 내용이 흡사하지만, 그보다 약한 운이다. 즉 ①번 구조에서 살펴본, 발생 가능한 모든 부분의 명예운과 내용이 같지만 **약한 발복**이다.

③ 밖의 달이 안팎의 목성과 컨정션 혹은 어포지션할 때

세컨더리 디렉션에서는 태양을 만날 때의 운보다 복의 범위가 좁지만 그럼에도 매우 기대되는 시기다. 목성을 만날 때는 **사회적 성공, 확장, 풍요, 명예**를 얻는다.
태양은 결혼이나 임신까지 포함한 모든 분야의 명예라면, 목성은 사회

적인 부분에 초점을 맞춰 해석하는 것이 좋다.[54]

④ 밖의 달이 안팎의 금성과 컨정션 혹은 어포지션할 때

금성은 *사랑*이자 인맥이다. 밖의 달이 금성과 연계된다는 것은 사랑하는 이성을 만날 수 있는 운이며, 애정 이야기가 아닐 경우 **후원자, 인복**을 누릴 수 있는 구조다. 혹 인복이 자녀라면 임신과 출산도 가능하다.

필자는 달이 태양보다 금성을 만날 때, 배우자 급의 이성과 만남을 추천한다. 그때가 사랑운이 더 좋다는 의미는 아니다. 태양을 만날 때는 나의 커리어를 끌어올릴 수 있는 귀한 이야기들이 많기 때문에, 굳이 사랑운으로 활용하지 않아도 된다. 하지만 금성을 만날 때는 사랑사건 외에 엄청나게 특별한 것은 없기 때문이다.

⑤ 밖의 달이 안팎의 수성과 컨정션 혹은 어포지션할 때

수성은 정보전달의 행성이다. 정보의 개념을 가장 확실하게 사용하는 운은 **공부, 문서, 서류, 각종 증서의 운**이다. 수성은 장르를 불문하고 문서나 증서가 오고 갈 수 있는 운이지만, 길흉이 불분명하기 때문에 난감하다.

수성은 세컨더리 디렉션에서도 중성의 타이틀을 활용한다. 집거래 문서, 각종 매매 증서, 자격증이나 수료증 등 길한 문서의 운도 가능하지만, 공소장이나 이혼서류를 받는 일도 있다.

⑥ 밖의 달이 안팎의 화성과 컨정션 혹은 어포지션할 때

화성의 이벤트에서 가장 확률이 높은 것은 **사건사고**다.

이것은 질병이나 부상 혹은 수술과 같은 육신의 건강문제, 금전 손실의 문제, 부부관계 혹은 중요한 사람과 이별문제, 소송 등 장르를 불문하는 흉이며, 대략 80% 확률이다.

---

54) 목성을 자녀의 본질적 지표성으로 보고, 목성의 시기에 임신과 출산을 한다는 이론이 있다. 그러나 가능성일 뿐 확신할 수는 없다. 심지어 목성이 자녀의 본질적 지표성이라는 이론도 지금은 개선되어야 한다. 자녀는 더 이상 나의 풍요와 노후 안정을 위한 존재가 아니기 때문이다.

그러나 인생을 개척하고 노력하는 이들에게는 20% 확률로 새로운 도전에 의한 성취, 갑작스러운 변동으로 성공, 치열한 경쟁을 통해 승리하는 운으로 발현되니, 무조건 흉한 시기는 아니다.

어떤 점성가들은 화성을 만나는 시기에 성형을 추천하기도 한다. 그러나 화성은 의료사고도 의미하기 때문에 좋은 제안이 아니다.

⑦ 밖의 달이 안팎의 토성과 컨정션 혹은 어포지션할 때

세컨더리 디렉션에서 가장 강한 흉이며, 인생의 분위기부터 화성의 흉을 압도한다. 토성은 **모든 불명예와 도태**를 의미한다.

'불합격, 실직, 퇴직, 탈락, 부도, 파산, 가난, 큰 재산 손실, 패소, 배신 당함, 사기 당함, 신용불량, 소송, 이혼, 질병, 질병 재발, 교도소, 입원, 본인의 죽음, 가족의 죽음' 등 모든 흉의 시기다.

게다가 '우울증, 정신질환, 지속적인 스트레스와 공황장애, 자유 손실로 인한 극단적 상실감' 등 내적인 질병도 함께한다.

토성 시기에는 깊은 학문에 일 년 이상 몰입하는 삶으로 대체하는 것이 가장 좋다. 하지만 경제활동으로 인해 학문을 접하지 못하는 이들은 누군가를 배신한다거나, 소속된 곳에서 빠져나오는 일, 혹은 탈속적인 삶으로 흉을 개선할 수 있다.

다음 세컨더리 디렉션 차트를 보고, 운이 발생하는 시기를 예측하는 구조를 익혀보자.

밖의 달은 7하우스에서 토성의 영향을 막 벗어나고 있으며, 안쪽 달에게 어포지션으로 영향을 받고 있다.

안쪽 달과 정확히 대립각을 맺는 도수는 13°24′이지만 6개월 가량의 오차는 허용하니, 전후 약 7°의 구간은 이벤트 구간이다.

◆ 밖의 달이 앵글포인트(ASC, DSC, MC, IC)를 지날 때

앵글포인트는 영혼을 상징하는 태양이 방향을 돌리는 변곡점으로, 세컨더리 디렉션에서는 주로 인생의 '길한 변화 시점'을 상징한다. 달이 앵글포인트를 통과할 때는, 달이 태양과 연계되는 **발복(發福)**의 시기와 비슷하게 판단한다.

세컨더리 디렉션에서 발복의 시기로 여기는 앵글포인트는 총 8가지가 있다. 달에게 영향을 수는 행성도 안팎의 행성 모두 함께 보았듯이, **출생차트의(안쪽의) 앵글포인트와 시간이 가며 움직인(밖의) 앵글포인트 모두를 봐야** 한다.

이론상 출생차트의 안쪽 앵글포인트를 지날 때가 운이 더 강하지만, 실전에서는 구분하지 않는다. 안팎의 앵글포인트를 동등하게 판단해도 무방하다. 다만 앵글포인트 종류에 따라 해석의 방향에 차이는 있다.

① 달이 ASC를 지날 때

ASC는 영혼을 의미하는 태양이 얼굴을 내밀며 탄생하는 동쪽지평선이다. 세컨더리 디렉션상 이곳을 지나는 달은 인생의 새로운 시작을 알려주며, ***삶의 길한 전환점***이 된다.

'직업, 사업, 관계, 후원자, 사랑, 배우자, 계약, 공부, 업적, 목표의 성과, 어둠에서 탈출, 해방, 자유, 치유' 등 여러 가지 부분에서 유익한 시기다. 하지만 어떤 분야에서 작용력이 큰지는 확신할 수 없다.

앵글포인트로 인한 구체적인 발복의 내용은 후에 자세히 배울 솔라리턴과 함께 판단해야 한다.

② 달이 MC를 지날 때

MC는 영혼을 상징하는 태양이 가장 꼭대기에 올라가, 자신의 광채를 절정으로 보여주는 남쪽의 중심이다. 즉 루미너리라는 타이틀을 제일 잘 알려 주는 위치라 하겠다.

세컨더리 디렉션상 이곳을 지나는 달은 매우 높은 확률로 **사회적 명예를 얻는 운**으로 발동한다. '개업, 사업 성공, 합격, 취업, 승진, 작품 탄생, 승소, 큰 자산 획득' 등을 통해 나의 위치가 상승된다.

하지만 사회활동을 하지 않는 이들은 '임신과 출산, 배우자 급의 이성을 만남, 결혼식, 남편이나 자식의 성공, 집 구매' 등 가정사를 통해 명예를 획득한다.

③ 달이 DSC를 지날 때

ASC의 반대편에 위치한 DSC는 인연으로 이어지든 계약과 문서로 이뤄지든, 새로운 교류로 인생을 길하게 변화시키는 곳이다. 즉 달이 DSC를 지나는 시기에는 **높은 확률로 관계의 언약**이 진행된다.

'배우자 급의 이성을 만남, 상견례 혹은 약혼식, 결혼, 집 계약과 그로 인한 이사, 부동산 매매, 동업, 후원자 만남' 등이 가능하다. 반드시 사람과의 언약일 필요는 없다. '회사 혹은 각종 기관과 계약하는 운, 그로 인한 승진 혹은 합격'도 가능하다.

하지만 **낮은 확률로 관계의 문제**가 발생하기도 한다. DSC는 본래 태양이 지평선 아래로 떨어지는 지점이며, 적국의 하우스인 7하우스에 있기 때문이다. '이혼, 파혼, 소송, 계약 파기, 누군가의 배신, 나의 배신' 등이 흉사의 예다.

높은 확률이 기분 좋게 터질지, 낮은 확률이 격변을 만들지는 솔라리턴이나 피르다리아 등 다른 운세기법과 함께 판단해야 한다.

④ 달이 IC를 지날 때

IC는 해외론에서 배운 것처럼 나의 거주지를 상징하는 지점이다.

세컨더리 디렉션상 달이 IC를 지나는 시기에는 매우 높은 확률로 '집 계약, 사무실 계약'과 같은 **부동산 거래**가 일어날 수 있고, 나의 거처에서 함께 살게 될 '배우자 급의 이성을 만나거나 결혼을 하는 시기'다. 낮은 확률로 사회적인 발복도 가능하지만, IC는 주로 앞서 말한 **가정사의 발복**이 많다.

다음 세컨더리 디렉션 차트를 보자.

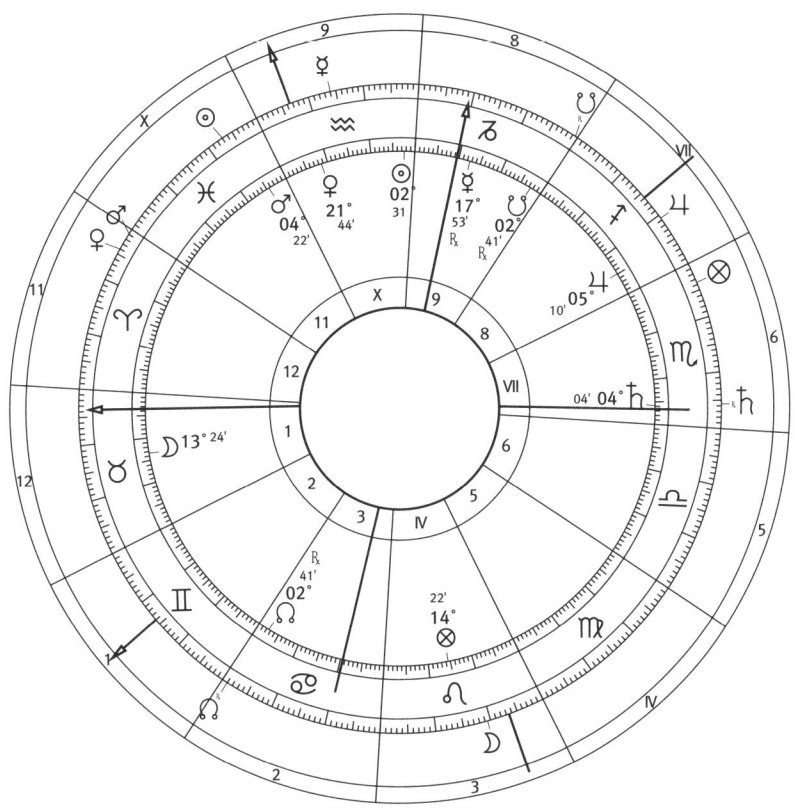

밖의 달은 생일인 1월의 위치다. 금성의 대립각을 받는 동시에 IC의 유효범위(약 전후 7°) 안에 들어왔다. 그해 여름, 집 계약이 진행되고 결혼할 여자를 만난다.

다음 해 여름, 태양과 화성의 어포지션 빛을 받는 시기에 결혼과 배우자의 임신이 매우 빠른 속도로 동시에 이루어진다.

◆ 밖의 달이 열두 하우스를 통과할 때

출생차트에서 열두 하우스는 우리 인생의 다양한 분야를 외부로 현실화시키는 중요한 영역이다.

하지만 세컨더리 디렉션에서는 밤의 달이 행성을 만날 때 혹은 앵글포인트를 지날 때보다 작용력이 현저하게 떨어진다.

예를 들어, 밤의 달이 6하우스를 지나면서 그곳에 위치한 태양과 컨정션을 이루면, 6하우스가 주는 고된 작용력은 미미하며, 오히려 태양으로 인해 발복의 시기다.

다른 예로, 밤의 달이 10하우스를 지나면서 그곳에 위치한 토성과 컨정션을 이루면, 10하우스가 주는 사회적 명예는 줄어들고, 토성이 주는 고난이 함께 한다.

즉 세컨더리 디렉션에서 하우스는 철저하게 부수적인 요소다. 밤의 달이 행성을 만날 때와 앵글포인트를 지날 때, 발복의 방향과 분위기를 만드는 정도로 읽어야 좋다.

예를 들어, 달이 9하우스에 위치한 MC를 지날 때와 10하우스에 위치한 MC를 지날 때, 발복의 방향과 분위기에 차이가 있다. 9하우스 MC를 지날 때는 '증서, 계약, 출판, 대학, 결혼식, 이사, 유학' 등 문서나 이동과 관련해서 더욱 발복이 일어난다. 하지만 10하우스 MC를 지날 때는 '개업, 승진, 취업, 합격' 등 사회적인 발복이 더 많다.

세컨더리 디렉션에서 열두 하우스에 대한 이야기는, 우리가 이미 알고 있는 하우스 이론을 넣어도 무방하다. 하지만 그 의미가 쓰이지 않을 때도 많기 때문에, 역시 중요한 것은 '달이 행성과 앵글포인트를 만날 때'다.

4. 피르다리아(Firdaria)

피르다리아는 일곱 행성이 개별적인 년수를 할당받고, 순차적으로 배치되어 우리 인생 이야기의 길흉을 만드는 표와 같다.

인생에 영향을 미치는 피르다리아 로드는 **토성 ⇨ 목성 ⇨ 화성 ⇨ 태양 ⇨ 금성 ⇨ 수성 ⇨ 달 그리고 다시 토성, 목성, 화성…** 순서로 배치되어 있고, 어느 누구나 동일하다.

하지만 낮의 차트와 밤의 차트에 따라 시작되는 행성이 다르다. 낮의 차트는 낮의 루미너리인 태양부터 시작하며, 밤의 차트는 밤의 루미너리인 달부터 시작한다.

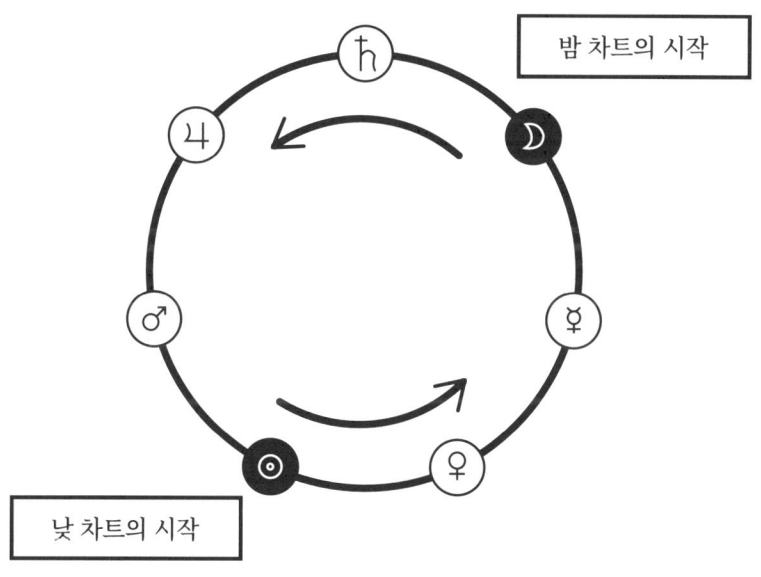

낮 차트	태양 ⇨ 금성 ⇨ 수성 ⇨ 달 ⇨ 토성 ⇨ 목성 ⇨ 화성
밤 차트	달 ⇨ 토성 ⇨ 목성 ⇨ 화성 ⇨ 태양 ⇨ 금성 ⇨ 수성

한편 고유 연수는 **토성 11년, 목성 12년, 화성 7년, 태양 10년, 금성 8년, 수성 13년, 달 9년**이며, 모리누스프로그램에는 행성마다 연수가 표기되어 있다.

예를 들어, 낮의 차트는 태어나자마자 태양이 10년 동안 운을 일으키며, 그 다음 금성이 8년 동안, 그 다음 수성이 13년 동안 운을 만들어가는 식이다. 한편 밤의 차트는 태어나자마자 달이 9년 동안 운을 담당하고, 그 다음 토성이 11년 동안, 그 다음 목성이 12년 동안 운을 만든다.

이렇게 장기간의 연수를 담당하며 인생의 분위기를 만드는 행성을 **피르다리아 메이저 로드**(Firdaria Major Lord)라고 한다.

그리고 하나하나의 메이저 로드 기간마다 일곱 행성이 다시 1년~2년의 기간으로 세세하게 나눠진다. 그렇게 다시 세밀하게 나뉜 일곱 행성을 **피르다리아 마이너 로드**(Firdaria Minor Lord)라고 부른다.

즉 피르다리아는 메이저 로드와 마이너 로드로 구분되고, 하나의 메이저 로드 기간은 일곱 개의 마이너 로드 기간으로 쪼개지는 것이다.

피르다리아 표가 눈에 익숙해지기 위해, 모리누스프로그램을 통해 오픈하는 법을 배우고 테이블의 구성을 살펴보자.

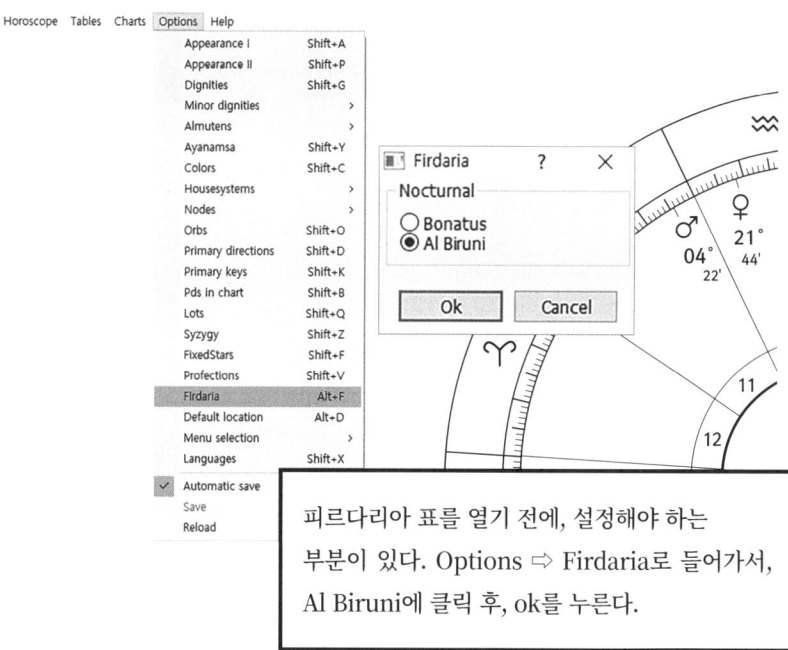

피르다리아 표를 열기 전에, 설정해야 하는 부분이 있다. Options ⇨ Firdaria로 들어가서, Al Biruni에 클릭 후, ok를 누른다.

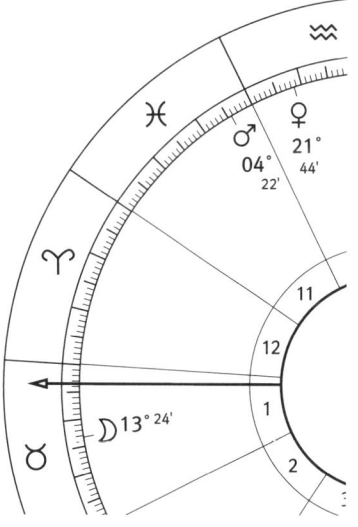

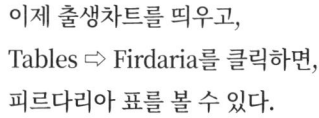

이제 출생차트를 띄우고,
Tables ⇨ Firdaria를 클릭하면,
피르다리아 표를 볼 수 있다.

☉ 1983.01.23 - 1993.01.22 (10 Years)	
☉	1983.01.23
♀	1984.06.27
☿	1985.12.01
☽	1987.05.07
♄	1988.10.10
♃	1990.03.16
♂	1991.08.20

♀ 1993.01.23 - 2001.01.22 (8 Years)	
♀	1993.01.23
☿	1994.03.16
☽	1995.05.07
♄	1996.06.28
♃	1997.08.19
♂	1998.10.11
☉	1999.12.02

☿ 2001.01.23 - 2014.01.22 (13 Years)	
☿	2001.01.23
☽	2002.12.02
♄	2004.10.10
♃	2006.08.19
♂	2008.06.28
☉	2010.05.07
♀	2012.03.15

☽ 2014.01.23 - 2023.01.22 (9 Years)	
☽	2014.01.23
♄	2015.05.07
♃	2016.08.19
♂	2017.12.01
☉	2019.03.16
♀	2020.06.27
☿	2021.10.10

♄ 2023.01.23 - 2034.01.22 (11 Years)	
♄	2023.01.23
♃	2024.08.19
♂	2026.03.16
☉	2027.10.11
♀	2029.05.07
☿	2030.12.02
☽	2032.06.28

♃ 2034.01.23 - 2046.01.22 (12 Years)	
♃	2034.01.23
♂	2035.10.11
☉	2037.06.28
♀	2039.03.16
☿	2040.12.01
☽	2042.08.19
♄	2044.05.06

♂ 2046.01.23 - 2053.01.22 (7 Years)	
♂	2046.01.23
☉	2047.01.23
♀	2048.01.23
☿	2049.01.22
☽	2050.01.23
♄	2051.01.23
♃	2052.01.23

☊	2053.01.23 - 2056.01.23 (3 Years)
☋	2056.01.23 - 2058.01.23 (2 Years)
☉	2058.01.23 - 2068.01.22 (10 Years)
☉	2058.01.23

일생 동안 작용하는 피르다리아 메이저 로드와 마이너 로드를 한 눈에 볼 수 있다. 낮의 차트이기 때문에 태양부터 시작하여 작성되었다.

가장 위에 태양의 기호(☉)와 함께, 1983.01.23~1993.01.22 (10 Years)라고, 10년간 태양의 시기가 표시되어 있다. 이렇게 긴 기간을 담당하는 행성이 바로 메이저 로드다. 그리고 그 아래 10년을 일곱 개로 나눠 놓은 것이 마이너 로드다.

그 후, 다음 메이저 로드인 금성이 8년간의 기간을 담당하며, 다시 일곱 개의 마이너 로드로 구분되어 있다.

이렇게 각각의 메이저 로드에는 예외 없이 일곱 개의 마이너 로드가 얼마 동안의 기간을 담당하며 나뉘어 있다. 그렇게 일곱 개의 행성이 한 번씩 메이저 로드로써 최선을 다하고 나면, 북교점(☊)과 남교점(☋)의 시기가 등장한다. 하지만 교점의 시기는 모든 이들에게 70세가 되어서야 오기 때문에 사례를 확인하기 쉽지 않다.

피르다리아의 메이저 로드와 마이너 로드의 시기를 보면, 매우 정밀하게 일까지 표기되어 있다.

그러나 *메이저 로드는 기간이 긴 만큼 대략 전후 1년의 오차가 있으며, 마이너 로드는 기간이 짧은 만큼 대략 전후 3개월의 오차가 있다.*

다음 피르다리아 표를 보고, 지금이 어떤 메이저 로드 시기이고 어떤 마이너 로드 시기인지 알아보자.

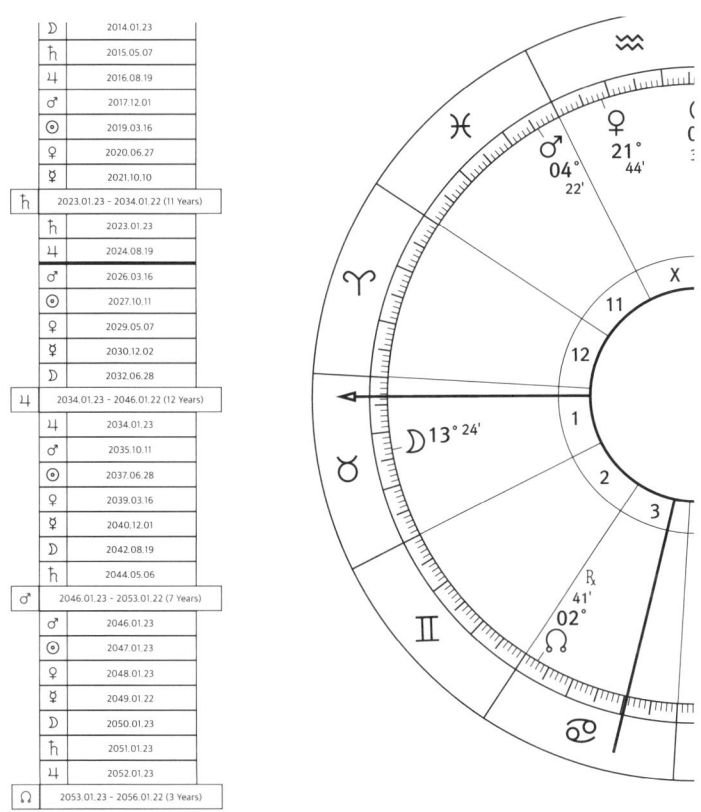

2024년 12월 1일에 피르다리아 메이저 로드는 토성이며, 마이너 로드는 목성이다. 마이너 로드마다 적혀 있는 날짜는 시작의 날짜이며, 그 다음 마이너 로드가 시작되면서 끝난다. 즉 마이너 로드인 목성의 시기를 오차 없이 말한다면, 2024.08.19. ~ 2026.03.15. 이다.

이제 메이저 로드와 마이너 로드의 차이를 배워 보자.

◆ 피르다리아 메이저 로드와 마이너 로드 개념

피르다리아의 '메이저, 마이너'라는 용어는 오해할 소지가 있다. 메이저(major)는 '상위, 거대한, 중요한', 마이너(minor)는 '하위, 작은, 중요하지 않은' 등의 의미가 있다. 그러나 실제로 피르다리아에서 메이저 로드와 마이너 로드는 역할의 차이만 있을 뿐, 중요도의 차이는 없다. 그저 기간이 길거나 짧은 것만으로 메이저와 마이너라고 칭해야 할지 생각해 볼 문제다.

이름뿐인 메이저 로드와 마이너 로드가 하는 역할을 알아보기 전에, 점성술의 새로운 용어와 개념을 배워야 한다.

바로 '프로미터'와 '시그니피케이터'다.

프로미터(promittor)란 특정 사건의 분위기를 만드는 행성이다. 프로미터가 된 행성은 자신의 속성[55]대로 시그니피케이터에게 영향을 준다. 피르다리아에서 메이저 로드는 프로미터의 자격을 부여받는다. 그리고 자신의 속성대로 시그니피케이터가 된 마이너 로드에게 영향을 주고 사건의 길흉을 만든다.

시그니피케이터(significator)란 특정 사건의 주제를 담당하는 행성이다. 시그니피케이터가 된 행성은 특정 하우스운의 지표성 역할을 맡을 뿐, 자신의 속성이 발휘되거나 활용되지 않는다. 피르다리아에서 마이너 로드는 시그니피케이터의 자격을 부여받는다. 그리고 자신의 도머사일 하우스 의미를 상징하면서, 프로미터가 된 메이저 로드에게 영향을 받는다.

'프로미터와 시그니피케이터'는 꼭 피르다리아에서만 사용되는 용어가 아니다. 출생차트를 포함하여 모든 운세차트에서 활용된다.

---

55) 행성의 속성이란 본질을 말한다. 화성은 분열, 사건사고 / 토성은 실패, 불명예 / 목성은 성공, 풍요 / 금성은 즐거움, 사랑 등이 속성이다.

차트를 통해 용어의 개념을 확실하게 익혀보자.

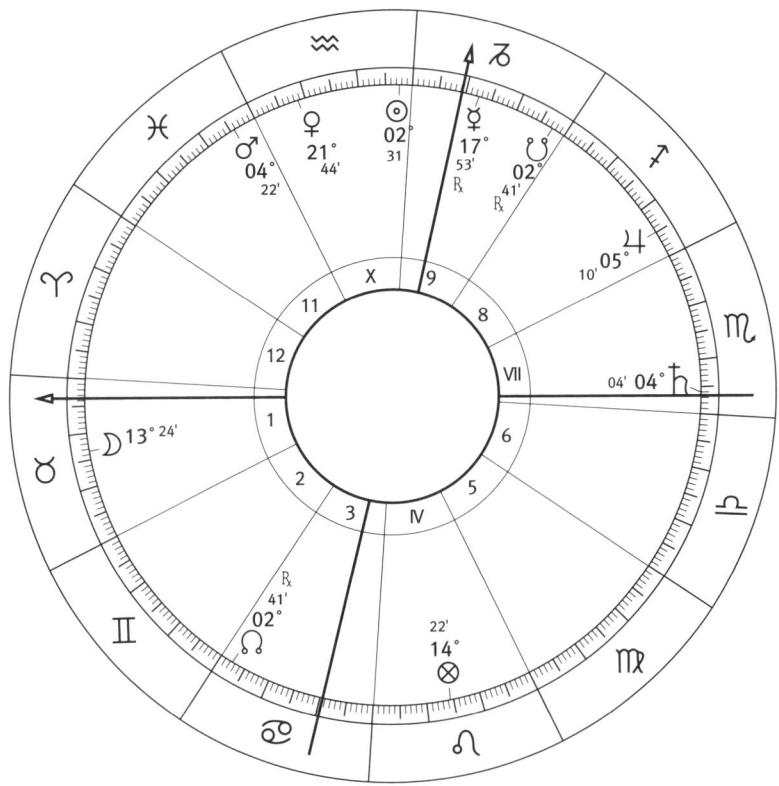

결혼과 배우자운을 판단하기 위해 7하우스 로드의 상태를 보기로 한다. 7하우스에는 전갈자리가 배치되어 있기 때문에, 7하우스 로드는 화성이다. 즉 화성은 7하우스운을 담당하는 지표성, 즉 결혼과 배우자의 시그니피케이터다. 7하우스 로드가 화성이라고 해서, 결혼운에 싸움, 분열, 전쟁, 사건사고 등 화성의 속성이 발현되지는 않는다. 시그니피케이터는 행성의 속성이 미미하기 때문이다. 그저 결혼과 배우자운을 보기 위한 행성일 뿐이다.

시그니피케이터인 화성에게 토성과 목성이 모두 1°내로 빛을 주며 영향을 미친다. 이때 토성과 목성을 프로미터라고 한다. 프로미터가 된 토성과 목성은 각각의 속성대로 시그니피케이터인 화성에게 흉함과 길함을 준다.

프로미터는 행성의 속성이 많기 때문이다.

모든 행성은 특정 하우스의 시그니피케이터가 될 수 있으며, 시그니피케이터가 된 행성에게 영향을 미치는 프로미터가 될 수도 있다.

	프로미터	시그니피케이터
역할	특정 사건의 분위기와 길흉을 만드는 행성	특정 사건의 주제를 담당하는 행성
작용	시그니피케이터에게 영향을 주는 행성	프로미터에게 영향을 받는 행성
속성 여부	행성의 속성이 강하다	행성의 속성이 약하거나 없다
중요성	어떤 행성인지가 중요하다	어떤 하우스운을 맡고 있는지가 중요하다
피르다리아	메이저 로드	마이너 로드

◆ 피르다리아 해석하는 법

① 출생차트만으로 해석하는 법

다양한 분야와 사건의 주제를 담당하는 것은 특정 하우스의 지표성인 '마이너 로드'다. 피르다리아 마이너 로드 시기에는 자신의 도머사일 하우스 이야기가 발생한다. 다음 차트를 보며 이해해보자.

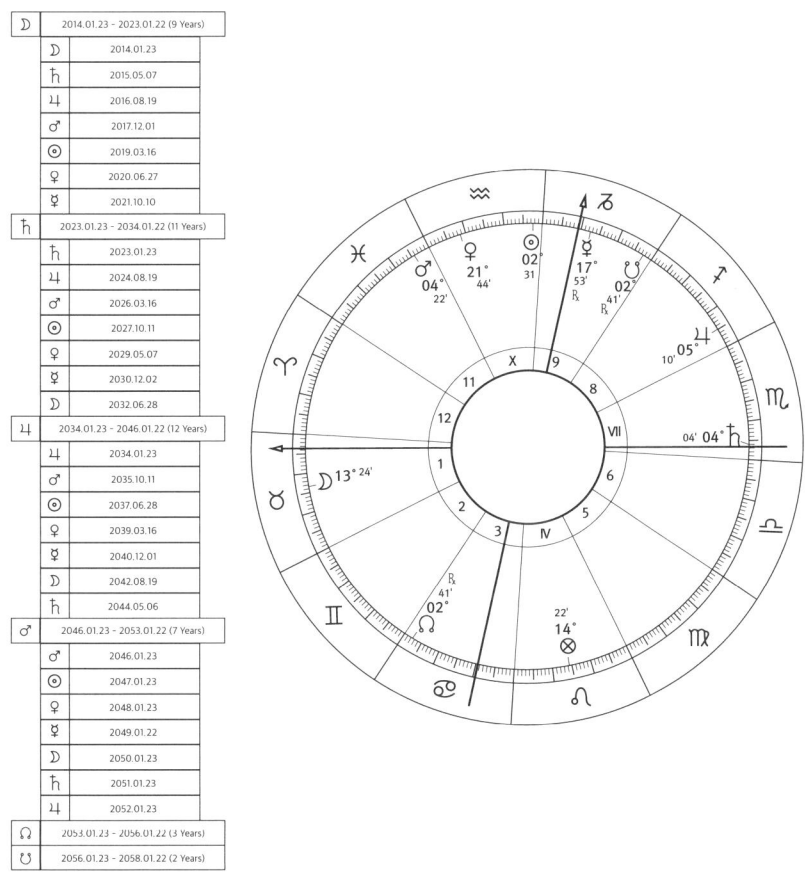

2024년 12월, 피르다리아 '마이너 로드'는 목성이다.

목성은 8하우스와 11하우스 주인이고, 8하우스에 위치한다. 즉 목성의 시기인 지금 차트주인공은 8, 11하우스의 이야기가 발현하는 인생이며,

그 방향은 8하우스가 된다.

　8하우스가 상징하는 (불로소득, 유산, 보험금, 사치, 대출, 건강문제) 관련 일과 11하우스가 상징하는 (사회적 인복, 성공욕구, 사업, 모든 희망) 등의 이야기가 무작위로 발생하며, 8하우스(불로소득, 유산, 보험금, 사치, 대출, 건강문제) 방향으로 전개된다.

　즉 '불로소득 획득, 유산이나 보험금 획득, 대출행위, 사업으로 인한 지출, 건강문제, 관계문제' 등으로 발생할 것이다.

　이처럼 피르다리아 운세기법은 하우스에 대한 내용을 모두 알아야 사건의 분야를 올바르게 판단할 수 있다. 그리고 하우스 간에 키워드 연결을 할 때 가능성 있는 이야기를 잘 융합해야 한다.

　지금 마이너 로드 해석에 목성의 키워드는 적용하지 않은 것을 볼 수 있다. 피르다리아 마이너 로드의 속성은 해석에 넣지 않아야 한다.

　목성의 시기라 하여 성공, 취업, 승진, 합격, 풍요 등의 길한 일이 생긴다는 보장이 없으며, 토성의 시기라 하여 가난, 실패, 실직, 질병, 배신 등의 흉사가 반드시 발생하지는 않는다.

　마이너 로드가 길한 하우스 주인이며 길한 하우스에 있다면, 그 행성이 어떤 행성이든지 길한 운으로 발동할 기회가 주어진다. 하지만 흉한 하우스 주인이며 흉한 하우스에 있다면, 아무리 길성이라도 흉한 운으로 발동할 가능성이 생긴다. 만약 마이너 로드인 목성이 12하우스 주인이며 6하우스에 있다면 질병과 고난을 불러올 수 있으며, 6하우스 주인이며 4하우스에 있다면 부모의 건강에 이상이 생길 수도 있다.

　그럼 메이저 로드인 토성은 어떻게 작용할까?

　프로미터인 메이저 로드는 시그니피케이터가 된 마이너 로드에게 자신의 속성대로 영향을 준다고 했다. 하지만 피르다리아에서 메이저 로드가 영향을 주려면 마이너 로드와 6°미만으로 긴밀한 애스펙트를 맺어야만 한다.

만약 메이저 로드와 마이너 로드가 애스펙트를 맺지 않거나, 애스펙트를 맺더라도 도수 차이가 커서 유효한 관계라 볼 수 없다면, 메이저 로드는 갈 곳 잃은 행성이 된다. 즉 프로미터의 역할은 사라지고, 사건의 길흉에 미치는 영향이 없다.

이 차트에서 메이저 로드인 토성과 마이너 로드인 목성은 30°관계로 어버전이다. 서로 아무 영향을 주고 받지 못하는 구조다. 이럴 경우 프로미터인 토성은 시그니피케이터인 목성에게 어떤 영향도 없기 때문에 굳이 해석하지 않는다. 시그니피케이터인 마이너 로드만 하우스에 대한 이야기로 삶에 발현할 뿐이다.

만약 마이너 로드인 목성에게 메이저 로드인 토성이 긴밀한 영향을 주었다면, 마이너 로드가 만들어낸 이야기인 '불로소득 획득, 유산이나 보험금 획득, 대출행위, 사업으로 인한 지출, 건강문제, 관계문제'에 부정적인 결론을 내린다. 불로소득을 얻거나 유산을 받더라도, 배신을 당하거나 잃는 상황으로 마무리된다.

한편 피르다리아는 이렇게 출생차트 속에서만 활용하기보다, 솔라리턴 차트와 함께 분석할 경우 더 효과적인 해석을 할 수 있다.

② **출생차트와 솔라리턴에 동시에 넣어 해석하는 법**
피르다리아를 솔라리턴과 함께 분석하는 법 또한 '마이너 로드'가 중요하다. 솔라리턴이 양력 생일부터 그 다음 해 양력 생일까지 보는 1년운이기 때문에, 7~13년을 주관하는 메이저 로드보다 1~2년을 담당하는 마이너 로드의 권한이 훨씬 큰 것이다.

솔라리턴을 활용하여 피르다리아운을 보는 법은, 간명하는 점성가의 수준에 따라 두 가지 방법으로 나뉜다.

Ⓐ 점성술 초보자가 보는 방법

피르다리아의 마이너 로드가 솔라리턴 차트[56])에서 어느 하우스에 있는지 본다. 그렇게 발생한 하나의 하우스가 그 해에 나에게 발현하는 인생 이야기가 된다.

Ⓑ 점성술 전문가가 보는 방법

출생차트에서 마이너 로드의 도머사일 하우스 내용을, 솔라리턴 차트에 위치한 하우스의 방향으로 해석한다.

예를 들어보자. 마이너 로드인 목성이 출생차트에서 11하우스(인복, 사업 등)와 8하우스(불로소득, 대출, 유산 등)의 주인이다. 그리고 목성은 솔라리턴 차트에서 2하우스(수익, 경제활동, 물질적 자산)에 위치하고 있다. 즉 11하우스 혹은 8하우스의 사건이 2하우스의 방향으로 발생하게 된다. '유산이 나의 자산이 됨, 대출로 인한 자산 획득, 사업으로 인한 수익창출' 등이 1년간의 이야기다.

---

56) 솔라리턴 차트를 작성하는 법은, 곧 자세히 다루기로 한다. 인생의 길이 예고된 1년간의 차트가 매년 주어진다.

5. 솔라리턴(Solar Return)

솔라리턴(태양의 귀환)은 사람의 '영혼'을 상징하는 태양이 미래의 운세를 만든다는 관념에서 탄생한 기법이다.

출생차트에서 태양은 '어떤 별자리 몇°몇''에 위치하며, 그곳은 나의 영혼이 머무는 중요한 지점이다. 그리고 매년 한 번 그곳에 태양이 회귀한 순간의 하늘은, 나의 1년간 인생 이야기를 예견한다. 그날 그 시각의 하늘을 천궁도에 담은 것이 우리가 다룰 '솔라리턴 차트'다.

출생차트의 태양 위치가 매년 동일한 날은 누구에게나 '양력 생일 전후'다. 그래서 솔라리턴 차트의 운세 기간은 **양력 생일부터 그 다음 해 양력 생일까지**다.

예를 들어, 8월 20일생의 2024년 솔라리턴 차트가 작용하는 시기는 2024년 8월 20일 전후 ~ 2025년 8월 20일 전후다. 그럼 2025년 상반기의 운세를 2024년 솔라리턴 차트로 봐야한다.

다른 예로, 12월 15일생의 2024년 솔라리턴 차트가 작용하는 시기는 2024년 12월 15일 전후 ~ 2025년 12월 15일 전후다. 그럼 2025년 전체의 운세는 2024년 솔라리턴 차트로 확인해야 한다.

즉 24년의 운세는 24년 솔라리턴이 말해 준다는 단순한 개념이 아니다. 누구나 양력 생일부터 시작하여 그 다음해 양력 생일까지가 솔라리턴 운세라는 것을 기억해야 한다.

솔라리턴 기법의 습득을 위해서, 한 해의 주인 별자리인 **프로펙션**과 그 주인행성인 **년주**를 확인하는 법부터 배워보자.

프로펙션과 년주 확인하는 법

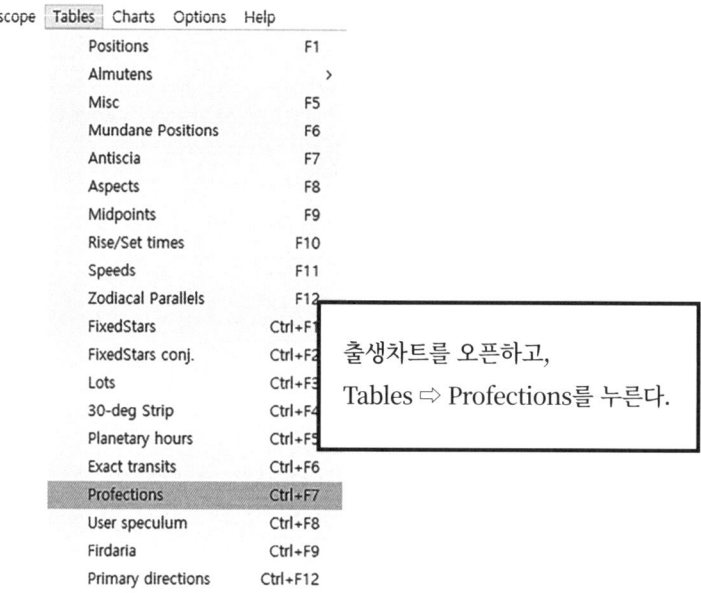

출생차트를 오픈하고,
Tables ⇨ Profections를 누른다.

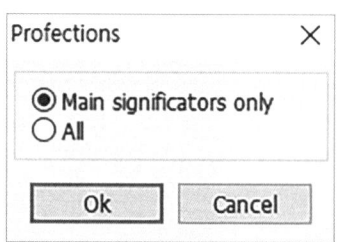

한 해의 운을 만드는 프로펙션은 '어떤 지점'으로부터
시작하여 반시계방향 순서대로 권한을 얻은 별자리다.
그 시작의 기준점은 ASC뿐 아니라 MC, 태양, 달,
포르투나 외 모든 행성이 가능하다.
All에 체크를 하면, 모든 행성과 모든 중요 지점에 의한
프로펙션이 표기된다. 하지만 솔라리턴에서 중요한
프로펙션 기준점은 상승점(ASC)이기 때문에, 그대로
두고 ok를 누르면 된다.

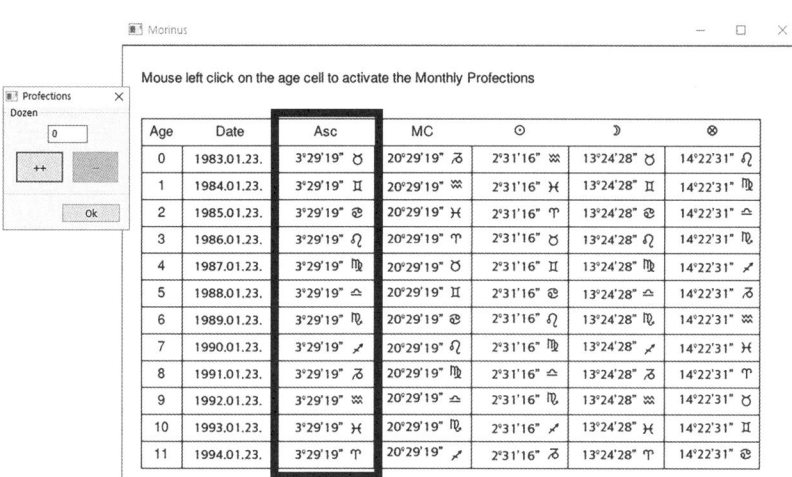

Main significators only에 체크했기 때문에 ASC, MC, 태양, 달, 포르투나 기준으로 발생한 프로펙션이 표기되어 있다. 하지만 솔라리턴에서 중요한 것은 ASC 기준으로 나열된 별자리이며, 이것만 프로펙션으로 인정한다.

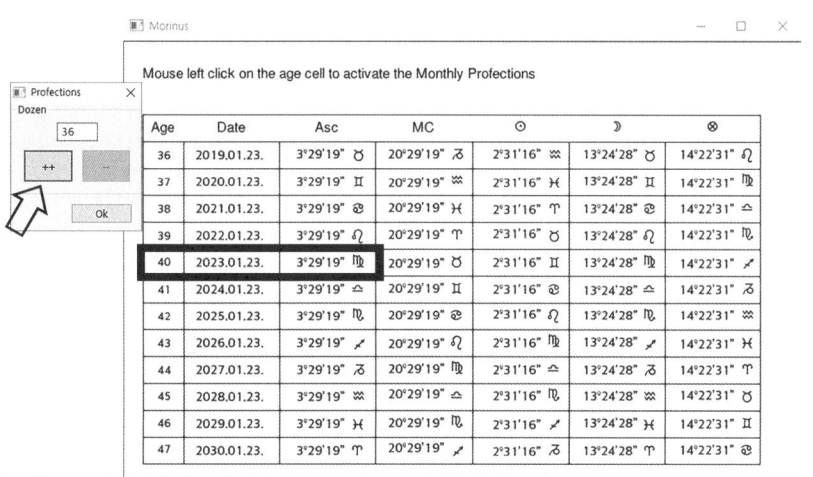

++ 버튼을 클릭하여, 내가 보고 싶은 년도를 찾는다.
2023년도의 프로펙션은 처녀자리다.
그러므로 2023년의 년주는 수성이다.

솔라리턴(Solar Return)

솔라리턴 차트 여는 법

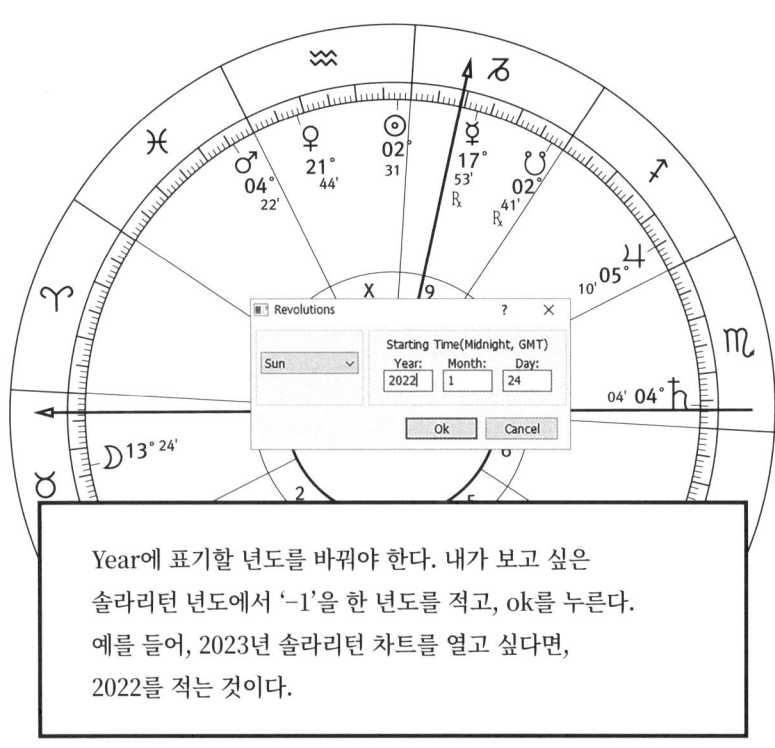

출생차트를 오픈하고,
Charts ⇨ Revolutions를 누른다.

Year에 표기할 년도를 바꿔야 한다. 내가 보고 싶은 솔라리턴 년도에서 '-1'을 한 년도를 적고, ok를 누른다. 예를 들어, 2023년 솔라리턴 차트를 열고 싶다면, 2022를 적는 것이다.

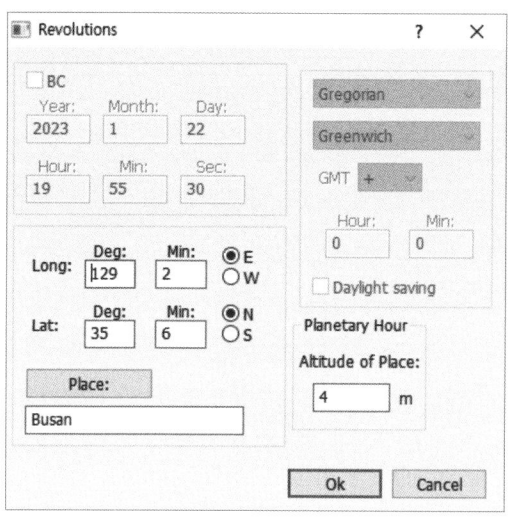

아무 것도 수정하지 말고 ok를 누른다. 지역에 대한 논점이 있다. 솔라리턴을 볼 때, '출생지'와 '생일 때 살고 있는 지역' 중에서 어떤 곳을 설정해야 하냐는 것이다. 출생지를 넣어야만 한다. 나는 내가 태어난 지역 하늘에 출생차트도 운세차트도 영원히 지배당한다.

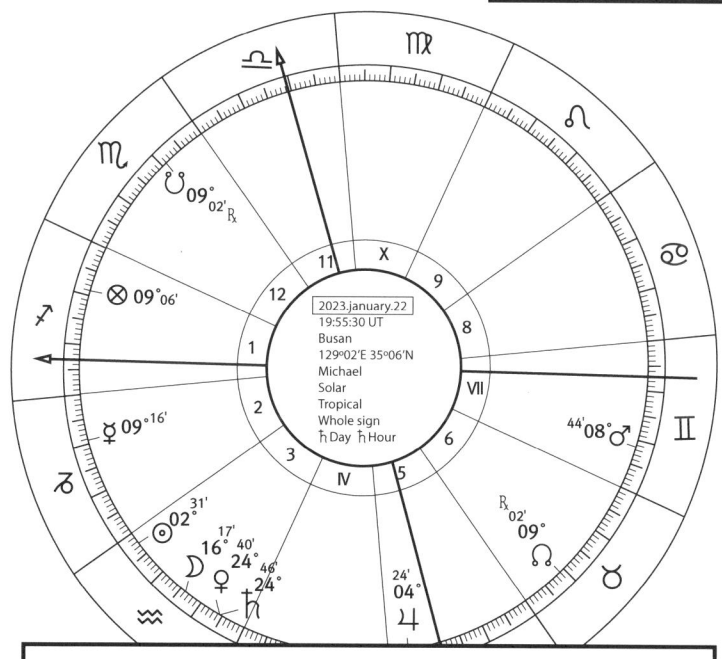

솔라리턴 차트다.
2022를 입력했지만, 보고 싶었던 2023년의 솔라리턴 차트가 나왔다.

솔라리턴(Solar Return)

◆ 출생차트의 지배를 받는 운세

우리는 출생차트가 정해 놓은 인생을 살며, 그의 지배를 받고 있다. 이것은 운세의 경우도 마찬가지다. 우리의 모든 미래와 운세는 출생차트의 지배를 받는다. 즉 출생차트가 좋아야 좋은 운도 잘 받을 수 있으며, 출생차트가 좋지 않으면 좋은 운에도 한계가 있다. 달리 말하면, 출생차트가 좋으면 나쁜 운도 정도를 넘지 않고, 출생차트가 좋지 않으면 나쁜 운이 들어올 경우 심각한 지경에 이른다.

앞서 배웠던 세컨더리 디렉션도 출생차트 위에서 이동하는 달을 보고 판단한 기법이었다. 그리고 피르다리아 로드 또한 출생차트에서 어떤 하우스 주인이며 어떤 하우스에 있는지가 중요했다. 운세가 출생차트의 지배를 받는다는 이 개념은 솔라리턴도 마찬가지다.

출생차트에 이혼수가 없다면, 솔라리턴으로 부부관계의 흉이 나온다 한들 단순 다툼에 그친다. 반면 결혼의 흉이 너무 강한 출생차트라면, 관계의 고난이 예고되는 솔라리턴 시기마다 이혼 이야기가 오고간다.

또한 출생차트에 단명이 보이지 않는다면, 아픔이 예상되는 솔라리턴 시기에 병이 걸리더라도 결국 회복된다. 그러나 건강문제가 심각한 출생차트라면, 솔라리턴에서 보이는 흉한 하우스의 발현에 긴장해야 한다.

이처럼 솔라리턴의 모든 이야기는 출생차트의 지배를 받기 때문에, 우리는 타고 난 천궁도의 중요성을 다시 한번 기억해야 한다. 그렇다고 흉한 구조가 많은 출생차트 주인공들이 희망이 전혀 없다는 뜻이 아니다. 출생차트의 흉함은 직업으로 개선할 수 있으며, 솔라리턴 차트의 흉함은 하우스의 다른 방향이나 화성과 토성의 새로운 키워드를 활용해 대체할 수 있다. 후에 대체법도 확실히 다루도록 하자.

◆ 솔라리턴을 통한 미래 예측의 방법[57]

출생차트와 솔라리턴 차트(이하 리턴차트)를 활용한 예측에서 가장 중요한 것은 **하우스 발현**이다. '어떤 하우스와 어떤 하우스가 엮여 이야기를 만들어 가는지' 그리고 '두 하우스의 순서'가 중요하다. 엮이는 두 하우스 중 **앞에 있는 하우스는 주어**가 되며, **뒤에 있는 하우스는 술어**가 된다.

또한 **중요한 곳에 있는 행성**들을 보며 1년간의 분위기를 예측한다.

① 하우스 발현을 보는 기법
Ⓐ **프로펙션이 출생차트와 리턴차트에서 어떤 하우스에 있는지 확인한다.**
출생차트에 위치한 하우스가 주어가 되고, 리턴차트에 위치한 하우스가 술어가 되어 인생 이야기를 만들어간다. 두 하우스의 순서가 바뀌면 전혀 다른 이야기로 전개될 수 있기 때문에 하우스 순서는 지켜줘야 한다. 사건 발생일은 년주의 시기로 본다.[58]

예를 들어 프로펙션이 출생차트에서 11하우스에 있고, 리턴차트에서 6하우스에 있어 <11-6>의 발현이라면, 사회적 인맥으로 인해 힘들고 고된 시기다. 하지만 프로펙션이 출생차트에서 6하우스에 있고, 리턴차트에서 11하우스에 있어 <6-11>의 발현이라면, 업무와 관련하여 후원자가 생기거나 일의 성과가 있는 시기다. 앞에 나온 하우스가 주어가 되고, 뒤에 나온 하우스가 술어가 되기 때문에 이런 해석이 되는 것이다.

Ⓑ **년주(프로펙션 로드)가 출생차트와 리턴차트에서 어떤 하우스에 있는지 확인한다.**
위 프로펙션 논리와 마찬가지로 출생차트에 위치한 하우스가 주어가 되고, 리턴차트에 위치한 하우스가 술어가 되어 인생 이야기가 발생한다. 사

---

57) 출생차트와 솔라리턴 차트는 '함께 오픈한 상태'에서, '정해진 규칙에 의해' 운세를 봐야한다.
58) 사건 발생일을 보는 법은 곧 배운다. 프라이머리 디렉션이라고 한다.

건 발생일은 년주의 시기로 본다.

  년주의 속성은 적용하지 않아도 된다. 년주가 화성이라고 다툼이나 사건이 생기는 시기가 아니며, 목성이라고 성공과 번창이 있지도 않다. 그저 년주가 된 행성이 출생차트와 리턴차트에서 어느 하우스를 발동시키는지만 중요하다.

  예를 들어, 년주가 토성이라도 출생차트와 리턴차트에서 <11-10>을 발현시킨다면 매우 성공적이고 명예로운 시기다. 하지만 년주가 목성이라도 출생차트와 리턴차트에서 <12-6>을 발현시킨다면 내외적인 질병에 시달릴 수 있는 시기다. 이런 이유로 솔라리턴은 '발동하는 하우스'가 중요하다는 것이다.

ⓒ 출생차트의 상승궁이 리턴차트에서 어느 하우스에 있는지, 출생차트의 상승로드가 리턴차트에서 어느 하우스에 있는지 확인한다.

  출생차트에서 나의 별자리는 상승궁이며, 나의 행성은 상승로드다. 나의 집과 주인이 리턴차트에서 어느 곳에 위치하는지 확인하는 과정이다. 별자리-행성의 순서로 찾아야 하며, 이렇게 나온 두 하우스 역시 1년간의 이야기를 담당할 주어와 술어가 된다. 사건 발생일은 출생차트 상승로드의 시기로 본다.

ⓓ 리턴차트의 상승궁이 출생차트에서 어느 하우스에 있는지, 리턴차트의 상승로드가 리턴차트에서 어느 하우스에 있는지 확인한다.

  1년간의 운세를 의미하는 리턴차트에도 분명 나를 상징하는 1하우스가 있고, 그곳에 위치한 별자리가 있다. 리턴차트의 1하우스 사인이 출생차트의 어느 하우스에서 왔는지 확인해야 한다. 그리고 그 주인행성이 리턴차트에서 어느 하우스에 있는지 판단한다.

  그렇게 순서대로 발생한 하우스 역시 주어와 술어가 되어 나의 삶에 영향을 미친다. 여기서 헷갈리지 말아야 할 점은, 리턴차트의 상승로드가 출생차트가 아닌 '리턴차트'에서 어디 있는지 봐야 한다는 것이다. 사건 발생일은 리턴차트 상승로드의 시기로 본다.

ⓔ *피르다리아 마이너 로드가 출생차트에서 어느 하우스 주인인지, 리턴차트에서 어느 하우스에 있는지 확인한다.*

이렇게 발생한 하우스 역시 주어와 술어가 되어 인생 이야기를 만든다. 하지만 초보자들은 리턴차트에서 발생한 하우스 하나만 읽어줘도 좋은 해석을 할 수 있다. 사건 발생일은 피르다리아 마이너 로드의 시기로 본다.

ⓕ *달이 리턴차트에서 어느 하우스에 있는지 확인한다.*

출생차트 외에 리턴차트에서도 달은 나의 육신과 감정을 상징하는 중요한 지표성이다. 달이 리턴차트에서 위치한 하우스는 1년운에 필연적으로 이야기를 만든다. 사건 발생일은 달의 시기로 본다.

참고 ⓐ 프로펙션은 한 해의 주도권을 쥐고 있는 별자리와 같다. 출생차트에서 프로펙션에 위치한 행성이 있다면, 그 행성은 년주는 아니지만 의미가 있는 행성이 된다. 그 행성이 리턴차트에서 어느 하우스에 있는지, 하나의 하우스 발현을 확인하는 과정이다.

하지만 이 부분은 참고만 해야 한다. 만약 출생차트에서 프로펙션에 6개의 행성이 모여있다면, 그 6개 행성이 리턴차트에서 어디있는지 모두 확인해야 하는 난잡한 상황이 벌어질 수도 있다. 그래서 하나의 행성만 있을 경우에 확인한다.

참고 ⓑ 리턴차트에서 프로펙션 하우스 기준, 년주가 어느 하우스에 있는지 본다. 다시 말해 리턴차트에서 프로펙션이 위치한 하우스를 1하우스로 놓고, 년주가 몇 하우스에 있는지 하나의 하우스를 뽑아 이야기에 참고하는 것이다.

수많은 임상을 해본 결과 필자는 중요하게 보지 않는다.

② **한 해의 분위기를 만드는 행성**[59]

Ⓐ *리턴차트에서 앵글포인트에 4°미만으로 붙은 행성*
출생차트에서 앵글포인트에 4°미만으로 붙은 행성은 성향, 재능, 직업, 인생 전체의 분위기에 영향을 미치는 강력한 힘이 있다.

행성이 앵글포인트로 인해 힘을 얻는 현상은 리턴차트에서도 일어난다. 리턴차트에서 앵글포인트에 붙어있는 행성은 1년간의 운에 영향을 미치며, 그 행성의 속성이 곧 한 해의 분위기가 된다.

Ⓑ *리턴차트에서 앵글하우스(1, 4, 7, 10)에 위치한 행성*
앵글하우스는 출생차트뿐만 아니라 리턴차트에서도 중요하고 강한 하우스다. 리턴차트의 앵글하우스에 위치한 행성은 1년간의 운에 상당히 영향을 미친다. 특히 **1하우스에 위치한 행성**은 매우 높은 확률로 당신에게 주어진 행성이며, 그 행성의 속성 혹은 키워드가 활발하게 활용된다.

Ⓒ *리턴차트에서 중요지표성[60]에게 4°미만으로 애스펙트하는 행성*
언제나 중요한 루미너리와 상승로드, 그리고 1년간의 주인공인 년주 혹은 피르다리아 마이너 로드에게 긴밀한 영향을 주는 행성은 1년간의 인생 이야기를 만들 수 있다.

특히 달과 태양은 부모를 의미하며, 달은 나의 육신까지 담당하기 때문에 리턴차트에서 항상 좋은 위치에서 잘 있어야 한다.

달이 두 흉성에게 긴밀하게 영향을 받는 것보다 더 좋지 않은 구조는, 달이 교점과 6°미만으로 컨정션(회합)을 하는 것이다. 리턴차트 1하우스 또는 프로펙션 하우스에서 발생하는 구조일 때, 특히 조심해야 하며 그 외의 하우스는 발동력이 약하다. 북교점과 남교점을 불문하고 교점은 출생차트보

---

59) 사건 발생일은 Ⓐ~Ⓒ 이론에 의해 언급된 행성의 시기로 본다.
60) 달, 태양, 년주, 출생차트의 상승로드, 피르다리아 마이너 로드

다 리턴차트에서 훨씬 흉한 역할을 한다.

　달과 교점의 합으로 발생 가능한 사건은, 잊지 못할 흉사, 자신의 죽음, 부모의 죽음, 자신이나 부모의 큰 질병, 재산 탕진, 파산, 이혼, 신내림, 속세를 버리고 종교인이 됨 등이다.

　참고 ⓐ 리턴차트 프로펙션에 위치한 행성을 참고하자. 주의해야 할 점은 그곳에 위치한 행성이 여러 개일 경우다. 세 가지만 되어도 너무 많은 이야기를 만들게 되니 그다지 영향력 있는 해석이 될 수 없다. 보통 하나의 행성이 있을 경우 참고해야 하며, 두 길성이 동시에 혹은 두 흉성이 동시에 있는 경우에 해석하는 것이 좋다. 길함과 흉함이 너무 확실하기 때문이다.

　참고 ⓑ 리턴차트에서 포르투나 기준으로 1, 10, 11하우스에 위치한 행성을 보기도 한다. 주로 길성이나 흉성의 존재 여부를 본다. 사회적 성공에 영향을 준다는 이론이지만, 참고로만 봐야 한다.

◆ 운세의 올바른 판단을 위해 기억해야 할 사항

　① **운세를 예측할 때, 별자리 디그니티는 보지 않는다.**
　별자리 디그니티는 이센셜 디그니티로써, 행성의 내적 성품을 보는 이론일 뿐 길흉과는 무관하다. 운세는 철저하게 길흉론이기 때문에 이센셜 디그니티는 적용되지 않는다.
　즉 운세차트에서 목성이 룰러쉽 상태라고 길함을 추가 해석하면 안 되며, 화성이 룰러쉽 상태라고 흉함을 감소하여 읽어서도 안 된다.
　특히 솔라리턴은 출생차트의 태양 위치만 매년 하늘에 맞췄을 뿐, 그날 배치된 행성들과 하우스의 구조로 운을 보는 것이다. 그래서 리턴차트에서 별자리 디그니티는 더욱 의미가 없다.
　예를 들어, 우리나라 전 국민의 2022년 솔라리턴 차트에서 토성은 물병자리에 위치해 룰러쉽 상태였다. 단순히 2022년 우리나라 하늘에는 토성이 계속 물병자리에 있었기 때문이다. 모두에게 주어진 룰러쉽 현상을 내게 적용하여, '2022년에는 온화한 토성으로 인해 나의 삶은 그나마 나았다'고 판단할 수 없다.

② 모든 운세는 내담자의 직업과 현재 상황, 주어진 환경을 전부 고려하여 해석해야 한다.

출생차트주인공의 직업, 풍요, 스케일, 신분, 환경, 배우자 유무, 자식 유무, 부모 유무 등을 모두 참고하여, 그에 맞는 현실성 있는 운으로 판단해야 한다. 운세는 출생차트 안에서 삶의 위치에 맞게 이뤄지기 때문이다.

2024년 리턴차트에서 학생, 사업가, 취준생, 가정주부, 백수에게 '10하우스의 강한 운'이 동일하게 들어왔다고 가정하자. 똑같은 명예와 출세운이라도 개개인에 따라 다른 운이 들어오기 마련이다. 수험생에게는 합격운, 사업가에게는 사업 번창, 취준생에게는 취업, 가정주부에게는 임신 혹은 남편의 승진, 백수는 컴퓨터게임의 길드에서 길드장을 맡게 된다. 10하우스 운이 왔다고 전업주부나 백수에게 갑자기 취직이 될 거라는 판단은 옳지 않다. 솔라리턴은 주인공의 자세와 마음가짐에 의해 작동하기 때문이다.

한편 5하우스운이 왔을 때 가임기 여성만이 임신을 하며, 불임 여성은 부동산 자산 혹은 가문의 자산 이벤트를 맞이한다. 하지만 가임기 여성이라도 짝없이 혼자만의 생활을 하는 이에게 5하우스운을 임신운이라고 말할 수는 없다. 그들은 주식이나 투자 혹은 부업을 하거나 부모로부터 지원을 받는 시기일 것이다.

모든 하우스의 운이 이렇다. 하나의 하우스에는 수많은 키워드가 있고, 그중 자신의 환경에 맞는 단어가 운으로 발현하는 것이다. 갖가지 운세차트에 예고된 운을 읽어 줄 때, 차트주인공의 현재 삶을 모두 묻고 소통해야 올바른 판단을 할 수 있다.

③ **솔라리턴 운세의 확실한 판단을 위해서는, 전후 리턴운세까지 모두 보고 흐름을 읽어야 한다.**

우리의 인생은 원인과 결과의 연속적인 흐름이다. 간혹 특정 연도 안에서 원인과 결과가 모두 작용할 수도 있지만, 보통은 전년도의 어떤 일 때문에 올해 특정 사건이 있었고, 그로 인해 내년에 어떤 운세가 오게 된다. 그래서 한 해만 한정하여 해석한다면 간혹 오류를 범할 수도 있다. 필자가 솔라리턴 상담을 할 때 최소 2년치를 함께 보는 이유다.

예를 들어, 2025년에 완공될 집에 대해 2023년에 투자와 계약이 진행 될 때, 2023년 리턴운에서 흉한 운이 보이지 않는다고 적극 추천해서는 안 된다. 2023년에 이어서 2024년, 2025년의 모든 리턴을 보고 변수와 막힘까지 고려하여 읽어야 한다.

④ **혼자만의 운세가 아닌 것은 운세차트로 판단하면 안 된다.**

대기업과 국가의 작용, 시대의 흐름에 의한 변수, 국가적 사건, 세계경제 문제나 자연재해 등은 개인 운세에 나오지 않는다.

우리가 읽는 세컨더리 디렉션, 피르다리아, 솔라리턴 등은 모두 개인의 운세다. 즉 개개인의 자유의지와 선택이 반영되어 있고, 고유한 성격과 삶의 위치가 포함된 채 발현하는 것이다.

주식과 코인은 개인 운세가 아니다. 우리나라를 넘어 세계경제와 관련된 주식의 흐름과 등락이, 한낱 개인 운세에 나올리 없다. 당신과 아무 상관없는 일론머스크의 발언에 오르고 내리는 코인시장이 타로나 사주, 점성술로 보는 개인 운세에 나올리 없다는 것이다. 당신이 삼성전자의 주식을 매수한 뒤에 2023년 솔라리턴에 5하우스의 운이 길하게 발동한다 한들, 당신의 개인 솔라리턴 때문에 글로벌기업인 삼성전자의 주식이 오를리 없다.

부동산시장으로 인한 운은 개인 운세가 아니다. 부동산의 매매운 혹은 이사운은 개인의 운이다. 그러나 부동산 가격, 그로 인한 이득과 손실은 당신의 차트와는 별개의 문제로, 국가경제 이야기다.

2024년에 개인의 솔라리턴으로 4, 5하우스의 길한 발현이 있다한들, 이미 구매한 부동산이 오른다거나 비싼 가격에 팔린다고 생각하는 것은 그저 희망에 불과하다. 간혹 부동산시장의 등락을 맞추었다고 하는 이들이 있는데, 50%의 확률이 우연히 맞았을 뿐이다.

복권과 로또는 개인 운세가 아니다. 이는 하늘이 준 선물이며, 개인의 자유의지가 반영된다거나 노력이 포함된 운이 아니다.
많은 점성가들이 5, 11하우스의 작용으로 로또가 된다고 말하지만, 그것은 점성술의 남용에 지나지 않는다. 출생차트와 솔라리턴이 길하든 흉하든, 복권은 될 수도 있고 안 될 수도 있는 하늘의 운이라는 것을 기억해야 한다.

국가 혹은 세계적인 사건사고는 개인 운세가 아니다. 비행기 추락사고, 세월호 참사, 이태원 할로윈 참사, 삼풍백화점 참사, 집단 코로나 감염, 911테러, 쓰나미 등은 솔라리턴에 나오지 않는다. 그곳에 있던 모든 이들의 솔라리턴에서 한날한시에 비참한 일이 예고될 리 없다. 그것은 국가와 세계의 재앙일 뿐이다. 국가와 세계적인 사건사고는 국가점성술(먼데인)로 봐야한다.

필자는 IMF로 파산을 겪은 이들을 상담했을 때부터 봐야할 것과 보지 말아야 할 것을 연구하기 시작했다. 그들을 모아 임상을 했을 때, 1997년과 1998년에 특별한 흉사가 나오지 않는 경우가 많았다. 국가부도로 인해 무작위 개인들이 영향을 받은 것이지, 개인의 운이 아니었다는 증거다.
심지어 스튜어디스들과 여행사 사장들의 2020년 솔라리턴에는 흉사들이 일관되게 나오지도 않았다. 코로나가 특정 직종에 종사하는 이들의 꿈을 무산시킨 것이지, 그 시절 개인 운세로 인해 실직자가 되고 금전 손실이 발생하는 것이 아니다.

⑤ **일상의 작은 사건은 솔라리턴 외 운세에 나오지 않는다.**

솔라리턴을 포함한 모든 운세는 큰 사건만 말해주며, 작은 일들은 그저 일상으로 치부하여 예견하지 않는다.

'솔라리턴, 피르다리아, 세컨더리 디렉션으로 발생하는 큰 사건'과 '발생하지 않는 작은 일상'을 표로 알아보자.

운세로 예견되어 판단 가능한 것	일상으로 취급되어 운세에 예견되었다고 볼 수 없는 것
뼈가 부러진 경우, 손가락 절단	뼈에 금이 간 경우, 요리하다가 칼에 베인 경우, 까진 상처
모든 암, 결핵, 에이즈, 대상포진	감기, 독감, 코로나, 위염, 장염, 두통, 주부습진, 무좀, 몸살
큰 수술, 조현병	작은 시술, 우울감
계단에서 굴러 의식 불명	계단에서 굴러 타박상
양악수술, 코수술, 가슴수술	보톡스, 필러
자동차를 폐차시켜야 하는 사고	자동차에 기스가 난 사고, 한 부분이 움푹 패인 사고
이성과 잠자리를 한 경우	이성과 커피를 마신 경우, 영화를 본 경우, 카톡 등으로 연락을 하는 경우, 썸
동업자의 배신, 세상에 거론되는 명예손상	구설, 따돌림
1,000만 원 이상의(대출, 사람들과의 돈 거래, 불로소득, 지출, 수입)	몇백 만 원의(대출, 사람들과의 돈 거래, 불로소득, 지출, 수입)
반년 이상의 학문 연구	1~2개월의 공부
이혼, 별거, 잠자리를 한 애인과 이별, 배우자의 장기간 출장	배우자나 애인과의 다툼, 잠자리를 하지 않은 애인과 이별
시차가 크게 나는 외국여행	국내 포함 일본 등 시차가 나지 않는 여행

◆ 하우스간 연결로 가능한 해석

	1하우스로 시작되는 이야기
1-1	새로운 시작, 인생의 전환점
1-2	경제활동, 꾸준한 수익창출, 자산이 생김, 선물 받음
1-3	이사, 이직, 여행 등 이동의 시기, 각종 문서와 증서의 운, 학업운, 출판, 방송, 강의 등 정보전달 활동, 자동차 구매
1-4	부동산 매매, 이사, 사무실 이전, 재택근무, 퇴사, 실직, 진급 누락, 패소, 파혼, 불합격, 신용불량, 불명예, 부모 이야기, 건강문제
1-5	임신, 출산, 부동산 매매, 이사, 사무실 이전, 부업, 가정의 후원을 받음, 연애운, 도박, 주식, 코인, 모험적 투자, 투기
1-6	사건사고, 질병, 부상, 수술, 나 포함하여 가족의 건강문제, 일복, 고된 시기, 과한 업무량에 비해 보상이 적은 시기, 손해보는 시기, 희생과 봉사의 시기, 애완동물 사건
1-7	연애운, 약혼식, 결혼운, 동업운, 이혼이나 동업파기 등 각종 이별운, 소송, 구설과 시비 등 각종 관계문제, 중요한 계약, 이사, 해외운을 포함한 역마운
1-8	사건사고, 질병, 부상, 수술, 나 포함하여 가족의 건강문제, 사기, 보이스피싱, 금전 손실, 과소비, 세금폭탄, 부채사건, 유산이나 보험금 수령, 대출 받음, 배우자나 애인으로 인한 금전 혜택, 불로소득, 우울증, 공황장애, 각종 내적 질병, 빙의, 불법행위
1-9	이사, 이직, 여행 등 이동의 시기, 각종 문서와 증서의 운, 학업운, 출판, 방송, 강의 등 정보전달 활동, 자동차 구매, 유학, 이민, 해외운, 결혼식, 약혼식, 대학생활, 종교생활
1-10	합격, 취업, 승진, 개업, 사업 성공, 출간, 대뷔, 승소, 당선, 임신, 출산, 결혼운, 나 포함하여 가족의 명예운, 신용 회복, 왕성한 사회생활, 축하받을 일
1-11	개업, 인복이 있는 시기, 사회적 후원자로 인한 혜택, 임신, 출산, 완쾌, 가석방, 사회활동, 축하받을 일
1-12	자유 손실, 구속, 불법행위, 사건사고, 질병, 부상, 수술, 나 포함하여 가족의 건강문제, 금전 손실, 부채사건, 대출 받음, 우울증, 공황장애, 각종 내적 질병, 빙의, 유학, 이민, 해외운, 귀촌, 학업운, 퇴사, 실직, 진급 누락, 패소, 이혼, 파혼, 불합격, 신용불량, 불명예, 종교생활, 손해보는 시기, 소송, 구설과 시비 등 각종 관계문제

	2하우스로 시작되는 이야기
2-1	경제활동, 꾸준한 수익창출, 자산이 생김, 선물 받음
2-2	경제활동, 꾸준한 수익창출, 자산이 생김, 선물 받음
2-3	경제활동의 변화, 이직, 출판, 방송, 강의 등 정보전달 활동
2-4	퇴사, 실직, 재택근무
2-5	부업, 가정의 후원을 받음, 부동산으로 인한 부수입, 도박, 주식, 코인, 모험적 투자로 인한 이득, 투기
2-6	금전 손실, 경제활동, 과한 업무량에 비해 보상이 적은 시기, 고된 시기, 손해보는 시기
2-7	이직, 경제활동의 변화, 동업운
2-8	물질적인 큰 손실, 사기, 보이스피싱, 과소비, 세금폭탄, 부채사건, 대출 받음, 유산이나 보험금 수령, 배우자나 애인으로 인한 금전 혜택, 불로소득
2-9	경제활동의 변화, 이직, 출판, 방송, 강의 등 정보전달 활동
2-10	경제활동, 개업, 사업 성공, 왕성한 사회생활, 자산이 생김, 선물 받음
2-11	경제활동, 개업, 사업 성공, 왕성한 사회생활, 자산이 생김, 선물 받음, 인복이 있는 시기, 사회적 후원자로 인한 혜택
2-12	물질적인 큰 손실, 사기, 보이스피싱, 과소비, 부채사건, 대출 받음, 퇴사, 실직, 신용불량, 손해보는 시기

	3하우스로 시작되는 이야기
3-1	이사, 이직, 여행 등 이동의 시기, 각종 문서와 증서의 운, 학업운, 출판, 방송, 강의 등 정보전달 활동, 자동차 구매
3-2	자동차 구매, 출판, 방송, 강의 등 정보전달 활동
3-3	이사, 이직, 여행 등 이동의 시기, 각종 문서와 증서의 운, 학업운, 출판, 방송, 강의 등 정보전달 활동, 자동차 구매
3-4	이사, 이직, 사무실 이전, 부동산 매매, 불합격, 계약 만료, 폐차
3-5	이사, 부동산 매매, 사무실 이전, 여행, 자동차 구매, 각종 문서와 증서의 운이 길함, 형제로 인한 혜택
3-6	힘겨운 이사, 문서로 인한 손해, 형제나 친구의 흉사, 이동운으로 인한 각종 손실, 자동차 사고, 출장
3-7	이사, 부동산 매매, 사무실 이전, 동업운, 여행, 자동차 구매, 각종 문서와 증서의 운
3-8	대출과 함께하는 이사, 문서로 인한 손해, 형제나 친구의 흉사, 자동차 사고, 이동운으로 인한 각종 손실, 장학금 혜택
3-9	이사, 이직, 여행 등 이동의 시기, 각종 문서와 증서의 운, 학업운, 출판, 방송, 강의 등 정보전달 활동, 자동차 구매, 유학, 이민, 해외운, 결혼식, 약혼식, 대학생활, 종교생활
3-10	(이사, 이직, 여행 등 이동, 각종 문서와 증서의 운, 학업운, 출판, 방송, 강의 등 정보전달 활동, 자동차 구매)의 길함
3-11	(이사, 이직, 여행 등 이동, 각종 문서와 증서의 운, 학업운, 출판, 방송, 강의 등 정보전달 활동, 자동차 구매)의 길함
3-12	대출과 함께하는 이사, 문서로 인한 손해, 형제나 친구의 흉사, 자동차 사고, 이동운으로 인한 각종 손실, 유학, 이민, 해외운, 학업운

	4하우스로 시작되는 이야기
4-1	부동산 매매, 이사, 사무실 이전, 재택근무, 퇴사, 실직, 진급 누락, 패소, 파혼, 불합격, 신용불량, 불명예, 부모 이야기, 건강문제
4-2	부동산 매매, 이사, 사무실 이전, 재택근무
4-3	부동산 매매, 이사, 사무실 이전
4-4	부동산 매매, 이사, 사무실 이전, 재택근무, 퇴사, 실직, 진급 누락, 패소, 파혼, 불합격, 신용불량, 불명예, 부모 이야기, 건강문제
4-5	부동산 매매, 이사, 사무실 이전, 재택근무, 가정의 후원을 받음, 부동산 투기, 부동산으로 인한 부수입
4-6	부모의 건강문제, 자신의 건강문제, 가정의 흉사, 퇴사, 진급 누락, 실직, 패소, 파혼, 불합격, 신용불량, 불명예, 재택근무
4-7	부동산 매매, 이사, 사무실 이전, 결혼 혹은 동거운
4-8	부모의 건강문제, 자신의 건강문제, 가정의 흉사, 퇴사, 진급 누락, 실직, 패소, 파혼, 불합격, 신용불량, 불명예, 부동산 매매, 부채사건, 유산이나 보험금 수령
4-9	부동산 매매, 이사, 사무실 이전, 결혼식, 이민, 유학, 해외운
4-10	(부동산 매매, 이사, 사무실 이전, 재택근무, 개업, 가정사)의 길함
4-11	(부동산 매매, 이사, 사무실 이전, 재택근무, 개업, 가정사)의 길함
4-12	부모의 건강문제, 자신의 건강문제, 가정의 흉사, 퇴사, 진급 누락, 실직, 패소, 파혼, 불합격, 신용불량, 불명예, 대출과 함께하는 부동산 매매, 이민, 유학, 해외운

	5하우스로 시작되는 이야기
5-1	임신, 출산, 부동산 매매, 이사, 사무실 이전, 부업, 가정의 후원을 받음, 연애운, 도박, 주식, 코인, 모험적 투자, 투기
5-2	부업, 가정의 후원을 받음, 부동산으로 인한 부수입, 도박, 주식, 코인, 모험적 투자로 인한 이득, 투기
5-3	부동산 매매, 이사, 사무실 이전, 자식의 출가, 자동차 구매, 여행
5-4	부동산 매매, 이사, 사무실 이전, 자식의 출가, 유산 혹은 낙태, 재택근무, 부동산 투기, 가정의 후원을 받음, 부동산으로 인한 부수입, 주식이나 코인으로 인한 손실
5-5	임신, 출산, 부동산 매매, 이사, 사무실 이전, 부업, 가정의 후원을 받음, 연애운, 도박, 주식, 코인, 모험적 투자, 투기
5-6	유산 혹은 낙태, 임신으로 인한 고난, 제왕절개운, 자녀의 흉사, 부동산 자산의 손해, 연애로 인한 손해, 도박이나 코인 등 모험적 투자로 인한 손해
5-7	연애운, 결혼운, 이별운, 임신운, 부동산 계약, 이사, 사무실 이전, 자녀의 출가, 자녀의 결혼
5-8	유산 혹은 낙태, 제왕절개운, 자녀의 흉사, 부동산 자산의 손해, 연애로 인한 손해, 이별운, 도박이나 코인 등 모험적 투자로 인한 손해, 부동산 매매, 부채사건, 유산이나 보험금 수령
5-9	연애운, 결혼운, 임신운, 부동산 계약, 이사, 사무실 이전, 자녀의 출가, 자녀의 결혼, 자동차 구매, 여행
5-10	임신, 출산, 부동산 매매, 이사, 사무실 이전, 부업, 가정의 후원을 받음, 연애운, 도박, 주식, 코인, 모험적 투자로 인한 이득, 투기, 자녀의 명예운
5-11	임신, 출산, 부동산 매매, 이사, 사무실 이전, 부업, 가정의 후원을 받음, 연애운, 도박, 주식, 코인, 모험적 투자로 인한 이득, 투기, 자녀의 명예운
5-12	유산 혹은 낙태, 제왕절개운, 자녀의 흉사, 부동산 자산의 손해, 연애로 인한 손해, 이별운, 도박이나 코인 등 모험적 투자로 인한 손해, 부채사건, 대출과 함께하는 부동산 매매

	6하우스로 시작되는 이야기
6-1	사건사고, 질병, 부상, 수술, 나 포함하여 가족의 건강문제, 일복, 고된 시기, 과한 업무량에 비해 보상이 적은 시기, 손해보는 시기, 희생과 봉사의 시기, 애완동물 사건
6-2	경제활동, 꾸준한 수입창출, 고된 시기, 과한 업무량에 비해 보상이 적은 시기, 손해보는 시기
6-3	업무 변화, 이직
6-4	업무의 종결, 부모의 건강문제, 자신의 건강문제, 가정의 흉사, 퇴사, 진급 누락, 실직, 패소, 파혼, 불합격, 신용불량, 불명예, 재택근무, 애완동물의 흉사
6-5	부업, 일복, 애완동물 키움
6-6	사건사고, 질병, 부상, 수술, 나 포함하여 가족의 건강문제, 일복, 고된 시기, 과한 업무량에 비해 보상이 적은 시기, 손해보는 시기, 희생과 봉사의 시기, 애완동물 사건
6-7	이직, 출장, 배우자의 흉사, 이혼이나 동업파기 등 각종 이별운, 소송, 구설과 시비 등 각종 관계문제
6-8	사건사고, 질병, 부상, 수술, 나 포함하여 가족의 건강문제, 고된 시기, 손해보는 시기, 애완동물 사건, 사기
6-9	업무 변화, 이직
6-10	일복, 건강 회복, 신용 회복, 명예 회복
6-11	일복, 건강 회복, 신용 회복, 명예 회복
6-12	사건사고, 질병, 부상, 수술, 나 포함하여 가족의 건강문제, 고된 시기, 사기, 출장, 손해보는 시기, 애완동물 사건, 각종 불명예

	7하우스로 시작되는 이야기
7-1	연애운, 약혼식, 결혼운, 동업운, 이혼이나 동업 파기 등 각종 이별운, 소송, 구설과 시비 등 각종 관계문제, 중요한 계약, 이사, 해외운을 포함한 역마운
7-2	계약 혹은 동업으로 인한 이득, 선물 받음, 재계약
7-3	이사, 사무실 이전, 각종 계약운, 여행, 각종 문서와 증서의 운, 관계의 변화
7-4	부동산 매매, 이사, 사무실 이전, 결혼 혹은 동거운, 동업파기, 이혼, 파혼, 배우자의 흉사
7-5	부동산 계약, 이사, 사무실 이전, 여행, 연애운, 결혼운, 임신, 출산, 동업자 혹은 후원자로 인한 혜택
7-6	배우자의 흉사, 이혼이나 동업파기 등 각종 이별운, 소송, 구설과 시비 등 각종 관계문제
7-7	연애운, 약혼식, 결혼운, 동업운, 이혼이나 동업파기 등 각종 이별운, 소송, 구설과 시비 등 각종 관계문제, 중요한 계약, 이사, 해외운을 포함한 역마운
7-8	배우자의 흉사, 이혼이나 동업파기 등 각종 이별운, 소송, 구설과 시비 등 각종 관계문제, 낮은 확률로 애인이나 배우자로 인한 큰 이득
7-9	이사, 사무실 이전, 각종 계약운, 여행, 각종 문서와 증서의 운, 관계의 변화, 연애운, 약혼식, 결혼식, 유학, 이민, 해외운
7-10	(연애운, 약혼식, 결혼운, 동업운, 중요한 계약운)이 길함, 배우자의 성공, 임신, 출산
7-11	(연애운, 약혼식, 결혼운, 동업운, 중요한 계약운)이 길함, 배우자의 성공, 임신, 출산, 사회적 인복
7-12	배우자의 흉사, 이혼이나 동업파기 등 각종 이별운, 소송, 구설과 시비 등 각종 관계문제

	8하우스로 시작되는 이야기
8-1	사건사고, 질병, 부상, 수술, 나 포함하여 가족의 건강문제, 사기, 보이스피싱, 금전 손실, 과소비, 세금폭탄, 부채사건, 유산이나 보험금 수령, 대출 받음, 배우자나 애인으로 인한 금전 혜택, 불로소득, 우울증, 공황장애, 각종 내적 질병, 빙의, 불법행위
8-2	유산이나 보험금 수령, 대출 받음, 배우자나 애인으로 인한 금전 혜택, 불로소득
8-3	대출과 함께하는 이사 혹은 자동차 구매, 장학금 혜택, 대출계약
8-4	대출과 함께하는 이사, 유산이나 보험금 수령, 사건사고, 질병, 부상, 수술, 나 포함하여 가족의 건강문제, 부채사건, 우울증, 공황장애, 각종 내적 질병
8-5	유산이나 보험금 수령, 대출 받음, 배우자나 애인으로 인한 금전 혜택, 불로소득, 모험적인 투자나 투기로 인한 이득
8-6	사건사고, 질병, 부상, 수술, 나 포함하여 가족의 건강문제, 사기, 보이스피싱, 금전 손실, 과소비, 세금폭탄, 부채사건, 대출 받음, 우울증, 공황장애, 빙의, 불법행위, 각종 내적 질병
8-7	대출과 함께하는 이사, 대출계약, 배우자의 흉사, 소송, 이혼이나 동업 파기 등 각종 이별운, 구설과 시비 등 각종 관계문제
8-8	사건사고, 질병, 부상, 수술, 나 포함하여 가족의 건강문제, 사기, 보이스피싱, 금전 손실, 과소비, 세금폭탄, 부채사건, 유산이나 보험금 수령, 대출 받음, 배우자나 애인으로 인한 금전 혜택, 불로소득, 우울증, 공황장애, 빙의, 불법행위, 각종 내적 질병
8-9	대출과 함께하는 이사 혹은 자동차 구매, 장학금 혜택, 대출계약
8-10	(유산, 보험금, 대출, 배우나 혹은 애인으로 인한 돈, 불로소득, 인세, 저작료) 등의 길함
8-11	(유산, 보험금, 대출, 배우나 혹은 애인으로 인한 돈, 불로소득, 인세, 저작료) 등의 길함
8-12	사건사고, 질병, 부상, 수술, 나 포함하여 가족의 건강문제, 사기, 보이스피싱, 금전 손실, 과소비, 세금폭탄, 부채사건, 대출 받음, 우울증, 공황장애, 빙의, 불법행위, 각종 내적 질병

	9하우스로 시작되는 이야기
9-1	이사, 이직, 여행 등 이동의 시기, 각종 문서와 증서의 운, 학업운, 출판, 방송, 강의 등 정보전달 활동, 자동차 구매, 유학, 이민, 해외운, 결혼식, 약혼식, 대학생활, 종교생활
9-2	자동차 구매, 출판, 방송, 강의 등 정보전달 활동, 해외활동
9-3	이사, 이직, 여행 등 이동의 시기, 각종 문서와 증서의 운, 학업운, 출판, 방송, 강의 등 정보전달 활동, 자동차 구매, 유학, 이민, 해외운, 결혼식, 약혼식, 대학생활, 종교생활
9-4	이사, 이직, 이민, 유학, 해외여행, 파혼, 휴학, 퇴학
9-5	이사, 부동산 계약, 결혼식, 임신, 출산, 해외여행, 자동차 구매
9-6	힘겨운 이사, 문서로 인한 손해, 파혼, 이동운으로 인한 각종 손실, 자동차 사고
9-7	이직, 부동산 계약, 사무실 이전, 동업운, 여행, 자동차 구매, 각종 문서와 증서의 운, 연애운, 약혼식, 결혼식, 유학, 이민, 해외운
9-8	대출과 함께하는 이사, 문서로 인한 손해, 파혼, 이동운으로 인한 각종 손실, 자동차 사고, 장학금 혜택
9-9	이사, 이직, 여행 등 이동의 시기, 각종 문서와 증서의 운, 학업운, 출판, 방송, 강의 등 정보전달 활동, 자동차 구매, 유학, 이민, 해외운, 결혼식, 약혼식, 대학생활, 종교생활
9-10	(이사, 이직, 여행, 이동, 각종 문서와 증서의 운, 학업운, 출판, 방송, 강의 등 정보전달 활동, 자동차 구매, 유학, 이민, 해외운, 결혼식, 약혼식, 대학생활, 종교생활)의 길함, 합격
9-11	(이사, 이직, 여행, 이동, 각종 문서와 증서의 운, 학업운, 출판, 방송, 강의 등 정보전달 활동, 자동차 구매, 유학, 이민, 해외운, 결혼식, 약혼식, 대학생활, 종교생활)의 길함, 임신, 출산
9-12	대출과 함께하는 이사, 문서로 인한 손해, 파혼, 이동운으로 인한 각종 손실, 자동차 사고, 학업운, 종교생활

	10하우스로 시작되는 이야기
10-1	합격, 취업, 승진, 개업, 사업 성공, 출간, 데뷔, 승소, 당선, 임신, 출산, 결혼운, 나 포함하여 가족의 명예운, 신용 회복, 왕성한 사회생활, 축하받을 일
10-2	경제활동, 개업, 사업 성공, 왕성한 사회생활, 자산이 생김
10-3	직업의 변동, 이직, 사무실 이전
10-4	재택근무, 퇴사, 실직, 진급 누락, 파혼, 불합격, 신용불량, 불명예, 유산 혹은 낙태
10-5	부업, 합격, 취업, 승진, 개업, 사업 성공, 출간, 데뷔, 승소, 당선, 임신, 출산, 결혼운, 나 포함하여 가족의 명예운, 신용 회복, 사회생활, 축하받을 일
10-6	일복, 과한 업무량에 비해 보상이 적은 시기, 직업과 관련된 고난, 손해보는 시기, 퇴사, 실직, 진급 누락, 파혼, 불합격, 신용불량, 불명예, 유산 혹은 낙태, 어머니의 흉사
10-7	직장의 재계약, 동업, 이직, 사무실 이전
10-8	직업과 관련된 고난, 퇴사, 실직, 진급 누락, 파혼, 불합격, 신용불량, 불명예, 유산 혹은 낙태, 어머니의 흉사, 퇴직금 수령
10-9	직업의 변동, 이직, 사무실 이전, 임신과 결혼식
10-10	합격, 취업, 승진, 개업, 사업 성공, 출간, 데뷔, 승소, 당선, 임신, 출산, 결혼운, 나 포함하여 가족의 명예운, 신용 회복, 왕성한 사회생활, 축하받을 일
10-11	합격, 취업, 승진, 개업, 사업 성공, 출간, 데뷔, 승소, 당선, 임신, 출산, 결혼운, 나 포함하여 가족의 명예운, 신용 회복, 왕성한 사회생활, 완쾌, 가석방, 축하받을 일
10-12	직업과 관련된 고난, 퇴사, 실직, 진급 누락, 파혼, 불합격, 신용불량, 불명예, 유산 혹은 낙태, 어머니의 흉사

	11하우스로 시작되는 이야기
11-1	개업, 인복이 있는 시기, 사회적 후원자로 인한 혜택, 임신, 출산, 완쾌, 가석방, 사회활동, 축하받을 일
11-2	경제활동, 개업, 사업 성공, 왕성한 사회생활, 자산이 생김, 선물 받음, 인복이 있는 시기, 사회적 후원자로 인한 혜택
11-3	직업의 변동, 인맥의 변화
11-4	인맥의 단절, 인맥으로 인한 불명예, 재택근무, 유산 혹은 낙태
11-5	임신, 출산, 부업, 가정의 후원을 받음, 사회적 인맥으로 인한 혜택, 연애운, 도박, 주식, 코인, 모험적 투자로 인한 이득, 투기, 개업, 완쾌, 가석방, 축하받을 일
11-6	배신, 구설, 모함 당함, 사회적 인맥으로 인한 고난, 희생과 봉사의 시기, 제왕절개, 유산 혹은 낙태, 임신으로 인한 고난
11-7	직장의 재계약, 동업, 이직, 임신, 출산, 연애운, 결혼
11-8	배신, 구설, 모함 당함, 사회적 인맥으로 인한 고난, 사람으로 인한 갖가지 손실, 유산 혹은 낙태, 제왕절개, 임신으로 인한 고난
11-9	직업의 변동, 인맥의 변화, 임신과 결혼식
11-10	합격, 취업, 승진, 개업, 사업 성공, 출간, 대박, 승소, 당선, 임신, 출산, 결혼운, 나 포함하여 가족의 명예운, 신용 회복, 왕성한 사회생활, 완쾌, 가석방, 축하받을 일
11-11	개업, 인복이 있는 시기, 사회적 후원자로 인한 혜택, 임신, 출산, 완쾌, 가석방, 사회활동, 축하받을 일
11-12	배신, 구설, 모함 당함, 사회적 인맥으로 인한 고난, 유산 혹은 낙태, 제왕절개, 임신으로 인한 고난

12하우스로 시작되는 이야기

12-1	자유 손실, 구속, 불법행위, 사건사고, 질병, 부상, 수술, 나 포함하여 가족의 건강문제, 금전 손실, 부채사건, 대출 받음, 우울증, 공황장애, 각종 내적 질병, 빙의, 유학, 이민, 해외운, 귀촌, 학업운, 퇴사, 실직, 진급 누락, 패소, 이혼, 파혼, 불합격, 신용불량, 불명예, 종교생활, 손해보는 시기, 소송, 구설과 시비 등 각종 관계문제
12-2	대출사건
12-3	교통사고, 대출을 통한 이동운 혹은 자동차 구매, 유학, 이민, 해외운, 학업운, 불리한 계약
12-4	부모의 건강문제, 자신의 건강문제, 가정의 흉사, 퇴사, 진급 누락, 실직, 패소, 파혼, 불합격, 신용불량, 불명예, 대출과 함께하는 부동산 매매, 이민, 유학, 해외운
12-5	대출과 함께 하는 부동산을 통한 부수입, 임신과 우울증, 유산 혹은 낙태, 제왕절개, 외도, 자녀의 흉사, 투자나 투기로 인한 손실
12-6	자유 손실, 구속, 불법행위, 사건사고, 질병, 부상, 수술, 나 포함하여 가족의 건강문제, 금전 손실, 부채사건, 대출 받음, 우울증, 공황장애, 각종 내적 질병, 빙의, 역마로 인한 고난, 귀촌, 학업운으로 인한 고난, 퇴사, 실직, 진급 누락, 패소, 이혼, 파혼, 불합격, 신용불량, 불명예, 종교생활, 손해보는 시기, 소송, 구설과 시비 등 각종 관계문제
12-7	배우자의 흉사, 이혼이나 동업파기 등 각종 이별운, 소송, 구설과 시비 등 각종 관계문제, 이민, 해외운, 외도
12-8	자유 손실, 구속, 불법행위, 사건사고, 질병, 부상, 수술, 나 포함하여 가족의 건강문제, 금전 손실, 부채사건, 대출 받음, 우울증, 공황장애, 각종 내적 질병, 빙의, 역마로 인한 손실, 학업운으로 인한 고난, 퇴사, 실직, 진급 누락, 패소, 이혼, 파혼, 불합격, 신용불량, 불명예, 종교생활, 손해보는 시기, 소송, 세금폭탄, 벌금, 구설과 시비 등 각종 관계문제
12-9	대출과 함께하는 이사 혹은 자동차 구매, 문서로 인한 손해, 파혼, 이동운으로 인한 각종 손실, 자동차 사고, 학업운, 종교생활, 유학, 이민, 해외운
12-10	명예 회복, 신용 회복, 질병 회복, 출소, 가석방
12-11	명예 회복, 신용 회복, 질병 회복, 출소, 가석방
12-12	자유 손실, 구속, 불법행위, 사건사고, 질병, 부상, 수술, 나 포함하여 가족의 건강문제, 금전 손실, 부채사건, 대출 받음, 우울증, 공황장애, 각종 내적 질병, 빙의, 유학, 이민, 해외운, 귀촌, 학업운, 퇴사, 실직, 진급 누락, 패소, 이혼, 파혼, 불합격, 신용불량, 불명예, 종교생활, 손해보는 시기, 소송, 구설과 시비 등 각종 관계문제

◆ 솔라리턴으로 인한 사건의 구체적 시기

솔라리턴에 예고된 운이 언제 발현되는지, 구체적인 날을 확인할 수 있다. **프라이머리 디렉션(Primary Direction)**이라고 한다.

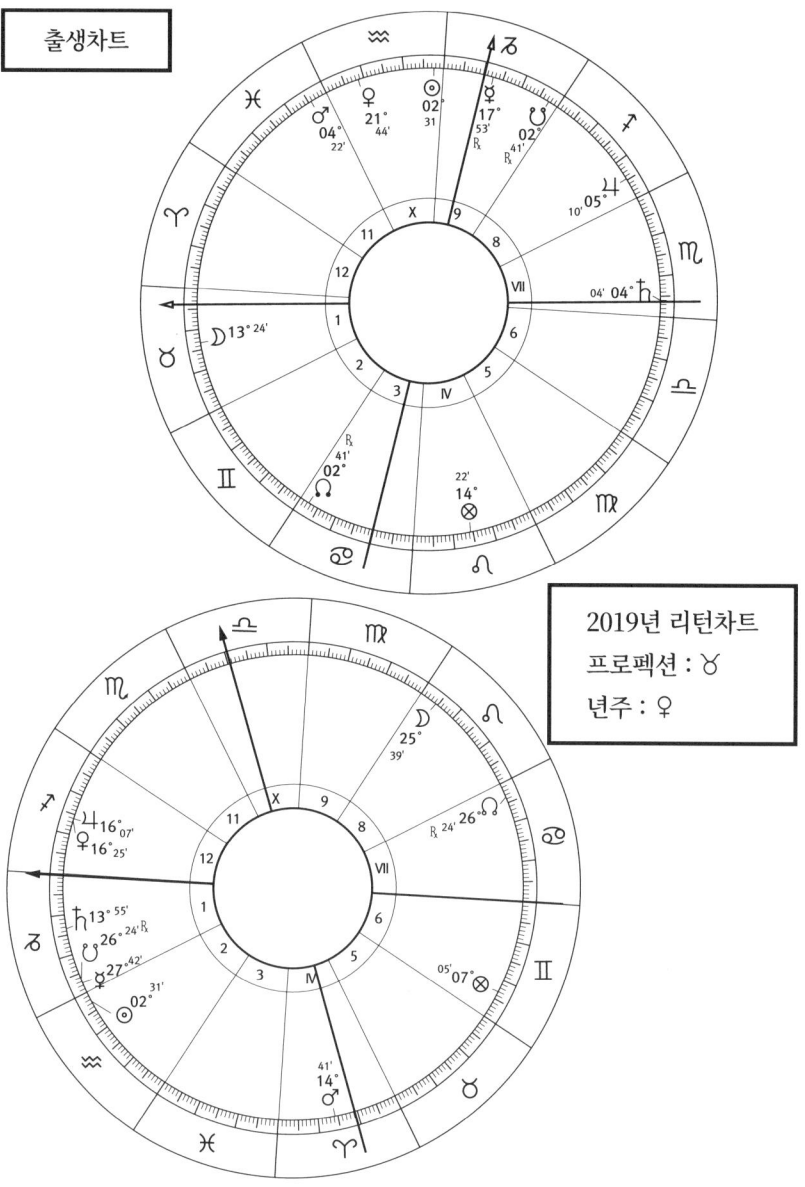

쉽게 볼 수 있는 '년주의 작용으로 인한 사건발생 시기'를 알아보자. **년주 금성**은 출생차트의 *10하우스*에 있으며, 리턴차트의 *12하우스*에 위치한다. 10하우스 관련 일이 12하우스가 되는 시기다.

사회생활의 고난을 주의해야 하며, 명예가 손상되지 않도록 말과 행동에 신중해야 한다. 또한 윗사람로부터 받는 극단적 스트레스도 예상되며, 직장 내 활동에 있어 손해볼 일이 있다. 이 시기에는 성공을 위해 너무 욕심내지 않도록 해야한다.

년주 금성으로 인해 이런 이야기가 발생하기 때문에, 사건발생의 힘은 금성에게 있다. 금성의 시기를 찾아보자.

프라이머리 디렉션 설정하는 법

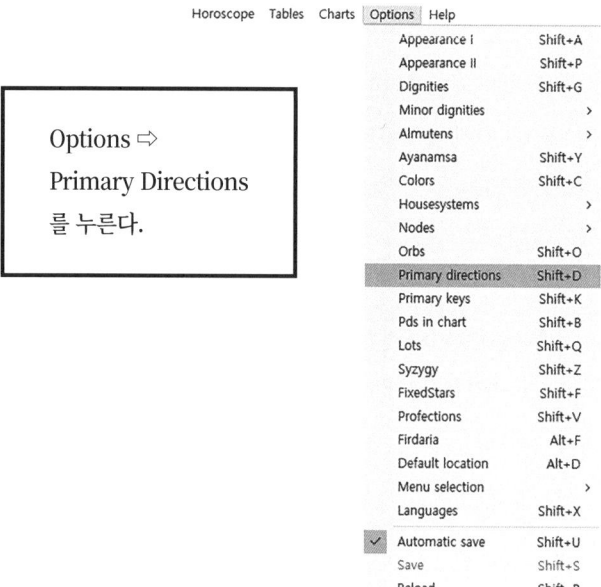

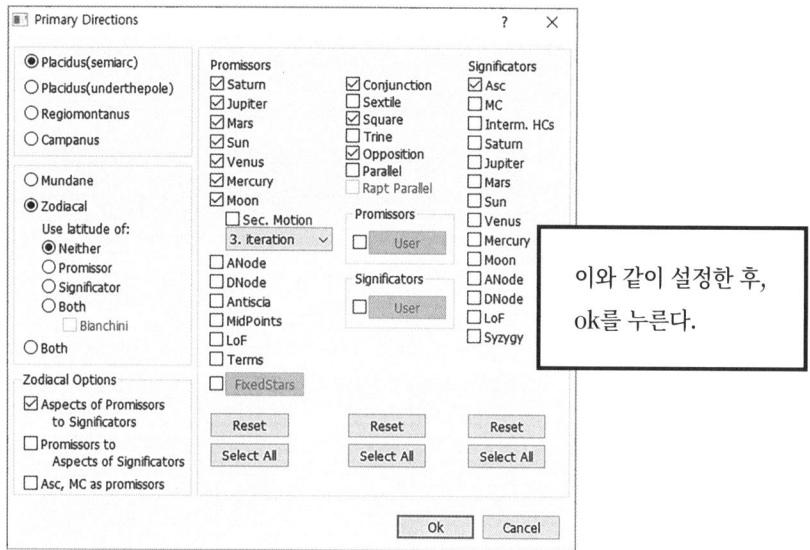

프라이머리 디렉션 오픈하는 법

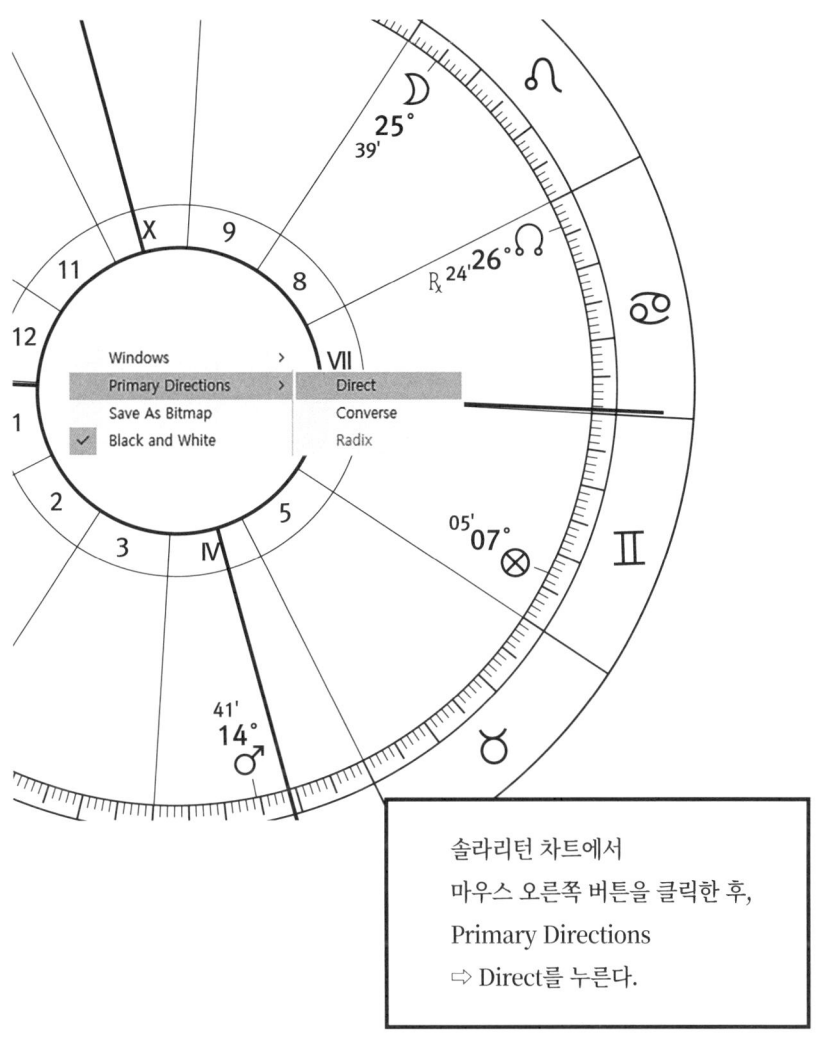

솔라리턴 차트에서
마우스 오른쪽 버튼을 클릭한 후,
Primary Directions
⇨ Direct를 누른다.

M/Z	Prom	D/C	Sig	Arc	Date
Z	♄	D ➡	Asc	14.236	2019.02.06
Z	□♂	D ➡	Asc	14.991	2019.02.07
Z	☿	D ➡	Asc	27.124	2019.02.19
Z	☉	D ➡	Asc	31.287	2019.02.23
Z	☍☽	D ➡	Asc	49.235	2019.03.13
Z	□♃	D ➡	Asc	63.094	2019.03.27
Z	□♀	D ➡	Asc	63.294	2019.03.28
Z	□♄	D ➡	Asc	80.949	2019.04.14
Z	♂	D ➡	Asc	81.448	2019.04.15
Z	□☿	D ➡	Asc	90.133	2019.04.24
Z	□☉	D ➡	Asc	93.482	2019.04.27
Z	□☽	D ➡	Asc	111.189	2019.05.15
Z	☍♃	D ➡	Asc	129.826	2019.06.03
Z	☍♀	D ➡	Asc	130.13	2019.06.03
Z	☍♄	D ➡	Asc	160.03	2019.07.04
Z	□♂	D ➡	Asc	160.926	2019.07.05
Z	☍☿	D ➡	Asc	176.462	2019.07.20
Z	☍☉	D ➡	Asc	182.311	2019.07.26
Z	☽	D ➡	Asc	210.613	2019.08.24
Z	□♃	D ➡	Asc	235.372	2019.09.18
Z	□♀	D ➡	Asc	235.74	2019.09.19
Z	□♄	D ➡	Asc	268.703	2019.10.22
Z	☍♂	D ➡	Asc	269.624	2019.10.23
Z	□☿	D ➡	Asc	285.333	2019.11.08
Z	□☉	D ➡	Asc	291.18	2019.11.14
Z	□☽	D ➡	Asc	319.477	2019.12.12
Z	♃	D ➡	Asc	344.043	2020.01.06
Z	♀	D ➡	Asc	344.4	2020.01.07

'Prom'은 프로미터를 의미하고 일곱 행성이며, 'Sig'는 시그니피케이터를 의미하고 ASC이다. 프라이머 리디렉션은 프로미터가 된 행성들이 시그니피케이터가 된 상승점에 영향을 주는 시기를 보는 것이다.

행성마다 총 네 개의 시기를 볼 수 있다. 행성 앞에 표시된 □는 스퀘어(90°)를 의미하고, ☍는 어포지션(180°)을 의미하며, 행성만 표기된 것은 컨정션(회합)을 상징한다.

즉 프라이머리 디렉션은 행성이 상승점에 스퀘어를 하는 두 시기와, 어포지션을 하는 하나의 시기, 컨정션을 이루는 하나의 시기를 표기한 것이다. **여기서 확률이 높은 것은 컨정션과 어포지션 시기이며, 스퀘어 두 시기는 상대적으로 발동력이 약하다. 오차는 '전후 한 달'이다.**

◆ 운세에서 흉의 대체법

솔라리턴을 포함하여 모든 운세에서 발생하는 흉의 이유는 두 가지로 나뉜다. **하우스로 인한 흉과 행성으로 인한 흉**이다.

고전점성술에는 열두 하우스 중에 흉한 하우스가 정해져 있으며, 일곱 행성 중에 흉성이 정해져 있다. 본래 흉한 하우스는 2, 6, 8, 12하우스이며, 흉성은 화성과 토성이다.

다만 출생차트의 이론과 달리, 운세를 볼 때는 4, 6, 7, 8, 12하우스에서 흉의 이야기가 발생한다. 출생차트에서 흉한 하우스(2, 6, 8, 12H)는 액시덴탈 디그니티(Accidental Dignity)로써, 단지 행성의 길흉을 평가하는 이론 중 하나다. 하지만 운세에서 흉한 하우스(4, 6, 7, 8, 12H)는 그 시기에 발동력이 강한 분야로, 하우스 속에 숨은 의미들이 중요하다. 운세에서 2하우스는 주로 소득과 물질적 이득으로 쓰여 흉한 운에서 제외되는 경우가 많다. 4하우스는 10하우스의 반대 의미로 각종 불명예와 무덤, 종결의 키워드가 발생해 흉한 인생이 되고, 7하우스는 전쟁이라는 단어가 쓰여져 소송, 이혼, 다툼, 시비 등이 발현될 가능성 있다.

운세를 볼 때 흉한 하우스	운세를 볼 때 흉한 행성
4, 6, 7, 8, 12하우스	화성, 토성

흉한 하우스가 발동하는 시기에 흉의 대체법이 있고, 흉한 행성이 중요 지표성이나 중요 위치에 영향을 줄 때 흉의 대체법이 있다.

지금부터 소개할 흉의 대체법은 고서에 나와있지 않다. 필자의 임상에 의해 쌓인 실전이론이며, 이를 통해 많은 이들이 흉을 개선하고 좀 더 나은 인생을 살아가길 바란다.

① **하우스로 인한 흉의 대체법**

흉한 하우스가 발동하는 시기에는, ***그 안에 속한 또 다른 키워드를 적극적으로 사용하여 흉을 대체***해야 한다.

어떤 흉한 하우스라도 사용할 수 있는 쓸만한 키워드는 있다. 차트주인공이 그것을 적극적으로 실행해서 다른 흉한 단어의 발동을 차단하는 개념이다. 이것은 마치 하나의 단어만 무작위로 튀쳐 나오는 좁은 입구의 항아리에 미리 손을 넣어, 내게 유리한 단어를 꺼내어 다른 흉한 단어가 나오지 못하도록 수를 쓰는 것과 같다.

흉하게 발현되는 하우스마다 어떤 이야기가 있으며, 어떤 것을 적극적으로 실행해야 흉이 개선될 수 있는지 자세히 알아보자.

4하우스가 운세로 발동할 때

> 땅, 부동산, 집, 일터, 사무실, 아버지, 어머니, 가정, 무덤, 종결, 누락, 명예 손상, 퇴직, 실직, 불합격, 패소, 신용불량, 밑바닥 등

4하우스는 10하우스로부터 반대편에 위치하기 때문에, 성공이나 명예와 상반되는 의미가 있다. 직장을 그만두고 승진경쟁에서 밀리며, 시험에

떨어지고 소송에서 진다. 천궁도에서 하우스 위치상 가장 아래에 있는 4하우스가 운세로 발동할 때, 주인공은 갖가지 분야에서 추락하곤 한다. 심지어 무덤이라는 상징으로 인해 자신 혹은 부모의 건강에 문제가 생기며, 분야를 불문하고 종결되고 끝나는 나락의 하우스다.

운세에서 4하우스가 발동하는 시기에는 이런 불명예스러운 일이 터지지 않도록 **부동산 관련 사건을 발생시키는 것이 좋다**. 집을 매매한다든지, 사무실을 개업한다든지, 이사를 가는 등 4하우스의 의미를 적극적으로 활용해야 운이 유리하게 흐른다. 만약 재정문제로 인해 그럴 수 없는 상황이라면 재택근무의 활성화도 괜찮다.

6하우스가 운세로 발동할 때

> 자신 혹은 가족의 질병, 면역력 결핍, 부상, 수술, 희생, 봉사, 손실, 고난의 삶, 스트레스, 과한 업무량, 일복, 성실, 고된 출장, 애완동물 등

6하우스의 가장 큰 문제는 '육신의 질병'이다. 대상의 우선순위는 자신이지만, 나이가 젊은 경우에는 부모 혹은 배우자에게 발생할 수 있다. 평소에 잠재된 병이 있는 이들은 6하우스운이 올 때 상당히 주의해야 하며, 건강했던 이들이라도 그동안 누적된 피로와 면역력의 결핍이 한번에 터져 질병이 되곤 한다. 심지어 병뿐만 아니라 각종 사고로 육신이 손상되는 불운이 찾아온다.

운세에서 6하우스가 발동하는 시기에는 질병이 찾아오지 않도록 대체할 수 있는 일들이 있다. 우선 1년간 꾸준히 자원봉사를 하며, **나의 몸과 시간을 소비해 어려운 이들을 도와주는 희생의 삶이 좋다**. 만약 육신의 고됨으로 봉사활동이 어려운 이들은 **과도한 재산을 내보냄으로써 건강을 지킬 수 있다**. 자신의 큰 재산을 자식에게 증여하거나 사회에 기부를 한다면, 육신의 건강문제가 해결되곤 한다.

솔라리턴(Solar Return)

또한 '나는 노예다'의 마음으로, 1년간 직장 업무든 새롭게 들어온 일이든, 효율성을 따지지 말고 과한 업무량 속에서 살아가면 좋다. **나의 수고보다 얻는 이득이 현저히 적어도 재능기부의 마음으로 묵묵히 일하는 삶**이 바로 6하우스의 대체법 중 하나다.

혹 애완동물이라는 키워드를 적극적으로 활용하여, '6하우스가 발동하는 시기에 맞춰 애완동물을 키우면 대체가 될까?'라고 생각할 수 있지만 추천하지 않는다. 6하우스 시기에 애완동물을 키웠다고 하는 이들이 고난의 해가 되었던 임상이 많기 때문이다.

7하우스가 운세로 발동할 때

결혼, 배우자, 사랑, 연애, 애인, 동업, 중요한 계약, 이혼, 파혼, 경쟁, 다툼, 소송, 시비, 낯선 곳, 이동, 이사 등

7하우스는 1하우스의 반대편, 적과 전쟁의 하우스이기 때문에 싸움, 구설과 시비, 이혼과 파혼, 각종 경쟁과 소송 등이 발생한다.

운세에서 7하우스가 발동하는 시기에는 위와 같은 관계의 역경이 찾아오지 않도록 다른 키워드를 적극 활용해야 한다. 그중 가장 무난한 방법은 '낯선 곳'이라는 단어를 활용하여 **이사를 가는 것**이다. 낯선 곳은 상징일 뿐, 처음 가는 곳이든 어디든 상관없다.

또한 **애인을 만들고 연애를 하는 방법**이 있으며, **결혼하는 시기로 활용**해도 7하우스가 쓰여진다. '결혼식'이라는 키워드는 9하우스에 있지만, 7하우스가 발동할 때도 결혼하는 이들이 많다.

점성술에서 흉사의 대체는 윤리의식을 떨어뜨리면 쉽다. 기혼자라도 7하우스 시기에 애인을 만들고 헤어진다면 그것으로 7하우스운이 사용된다. 여기서 애인이란 잠자리를 해야만 성립이 되기 때문에 필자가 추천할 방법은 아니다.

그 외 동업을 시작하기도 하고, 유익하지 않은 오랜 인연을 끊어버림으로써 7하우스의 흉을 대체할 수도 있다.

8하우스가 운세로 발동할 때

> 육신의 손실, 수술, 자신 혹은 가족의 건강문제, 감정의 손실, 우울증, 공황장애, 스트레스, 불법, 물질의 손실, 사기, 보이스피싱, 세금폭탄, 벌금, 과소비, 손실을 통한 이득, 대출, 유산상속, 보험금, 불로소득, 타인으로부터 물질적인 큰 이득, 사건사고, 신 내림 등

8하우스는 '육신, 내면, 물질' 세 방향으로 각종 손실이 일어나는 영역이다. 6하우스에 비해 물질의 손실이 심하고, 12하우스에 비해 육신의 손실이 심하다. 즉 장르를 가리지 않는 손실이기 때문에, 8하우스가 발동하는 시기에는 필히 그 안에서 유리한 단어를 활용해 흉사가 벌어지지 않도록 막아야 한다.

8하우스 흉의 가장 좋은 대체는 '돈'으로 하는 방법이다. 즉 **무언가 혹은 누군가에 손실을 주고 물질적인 혜택을 얻는 것이다.** 어쩌면 부담스럽거나 잔인한 방법일지 몰라도, 자신의 인생을 위해서 많은 이들이 활용하는 대체법이다.

자신의 신용을 하락시키고 은행에 대출을 받는 행위[61], 신체의 손상을 통한 보험금 수령, 누군가의 죽음으로 인한 유산상속, 배우자나 애인이 수고한 노력을 무의미하게 만들고 뺏는 큰 돈[62], 소송을 통해 상대에게 받아내는 위자료 등이다.

---

61) 대출을 받아 생긴 돈은 그해 모두 써야만 온전히 대체가 된다. 대출 받은 돈을 가지고 있다가, 다음 해에 고스란히 갚는 요행은 우주가 허락하지 않는다.
62) 애인이 샵을 얻어주거나, 집 혹은 승용차를 사주는 경우를 말한다. 수천만 원 단위로 용돈을 받는 행위도 여기에 해당한다.

한편 어차피 나갈 돈이라 생각하고, **집이나 자동차를 구매하기 위해 거금을 써버리는 것도 하나의 방법이다.**

12하우스가 운세로 발동할 때

> 정신질환, 스트레스, 우울증, 공황장애, 트라우마, 자유 손실, 구속, 감금, 격리, 차단, 군대, 자신 혹은 가족의 건강문제, 배신, 구설, 외톨이, 해외, 수련, 학문, 대출, 고생, 물질과 내면과 육신의 갖가지 문제들 등

악명 높은 12하우스는 내적인 질병과 육신의 질병, 사건사고, 인간관계 문제와 금전문제를 모두 일으킨다.

운세에서 12하우스가 발동하는 시기에는 세 가지 대체법이 있다.

첫째, **관계를 차단하고 각종 욕구를 내려 놓은 채, 학문에 몰입하며 1년을 보내는 방법이다.** 즉 1년간 완전한 학자가 되야 한다.

둘째, **심적인 부담이 있을 정도의 은행대출을 받는 방법이다.** 물론 그렇게 빌린 돈은 미래와 필요에 의해 전부 써야만 한다.

셋째, **사람들이 많은 도심지와 작별하고, 유배를 가듯 한적한 시골로 이사를 가는 방법이다.** 게다가 관계의 교류를 차단하고, 은둔생활을 하면 더욱 좋다. 현실적인 문제로 대다수가 어려워하는 방법이다.

공부와 인연이 없는 일반인들은 보통 큰 대출을 받아서 운을 개선하는 것이 좋다. 하지만 평소에 공부를 즐기는 이들은 운명학에 빠져 수양을 하고, 템플스테이 등을 통해 세상과 단절시키는 방법을 활용해야 무난한 해가 된다.

② 행성으로 인한 흉의 대체법

화성이나 토성이 리딘차트에서 중요지표성[63]에 4°미만으로 긴밀한 영향을 주거나 중요 지점[64]에 위치하면, 고난이 오는 해가 될 수 있다. 이때는 **주객을 바꿔 내가 그 흉성이 되어 흉을 대체**해야 한다.

나를 괴롭히는 옆집 깡패가 있다고 하자. 깡패는 어떤 방법으로도 이길 수가 없고, 도망갈 수도 신고할 수도 없다. 그런 상황에서 깡패에게 괴롭힘을 당하지 않는 유일한 방법은, 놈이 속한 조직에 가담하고 친구가 되는 것이다.

위 이야기에서 나는 '중요지표성'이며, 깡패는 '흉성'이다. 즉 그해 내가 완전히 흉성이 되어 불운을 개선한다는 개념이다.

화성과 토성은 속성, 분위기, 키워드가 다르기 때문에, 서로 다른 느낌으로 흉성가면을 써서 대체해야만 한다.

화성이 중요지표성에게 영향을 줄 때

> 질병, 수술, 이혼, 이별, 사건, 사고, 다툼, 구설, 시비, 분쟁, 절단, 범죄, 운동, 요리, 미용, 공예, 의학, SEX 등

화성은 전쟁의 신 아레스며, 뾰족한 모양(♂)도 무기를 닮았기 때문에 사건사고의 행성이다. 불타는 이 행성은 큰 사고를 통해 몸을 다치게 하고, 불화를 일으켜 이혼하게 만들며, 경솔한 판단이나 분노로 인해 폭력사건을 일으킨다.

운세차트에서 화성이 나의 중요지표성에게 긴밀한 영향을 주거나 앵글포인트에 근접한 경우 혹은 상승궁에 위치한 경우에는, 내가 화성이 되어 적극적으로 화성 행위를 해야 흉을 대체할 수 있다.

---

[63] 달, 태양, 년주, 출생차트의 상승로드, 피르다리아 마이너 로드
[64] 상승궁, 앵글포인트

Ⓐ 진작에 끊어버렸어야 할 해로운 인간관계를 분쟁과 함께 단절하는 방법이다. 내게 유익하지도 않을뿐더러 피해와 부담만 주었던 그런 관계를 갖가지 분노표출과 함께 도려내야 한다. 그로 인해 시끄러운 다툼이나 구설이 있겠지만, 화성으로 인한 더 큰 피해를 방지할 수는 있다.

　　Ⓑ 요리, 미용, 공예, 의학은 화성의 단어다. 인생을 개척하기 위해서는 이 분야에 완전히 업으로 전향해야만 한다. 집에서 요리를 하거나 미용실에 다녀오거나 금속공예 수업을 받는 것은 통하지 않는다. 그해 공예가의 삶을 살아야 하고 미용실을 차려야 하며, 요리사나 의사가 되어야 제대로 흉이 대체될 수 있다.

　　Ⓒ 화성이 되는 가장 무난한 방법은 운동을 하는 것이다. 단, 전쟁의 신다운 운동을 해야만 한다. 테니스를 친다거나 요가를 하는 것은 우주가 인정해주지 않는다. 복싱, 레슬링, 유도, 종합격투기 등 언제든지 멍들고 다칠 수 있는 운동이어야 대체될 수 있다. 총과 칼을 사용하는 군대를 가는 것도 좋다.

　　Ⓓ 화성은 모든 본능을 담당하지만 특히 성욕과 긴밀한 행성이다. 전쟁의 신 아레스는 헤파이스토스의 아내인 아프로디테와 연인사이였다. 즉 유부녀와 지속적인 성관계를 맺는 신이었다. 화성으로 인한 흉을 대체할 수 있는 SEX는 외도만이 가능하다.

　　지금까지 말한 화성의 대체법들은 관계 단절이나 전직, 다칠 수 있는 운동 혹은 불륜을 저지르는 행위다. 우주는 인생의 고난을 피하는 법에서 적당히 타협하지 않는다.
　　화성을 대체하는 과정에서, 큰 사고를 막기 위한 적당한 손실은 스스로 감당해야 한다.

토성이 중요지표성에게 영향을 줄 때

> 질병, 고난, 시련, 배신, 가난, 실직, 퇴직, 불합격, 패배, 소외, 따돌림, 신용불량, 우울증, 외로움, 차단, 단식, 금욕, 집중, 학문, 연구 등

토성은 배신과 독식을 일삼는 죽음의 신 크로노스이며, 십자가 옆의 무덤 모양(♄)을 하고 있어 고독과 우울, 질병을 주는 행성이다. 명예를 의미하는 태양과 가장 멀리 떨어져 있어 모든 불명예를 상징하는 토성은 사회와 관계에서 소외되고, 내외적인 모든 고난을 만들며, 가난으로 삶을 짓누른다.

토성이 운세차트에서 나의 중요지표성에게 긴밀한 영향을 주거나 앵글 포인트에 근접한 경우 혹은 상승궁에 위치한 경우에는, 내가 토성이 되어 적극적으로 토성 행위를 해야 흉을 대체할 수 있다.

Ⓐ 토성은 사람들과의 만남을 최소화하고 홀로 책을 읽으며 생각에 잠기는 행성이다. 그해 '고독한 학자'가 되어야 한다. 평생 공부해야 하는 분야나 운명학 등에 몰입하며 자신의 인생을 되뇌어 보고, 철학적이면서 깊이 있는 연구에 전념함으로써 토성의 흉을 비켜갈 수 있다.

Ⓑ 관계 차단, 단식, 금욕 등 토성의 키워드를 가장 잘 활용하는 방법은 기도원생활, 단식원생활, 템플스테이 등이다. 토성이 활성화되는 시기에 맞춰, 쾌락을 완전히 배제한 채 정신적 & 육체적 수양을 한다면 토성의 공포를 대체할 수 있다.

Ⓒ 나를 가난한 상황으로 만드는 법도 있다. 내게 있는 막대한 자산을 사회에 헌납하고 기부하거나, 자녀에게 증여한다면 토성이 주는 내외적인 질병을 개선할 수 있다. 돈으로 흉을 막는 이 방법은 토성뿐 아니라 화성도 가능하다.

ⓓ 토성은 배신의 행성이다. 토성의 시기에는 믿었던 사람으로부터 배신을 당하기도 하는데, 주객을 바꿔 내가 누군가를 배신한다면 토성의 흉이 사라진다. 다만 도의적으로 문제가 있는 방법이기 때문에 함부로 추천할 수는 없다.

토성은 주로 학문에 몰입하고 세속적인 생활을 버리며, 사람들과 어울리는 것보다 홀로 수양을 하는 방법으로 대체한다. 대다수 사람들에게는 괴로움이 수반되는 방법이다.

활용편을 마치며

지금까지 우주의 배치를 통해 다양한 인생 이야기를 알아보았다. 이제 우리는 주어진 몫을 유리한 방향으로 이끌어 갈 수 있다. 그런 과정에서 우주는 계속 유혹과 시련을 줄 것이다. 그러나 점성술과 함께 삶의 법칙을 알게 된 지금, 많은 것을 이겨낼 수 있을 것이다.

이런 에너지는 올바른 지식에 달려있다. 삶의 원동력을 얻을 수 있도록, 실전 점성학 이론편과 활용편을 늘 함께하자. 그리고 끊임없는 탐구로 흔들리지 않는 상태를 유지하자.

점성학은 삶의 길잡이가 될 수 있는 학문이다. 따라서 이번 원고작업도 긴장감을 늦출 수 없었지만 동시에 많은 보람을 느꼈다.

머지않아 또 다른 인연으로 독자 여러분을 만나길 희망한다.

고전점성술 핵심용어

ㄴ

네이탈 차트 Natal Chat : 출생차트

네이티비티 Nativity : 출생차트의 주인 혹은 탄생차트

네이티브 Native : 차트주인공

ㄷ

도라포리, 도리포리 : 명예를 획득하는 구조

도머사일 Domicile(거주지) : 행성의 거주지 별자리

도미네이션 Domination(지배) : 오버컴 중에서 90°의 경우

디그니티 Dignity(위엄, 품위) : 행성의 상태
Essential Dignity 본질적 위계 〈행성의 내적 상태〉 - 행성의 성향 판단
Accidental Dignity 우발적 위계 〈행성의 외적 상태〉 - 행성의 길흉 판단

디센던트 DSC : 하강점, 차트에서 서쪽에 위치한 앵글포인트

디스포지터 Dispositor : 행성의 처분자, 행성이 위치한 별자리의 주인행성

데트리먼트 Detriment(손상) : 이센셜 디그니티 이론에서 흉한 경우 중 하나, 룰러쉽을 하는 위치로부터 반대편 사인에 있을 때.

ㄹ

레트로그레이드 Retrograde : 거꾸로 가는 행성. 차트에서 R로 표시.

루미너리 Luminary(권위자, 발광) : 태양과 달 / 섹트루미너리 : 시간섹트를 얻은 루미너리

룰러쉽 Ruler ship : 이센셜 디그니티 이론에서 길한 경우 중 하나, 수성의 특별한 경우를 제외하고 행성이 자신의 별자리에서 안정된 상태

리셉션 Reception(환영) : 행성이 자신의 집에 위치한 다른 행성과 애스펙트를 맺을 때 호의를 베푼다는 개념 ⇔ 리젝션 Rejection (거부)

ㅁ

머레픽 Malefic(사악한, 유해한) : 토성과 화성

뮤추얼 리셉션 Mutual reception : 두 행성이 서로 상대방의 사인에 위치할 때.

미디엄코엘리 MC : 남중점, 차트에서 남쪽에 위치한 앵글포인트

ㅂ

베네픽 Benefic(유익한) : 목성과 금성

보이드 오브 코스 Void of course : 달이 30°를 움직이는 동안 다른 행성의 빛을 만나지 못하는 상태 / 호라리점성술에서는 12°59′을 이동하는 동안이다.

비시지드 Besieged : 포위

비아 컴버스타 : 불타는 길, 천칭자리15°~전갈자리15°, 호라리점성술에서 달에게 고난을 주는 지역

비홀드 Behold(보다) : 애스펙트

ㅅ

석시던트 Succedent(이어지는, 연속의) : 2, 5, 8, 11하우스

솔라리턴 Solar Return : 양력 생일 기준으로 1년간의 운을 보는 상위 운세기법

스위프트 인 모션 Swift in motion : 행성이

하루 평균 움직임보다 빠르게 움직일 때. 행성의 이점이 상승한다는 이론

스텔리움 Stellium : 하나의 하우스에 행성이 3개 이상 몰려있는 구조

스트라이킹 레이 Striking ray : 열등한 위치의 행성이라도 4°미만으로 애스펙트를 보낼 때 강력한 힘으로 반격하는 상황

슬로우 인 모션 Slow in motion : 행성이 하루 평균 움직임보다 느리게 움직일 때. 행성의 흉한 점이 강조된다는 이론

ㅇ

아나레타 Anareta : 생명 파괴자, 생명을 단축시키거나 삶에 해를 가하는 행성 혹은 지점

아페타 Apheta : 힐렉, 생명 수여자, 차트주인공의 수명과 건강에 영향을 주는 행성 혹은 지점

애스펙트 Aspect(각도, 방향) : 행성이 보내는 빛

애플리케이션 Application : 두 행성이 시간이 흐를수록 파틸로 접근하는 상황 ⇔ 쎄퍼레이션 Separation(분리)

앤티션 Antiscion, 안티시아 Antiscia(대칭) : 하지와 동지를 기준으로 대칭하는 관계 / 춘분과 추분을 기준으로 대칭하는 관계는 '컨트라안티시아'라고 한다.

앵글 Angle(모서리) : 1, 4, 7, 10하우스

어센던트 ASC : 상승점, 차트에서 동쪽에 위치한 앵글포인트

어스트롤로저 Aatrologer : 점성가 혹은 점성술사

어스트롤로지 Astrology : 점성술. 별들의 말씀

어퀴지션 Acquisition(습득, 취득) : Place Of Acquisition - 포르투나 기준 11하우스, 성공과 풍요의 획득 장소, 돈창고

언더선빔 Under the sun beam : 태양과 15°내로 근접한 행성의 상태

엑절테이션 Exaltation(굉장한 행복감, 승격) : 이센셜 디그니티 이론에서 길한 경우 중 하나

오버컴 Overcome(이기다, 압도하다) : 반시계방향 기준으로 뒤에서 각을 보내는 행성의 우월함, 뒤에서 빛을 주는 60°, 90°, 120°

오브 Orb : 행성의 힘의 범위

오컬트 Occult : 모든 신비로운 지식체계

이뮴 코엘리 IC : 북중점, 차트에서 정북쪽에 위치한 앵글포인트

일렉션 Election : 특정 사건을 발현시키기에 좋은 날과 시간을 찾는 점성술 분야, 택일시기법

조디악 Zodiac(황도대, 황도12궁) : 열두 별자리로 구성된 하늘의 집

차트 Chart : 천궁도

카디널 Cardinal(기본적인) : 양자리, 게자리, 천칭자리, 염소자리

카운터 액션 : 디스포지터 상태로 인한 결론

카지미 Cazimi : 태양과 17´내로 근접한 행성의 상태(태양과 파틸컨정션 상태일 때라는 의견도 있다)

커먼 Common(공동의) : 쌍둥이자리, 처녀자리, 사수자리, 물고기자리

커스프 Cusp(끝, 사이) : 각 하우스가 시작하는 곳

컴버스트 Combust(연소시키다) : 태양과 9° 미만으로 근접한 행성의 상태 (적용 도수에 대해서는 이견이 있다)

케이던트 Cadent(하강하는, 마침의) : 3, 6, 9, 12하우스

ㅌ

트리플리시티 Triplicity : 같은 원소로 묶인 3개의 사인은 같은 주인행성이 있다는 개념, 이센셜 디그니티 이론 중 하나

ㅍ

파시스 : 태양의 오브에서 갓 벗어나 강력한 빛을 내는 행성의 상태

파틸 : 같은 도수로 관계 맺음

페러그라인, 페리그린 Peregrine : 행성이 이센셜 디그니티 중 모든 이로운 점을 갖지 못한 상태

폴 Fall(추락) : 이센셜 디그니티 이론에서 흉한 경우 중 하나. 엑절테이션하는 위치로부터 반대편 사인에 있을 때

프로그래션 Progression : 행성의 진행

프로펙션 Profection : 한 해의 주인 별자리

플래닛 Planet : 행성. 떠돌이별.

픽스트 Fixed(고정된) : 황소자리, 사자자리, 전갈자리, 물병자리

픽스트 스타 Fixed star : 항성

헤이즈 Hayz : 시 & 공간 섹트를 모두 얻고, 길한 하우스에 위치할 때 ⇔ 익스트라컨디션

호라리 Horary : 단시점성술. 질문을 받은 시간의 차트로 사건의 발생과 운을 보는 점성술 기법

색인

Synastry 63
결혼의 랏(LOM) 56, 69, 71, 73-77, 79-81, 83, 88-89, 116
년주(年柱) 260-261, 263, 289-291, 295-298, 316-317, 327
도데카테모리아(Dodecatemoria) 198-201
랏, 로트(Lot) 69, 71, 73, 75-81, 83, 88-89, 112-113, 116-122, 125-126
로드 오브 디 오브(Lord of the orb) 261-262
명예의 랏 71, 117, 120, 125-126
세컨더리 디렉션(Secondary Direction) 260, 263-264, 266-271
솔라리턴(Solar Return) 259-264, 273-274, 287-291, 293-296, 299-303, 316
스피릿(LOS) 93-95, 110, 112-113, 115, 117-125, 127, 129, 190-192, 195-196, 205, 207-208
시그니피케이터(significator) 282-284, 286-287, 321
시주(時主) 202-203, 261
아나레타(Anareta) 241-243
아페타(Apheta) 227, 233
앵글 디렉션(Angle Direction) 260
어퀴지션(Acquisition) 56, 121, 125-126
일렉션(Election) 262
조디악 릴리징(Zodiac releasing) 261

조이(Joy) 174, 203-205
천수(天壽) 233, 238, 241-243
카지미(Cazimi) 164, 205-206
텀 디렉션(Term Direction) 260-261
텀 로드(Term Lord) 205, 208
토대의 랏 117, 120, 125-126, 129
트랜짓(Transit) 262
파시스(Phasis) 164, 196-198, 208
포르투나(LOF) 56, 93-95, 110-113, 117-126, 129, 135-136, 161, 190-192, 195-196, 199-201, 203, 205, 207-208, 212, 227-228, 233-234, 236-237, 241, 290-291, 299
프라이머리 디렉션(Primary Direction) 295, 316, 318-319, 321
프로미터(promittor) 282-284, 286-287, 321
프로펙션(Profection) 259-261, 263, 289-291, 295, 297-299, 316
피르다리아(Firdaria) 277-279, 281-282, 284-288
호라리(Horary) 260
흉의 대체법 321-322, 327
힐렉(Hyleg) 227-229, 233-242

김건휘의
실전 점성학
〈활용편〉

글쓴이 | 김건휘
펴낸이 | 유재영·유정융
펴낸곳 | 주식회사 동학사
기획·편집 | 유정융
디자인 | 정여원

1판 1쇄 | 2025년 7월 25일

출판등록 | 1987년 11월 27일 제10-149

주소 | 04083 서울 마포구 토정로 53(합정동)
전화 | 324-6130, 324-6131 / 팩스 | 324-6135
E-메일 | dhsbook@hanmail.net
홈페이지 | www.donghaksa.co.kr
　　　　　www.green-home.co.kr

ⓒ 김건휘, 2025

ISBN 978-89-7190-911-9 03180